Gay Su Pinnell

Irene C. Fountas

Continuo *de* adquisición *de la* lectoescritura

Grados PreK–2

Guía para la enseñanza

Edición totalmente en español

Heinemann

Portsmouth, NH

Heinemann
361 Hanover Street
Portsmouth, NH 03801–3912
www.heinemann.com

Oficinas y agentes en todo el mundo.

Sistema de evaluación de la lectura de Fountas & Pinnell
Continuo de adquisición de la lectoescritura: Guía para la enseñanza, Edición totalmente en
español

ISBN 13: 978-0-325-05657-9
ISBN 10: 0-325-05657-9

Impreso en XXXX
0311/xxx

Printed in the United States of America

Digitally Printed GP

Tabla de contenidos

Introducción

La edición en español de *The Continuum of Literacy Learning*, llamada *Continuo de adquisición de la lectoescritura*, se adaptó especialmente para satisfacer las necesidades de lectura de los niños hispanohablantes entre pre-kindergarten y segundo grado, las de sus maestros y también las de los maestros cuyos estudiantes poseen un nivel de lectura entre A y N.

La descripción básica y detallada de los hábitos y conocimientos para observar, enseñar y apoyar desde pre-kindergarten hasta segundo grado se ha modificado y adaptado para satisfacer las necesidades de desarrollo de la lectura de los niños hispanohablantes. También hemos analizado cuidadosamente la Evaluación Nacional del Progreso Educativo (*NAEP*, por sus siglas en inglés) y los Estándares Comunes Estatales (*Common Core State Standards*) de Estados Unidos, y nos hemos asegurado de que se reflejen en la manera en que se expresan los hábitos y los conocimientos. Asimismo, hemos reforzado la expectativa de reconocer y procesar eficazmente los géneros que están incluidos dentro de otros géneros (textos híbridos, como cartas, instrucciones y recetas dentro de textos narrativos de ficción).

En este libro se incluye un conjunto de continuos para pre-kindergarten. Este continuo para pre-kindergarten no es una "devaluación" del currículo de kindergarten. Por el contrario, ofrece una amplia variedad de conocimientos relacionados con el lenguaje oral, el relato de cuentos y el reconocimiento de texto y sonidos a través de juegos, que constituyen una base sólida para el aprendizaje en kindergarten. Los hábitos y conocimientos son objetivos que los niños de cuatro años deben cumplir al final del año escolar, antes de ingresar a kindergarten. Algunos de los objetivos podrían cumplirse en clases de niños de tres años, pero el desarrollo y la aptitud de los niños influirán en su preparación.

El continuo refleja los resultados de las investigaciones actuales así como también una gran cantidad de información relacionada con la implementación de evaluaciones en las escuelas. Finalmente, el diseño del continuo hace que sea fácil de leer e interpretar. Esperamos que lo considere una herramienta valiosa para evaluar y planificar la enseñanza.

Contenido del continuo

Existen varios principios en los siete continuos incluidos en este volumen, y es importante considerarlos:

- ❏ *Los niños aprenden hablando.* El habla representa el razonamiento del niño. Animamos a los niños a participar en conversaciones basadas en diversos textos: los que los niños leen, los que escuchan mediante la lectura en voz alta o los que escriben. Esto desarrolla su capacidad de comprender ideas y usar el lenguaje para comunicar su razonamiento.

- ❏ *Los niños necesitan procesar una gran cantidad de lenguaje escrito.* Un currículo dinámico de lenguaje y lectura ofrece muchas oportunidades diarias para que los niños lean libros de su elección de manera independiente, para que lean material de nivel instruccional más avanzado con ayuda de la maestra o el maestro y para que escuchen la lectura en voz alta de textos elegidos por los maestros y adecuados al nivel del grado.

- ❏ *La capacidad de leer y comprender textos se desarrolla con el habla y la escritura.* Los niños necesitan aprender diversas maneras de escribir sobre lo que leen y también de hablar sobre los textos con la maestra o el maestro y otros niños.

- ❏ *El aprendizaje se profundiza cuando los niños participan en actividades de lectura, conversación y escritura sobre textos en diferentes contextos de enseñanza.* Cada medio de comunicación ofrece una manera nueva de procesar las ideas aprendidas de los textos orales o escritos y de los compañeros.

Este continuo ofrece una manera de hallar evidencia específica de aprendizaje desde pre-kindergarten hasta segundo grado en siete áreas del currículo. Para crearlo, analizamos una amplia variedad de trabajos de investigación sobre adquisición del lenguaje y la lectura, y pedimos la opinión de maestros e investigadores. También analizamos los estándares del currículo de muchos estados. Algunos de los principios guía son:

- ❏ El aprendizaje no se produce por etapas, sino que es un proceso en constante evolución.

- ❏ Los mismos conceptos se adquieren y luego se desarrollan con el tiempo.

- ❏ Muchos conceptos complejos de lectura tardan años en desarrollarse.

- ❏ Los niños aprenden al aplicar lo que saben a la lectura y escritura de textos cada vez más complejos.

- ❏ El aprendizaje no se produce automáticamente; la mayoría de los niños necesitan la enseñanza de un experto para desarrollar muy buenos rendimientos de lectura y escritura.

- ❏ El aprendizaje es diferente, pero se interrelaciona a través de diversos tipos de actividades de lenguaje y lectura; un tipo de aprendizaje mejora y refuerza los otros.

En este volumen, incluimos siete continuos diferentes (consulte la Figura I–1). Cada uno de estos continuos se centra en un aspecto diferente de nuestro programa de enseñanza del lenguaje y la lectura (Fountas y Pinnell 1996, 2001b), y cada uno

Figura I–1 Continuo de adquisición de la lectoescritura

Componente del currículo	Definición breve	Descripción del continuo
Lectura interactiva en voz alta y discusión literaria	Los niños tienen una conversación detallada y profunda sobre un texto que han escuchado en la lectura en voz alta o que han leído de manera independiente.	• Por año, grados PreK–2 • Géneros adecuados para PreK–2 • Hábitos y conocimientos específicos que demuestran el razonamiento en el texto en sí, más allá del texto y acerca del texto
Lectura compartida y lectura interpretativa	Los niños leen juntos o adoptan roles para leer una lectura compartida. Reflejan el sentido del texto con la expresión de la voz.	• Por año, grados PreK–2 • Géneros adecuados para PreK–2 • Hábitos y conocimientos específicos que demuestran el razonamiento en el texto en sí, más allá del texto y acerca del texto
Escribir sobre la lectura	Los niños amplían la comprensión del texto mediante diversos géneros de escritura y, a veces, ilustraciones.	• Por año, grados PreK–2 • Géneros/formas para escribir sobre la lectura adecuados para PreK–2 • Evidencia específica en la escritura que demuestra el razonamiento en el texto en sí, más allá del texto y acerca del texto
Escritura	Los niños componen y escriben sus propios ejemplos de varios géneros, escritos con diversos propósitos y para distintos públicos.	• Por año, grados PreK–2 • Géneros/formas de escritura adecuados para PreK–2 • Aspectos de la elaboración, las normas y los procesos que son evidentes en los textos escritos por los niños, de PreK–2
Comunicación oral, visual y tecnológica	Los niños presentan sus ideas a través de la discusión oral y la presentación o mediante el uso de tecnología.	• Por año, grados PreK–2 • Hábitos y conocimientos específicos relacionados con escuchar y hablar, presentación y tecnología
Fonética, ortografía y estudio de palabras	Los niños aprenden acerca de las relaciones entre las letras y los sonidos, y de la estructura de las palabras, como ayuda para la lectura y la ortografía.	• Por año, grados PreK–2 • Hábitos y conocimientos específicos relacionados con las nueve áreas de comprensión relacionadas con las letras, los sonidos y las palabras, y cómo funcionan en la lectura y la ortografía
Lectura guiada	Los niños leen en grupos pequeños un texto elegido por la maestra o el maestro, quien brinda enseñanza explícita y apoyo para la lectura de textos de mayor dificultad.	• Por nivel, PreA–N • Géneros adecuados para PreK–2 • Hábitos y conocimientos específicos que demuestran el razonamiento en el texto en sí, más allá del texto y acerca del texto • Sugerencias específicas para el trabajo con palabras (extraídas del continuo de fonética y análisis de palabras)

contribuye sustancialmente, de maneras diferentes pero complementarias, al desarrollo de los procesos de lectura, escritura y lenguaje en los niños. Cada continuo se describe en mayor detalle en una introducción aparte, pero los presentamos brevemente aquí.

El proceso de lectura: Sistemas de acciones estratégicas

Cuatro de los continuos se centran específicamente en la lectura: lectura interactiva en voz alta y discusión literaria, lectura compartida y lectura interpretativa, lectura guiada y escribir sobre la lectura. Aquí nos centraremos en acciones estratégicas de razonamiento:

- ❏ *En el texto en sí* (comprensión literal lograda al descifrar palabras, verificar y corregir, buscar y usar información, resumir, mantener la fluidez y ajustarse al propósito y el género del texto)

- ❏ *Más allá del texto* (hacer predicciones, establecer relaciones con experiencias personales, conocer el contenido y otros textos, inferir lo que se implica pero no se enuncia y sintetizar la información nueva)

- ❏ *Acerca del texto* (analizar o criticar el texto)

En la *lectura interactiva en voz alta y discusión literaria* los niños a menudo tienen la oportunidad de ampliar sus conocimientos a través de la conversación. En la lectura interactiva en voz alta, usted tiene la oportunidad de atraer la atención de los niños hacia textos que suelen ser más complejos que los que leen por su cuenta. Puede aprovechar momentos estratégicos para detenerse y mantener conversaciones breves durante la lectura, y continuar conversando después de la lectura. La conversación de los niños brinda evidencia de su razonamiento.

La *lectura compartida y la lectura interpretativa* son un motivo real para leer en voz alta. Cuando los niños leen al unísono o en el teatro del lector, necesitan leer en frases, observar la puntuación y el diálogo, y pensar en el significado del texto. Todas estas acciones brindan evidencia de que comprenden el texto y lo procesan eficazmente. Al trabajar con estos textos conocidos, usted tiene la oportunidad de apoyar y ampliar los conocimientos de los niños.

La *lectura guiada* ofrece apoyo a grupos pequeños y enseñanza explícita para ayudar a los niños a comenzar a trabajar con textos de mayor dificultad. A medida que leen textos organizados según un gradiente de dificultad, los niños desarrollan sus sistemas de acciones estratégicas al cumplir con las exigencias de textos cada vez más complejos. Brindan evidencia de su razonamiento a través de la lectura oral, la conversación y la ampliación de conceptos a través de la escritura. El continuo de lectura guiada se relaciona más con los niveles de lectura de los textos que con los niveles de grado, porque prevemos un progreso ininterrumpido en estos niveles. En la introducción al continuo de lectura guiada, verá una tabla que indica el rango de niveles que se relacionan en mayor o menor medida con los objetivos de cada nivel de grado.

Además de la evidencia específica de razonamiento en un texto en sí, más allá de un texto y acerca de un texto, cada uno de estos tres continuos incluye una lista de los géneros de texto que son adecuados para cada nivel de grado o de texto.

Escribir *sobre la lectura,* que suele incluir el dibujo, es otra manera de que los niños amplíen su comprensión y den muestras de su razonamiento. La escritura sobre la lectura se puede usar en conjunto con la lectura interactiva en voz alta y discusión literaria o la lectura guiada.

Mientras trabaja con los continuos relacionados con la lectura, observará un aumento gradual en la complejidad de los tipos de razonamiento de los lectores. La mayoría de los principios de aprendizaje no pueden limitarse a un momento específico o incluso a un año. Generalmente, verá que el mismo tipo de principio (hábito o conocimiento) se repite de un grado o nivel de texto a otro; en cada instancia, recuerde que el estudiante aplica el principio de una manera más compleja para leer textos más difíciles.

Comunicación oral y escrita

La *escritura* es una manera de experimentar y profundizar la comprensión de los géneros que los niños han leído. Aunque la escritura sobre la lectura es un enfoque excelente para ayudar a los niños a ampliar su razonamiento y apoyar la conversación, no reemplaza la enseñanza específica destinada a ayudar a los niños a desarrollarse como escritores. A través del taller de escritura, los maestros ayudan a los escritores jóvenes a ampliar constantemente su aprendizaje de la elaboración, las normas y el proceso de escritura para comunicar significados al público. El continuo de escritura de este libro enumera los conocimientos específicos para cada nivel de grado relacionados con la elaboración, las normas y el proceso. También sugiere los géneros que los niños pueden escribir en cada nivel de grado.

La *comunicación oral, visual y tecnológica* es una parte integral de todos los procesos de lectura; notará su presencia en todos los demás continuos. Este continuo hace hincapié en hábitos y conceptos específicos para la enseñanza intencional.

Estudio de palabras

Finalmente, incluimos un continuo dedicado a la fonética, la ortografía y el estudio de palabras. Para cada grado, hallará los principios específicos relacionados con las

© 2014, Gay Su Pinnell e Irene C. Fountas de *Continuo de adquisición de la lectoescritura, Grados PreK–2.* Portsmouth, NH: Heinemann.

nueve áreas de aprendizaje: (1) primeros conceptos de la lectura; (2) conciencia fonológica; (3) conocimiento de las letras; (4) relaciones entre letras y sonidos; (5) patrones ortográficos; (6) palabras de uso frecuente; (7) significado de las palabras; (8) estructura de las palabras; y (9) acciones para descifrar palabras. Aquí encontrará conocimientos específicos relacionados con la ortografía, que se conectan con la sección sobre normas incluida en el continuo de escritura.

Algunas precauciones

Al preparar estos continuos, consideramos al grupo típico de niños que puede haber en un salón de clase de pre-kindergarten, kindergarten, primer y segundo grado. También consultamos a los maestros sobre sus expectativas y su visión para adecuar la enseñanza a cada nivel de grado. Analizamos los estándares estatales y del distrito. Necesitamos conocer los niveles de aprendizaje que se espera alcanzar, ya que esto ayuda a tomar decisiones de enseñanza eficaces y, lo que es incluso más importante, nos ayuda a identificar a los niños que necesitan intervención.

Por otra parte, no quisiéramos aplicar estas expectativas de manera inflexible. Debemos reconocer que los niños varían en gran medida en cuanto a su progreso; en ocasiones avanzan rápidamente y en otras, se estancan. Tal vez su progreso sea más rápido en un área que en otra. Los continuos deben servirle de ayuda para intervenir de manera más precisa para asistir a los niños. Pero también es importante recordar que los estudiantes tal vez no cumplan necesariamente con *todas* las expectativas en todo momento. De igual modo, ninguno de los conocimientos y hábitos incluidos en este documento debe usarse necesariamente como criterio para la promoción al grado siguiente. Los educadores pueden analizar cuidadosamente el espectro completo de las expectativas del nivel de grado y tomar decisiones sobre cada niña o niño en particular.

También es importante reconocer que, no porque existan expectativas para cada nivel de grado, la enseñanza se dictará en ese nivel. A través de la evaluación, es posible que usted descubra que su clase se corresponde solo parcialmente con los hábitos y conocimientos del continuo. Casi todos los maestros descubren que necesitan consultar materiales de niveles más bajos y más altos (un motivo por el cual el continuo de lectura guiada no está nivelado).

Maneras de usar el continuo

Consideramos que este continuo tiene muchos usos, entre ellos, los siguientes.

Fundamentos para la enseñanza

Mientras piensa y reflexiona sobre la eficacia de brindar enseñanza individual, en grupos pequeños o a toda la clase, y la planifica, puede consultar diversas áreas del continuo. Por ejemplo, si está trabajando con los niños en la lectura guiada en un nivel determinado, use las listas de hábitos y conocimientos para planificar las introducciones, guiar las observaciones e interacciones con los individuos, y determinar los puntos de enseñanza. La sección de trabajo con las palabras del continuo le brindará sugerencias específicas sobre los principios que puede explorar al final de las lecciones de lectura guiada. Puede planificar acciones de enseñanza específicas mientras analiza la sección sobre lectura interactiva en voz alta y discusión literaria. El continuo de lectura interactiva en voz alta, y también el de escritura y el de estudio de palabras, serán útiles para planificar mini-lecciones explícitas. Cuando usted y sus colegas busquen enseñar los mismos hábitos y conocimientos, los estudiantes se beneficiarán con esa coherencia.

Guía para planificar el currículo

Un equipo del nivel del grado o el cuerpo docente pueden usar el continuo para planificar el currículo de lenguaje y lectura, ya que ofrece un punto de partida para pensar de manera muy específica en los objetivos y las expectativas. Su equipo puede adaptar el continuo para cumplir con sus objetivos y las expectativas del distrito.

Relacionar las evaluaciones con la enseñanza

A veces ocurre que se toman evaluaciones y se registran los resultados, pero el proceso luego se detiene. Los maestros no saben muy bien qué hacer con los datos o cómo continuar con la enseñanza. Este continuo puede funcionar como puente entre los datos de las evaluaciones y la enseñanza específica que necesitan los niños. Las evaluaciones le permitirán descubrir qué saben los niños; el continuo le ayudará a pensar qué necesitan aprender después.

Evaluaciones y calificaciones

El continuo también puede usarse como guía para evaluar el progreso de los estudiantes a través del tiempo. Puede evaluar si los niños están cumpliendo con los estándares del nivel del grado. Recuerde que no se espera que los estudiantes demuestren todas las competencias para considerar que están en el nivel del grado. *Nivel del grado* es simplemente un término que engloba un rango de niveles de comprensión en un momento dado.

Informes para los padres

No le recomendamos que entregue a los padres un documento tan abrumador como este continuo, ya que entorpecería la comunicación. Sin embargo, puede usar el continuo como recurso para identificar el tipo de información específica que debe brindar a los padres, pero con un lenguaje que sea fácil de comprender.

Guía para la intervención

Muchos niños necesitarán apoyo adicional para cumplir los objetivos escolares de aprendizaje. La evaluación y la observación lo ayudarán a identificar las áreas específicas en las que los niños necesitan ayuda. Use el continuo para identificar los conocimientos específicos que pueden guiar la intervención.

Organización del continuo

En este documento se incluyen siete continuos. Se ordenan de la siguiente manera.

Por grado

Dentro de cada grado hallará los continuos para: (1) lectura interactiva en voz alta y discusión literaria; (2) lectura compartida y lectura interpretativa; (3) escribir sobre la lectura; (4) escritura; (5) comunicación oral, visual y tecnológica; y (6) fonética, ortografía y estudio de palabras. Estos seis continuos se presentan en los niveles de grado desde pre-kindergarten hasta segundo grado. Puede consultar la pestaña que corresponde a su nivel de grado y hallar los seis. Si muchos de sus estudiantes se encuentran debajo del nivel del grado, puede consultar el área de su interés del continuo del grado inmediatamente inferior. Si muchos de sus estudiantes están sobre el nivel del grado, puede consultar el continuo del grado inmediatamente superior para obtener ideas.

Por nivel

El continuo de lectura guiada está organizado en función de los niveles A–N (consulte la Figura I–2) del *Fountas & Pinnell Text Level Gradient*^{TM} (Gradiente de nivel de los textos de Fountas & Pinnell). Estos niveles típicamente se correlacionan con los grados K, 1 y 2, pero el nivel instruccional de cada niño puede variar dentro de un mismo grado. Es importante que todos los niños entre los grados K y 2 reciban enseñanza de lectura guiada en un nivel que les permita procesar textos correctamente con apoyo de la maestra o el maestro.

Recursos adicionales

Por último, hallará un glosario de términos al final del libro que lo ayudará a interpretar el continuo. Si desea obtener información adicional sobre la enseñanza, consulte los textos en la sección de referencias, que también se encuentra al final de este libro.

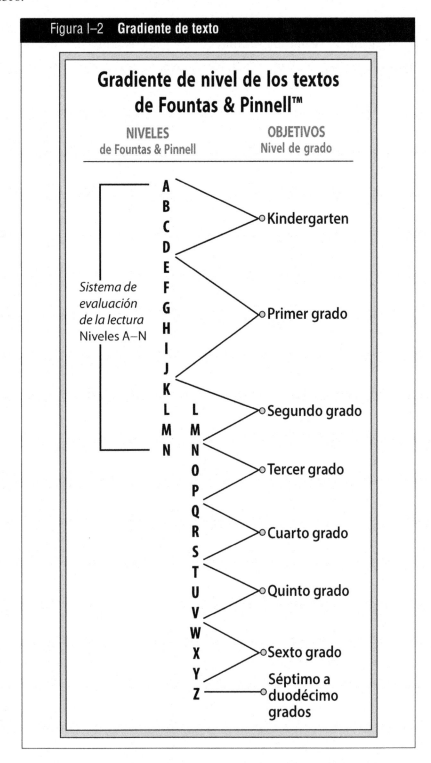

Figura I–2 **Gradiente de texto**

Gradiente de nivel de los textos de Fountas & Pinnell™

Continuo de lectura interactiva en voz alta y discusión literaria

A la hora de establecer los objetivos curriculares de una lectura interactiva en voz alta, tenga en cuenta la elección del texto y las oportunidades para que los niños adquieran nuevos conocimientos. En todos los grados, los niños necesitan escuchar textos que sean adecuados para su edad, que pertenezcan a distintos géneros y que, dentro de esos géneros, sean cada vez más complejos. Los problemas, los personajes, el contenido y los temas de un cuento deben corresponderse con la edad del grupo en particular, y deben considerarse el entorno de los niños, sus experiencias y sus intereses. Asimismo, tendrá que considerar una variedad de formatos y tipos de texto.

Además de la elección del texto, es importante que piense cómo apoyar el razonamiento de los lectores en el texto en sí, más allá del texto y acerca del texto. Observe la evidencia de comprensión literal de los niños antes y después de escuchar una lectura en voz alta, y también durante la lectura. ¿Captaron la información importante? ¿Pudieron seguir la trama? ¿Pudieron recordar detalles importantes? Por otro lado, es necesario que los niños piensen más allá del texto, hagan predicciones y establezcan relaciones significativas. Busque evidencia de que pueden captar información nueva e incorporarla a su propia comprensión y, a la vez, hacer inferencias sobre la información disponible. Por último, procure que los niños formen una opinión sobre la lectura y desarrollen sus propias preferencias de lectura. Observe si pueden pensar en los textos analíticamente y reconocer los recursos de elaboración y el estilo de la escritora o el escritor. También es importante que piensen de manera crítica en la calidad, el contenido y la precisión de los textos.

Mientras los niños escuchan activamente un texto y lo comentan, ponen en funcionamiento todas las acciones estratégicas de comprensión. En una lectura interactiva en voz alta, la o el oyente se libera del proceso de decodificación y cuenta con el apoyo de la fluidez, la formación de frases y el énfasis de la lectora o el lector, que son todos elementos de lo que a veces llamamos *expresión*. Se sientan las bases para lograr un muy buen nivel de comprensión y de razonamiento colectivo de un texto.

Lectura interactiva en voz alta y discusión literaria

Desde pre-kindergarten hasta octavo grado, el estudio y la discusión literaria forman parte de la lectura compartida y la lectura interactiva en voz alta (consulte Fountas y Pinnell 2001, 2006). Si bien los niños pueden comentar el libro con toda la clase, también necesitan participar en rutinas más personalizadas, como "hablar por turnos" (centradas en cualquier aspecto del texto) que duren uno o dos minutos, intercaladas con la discusión general del texto. Este tipo de rutinas brindan la oportunidad para que los niños hablen más, lo cual no sería posible en una discusión con todo el grupo. La introducción de estas rutinas en la lectura interactiva en voz alta hará que la discusión con todo el grupo sea más animada y permitirá que todos los niños tengan la oportunidad de participar activamente. Una vez que los niños hayan hablado durante un rato con sus compañeros en parejas, en grupos de tres o en círculos pequeños, sabrán cómo participar en una discusión en grupos pequeños. Una vez que los niños hayan practicado muchas veces las rutinas, usted quizá decida que están listos para una discusión más extendida con sus compañeros: una discusión literaria o un club literario. Puede obtener mucha información sobre estos enfoques instruccionales en *Teaching for Comprehending and Fluency: Thinking, Talking, and Writing About Reading, K–8* (Fountas y Pinnell, Heinemann 2006).

La lectura interactiva en voz alta y la discusión literaria están repletas de *conversaciones sobre textos,* es decir, discusiones en conjunto en las que los niños analizan ideas y piensan en textos narrativos, expositivos o poéticos. Cada participación permite a los niños pensar en los textos de una nueva manera. Cuanto más puedan hacerlo, mejores resultados obtendrán en la discusión literaria. A medida que los niños trabajan juntos en grupos, desarrollan un repertorio de significados compartidos que enriquecen cada vez más la discusión.

La lectura interactiva en voz alta y la discusión literaria aparecen juntas en este continuo porque, en ambos casos, se utilizan materiales de lectura adecuados para la edad y el grado que tienen el potencial de ampliar el razonamiento de los niños y su capacidad de conversar sobre los textos. En el caso de los estudiantes de pre-kindergarten y primer grado, la mayoría de las discusiones literarias se producen durante la lectura interactiva en voz alta. Sin embargo, a medida que adquieran experiencia con las rutinas de "hablar por turnos", pueden empezar a prepararse para participar en discusiones en grupos pequeños. En la discusión literaria en grupos pequeños, los niños suelen elegir entre varios textos que usted ha preseleccionado. Si pueden leer la selección de manera independiente, leerán los textos seleccionados en su casa o durante el taller de lectura. Si, en cambio, tienen dificultad para leer los textos por su cuenta, puede grabar un audio del libro. En algunas ocasiones, invitará a los niños a participar en clubes literarios basados en los textos que haya leído en voz alta a toda la clase. Por lo tanto, a la hora de seleccionar y usar libros para la lectura interactiva en voz alta y la discusión literaria, no es necesario que tenga en cuenta un nivel específico; más bien deberá pensar en las características del texto y en que sean textos adecuados para la edad y el grado.

Marco para el continuo de adquisición de la lectura

El continuo que sigue es una guía para establecer objetivos y elaborar planes instruccionales destinados a la lectura interactiva en voz alta y la discusión literaria. Este continuo brinda información por grado que incluye lo siguiente:

❏ características del texto (descripciones de diez factores del texto para tener en cuenta al seleccionar y leer textos en voz alta)

❏ objetivos curriculares (descripciones de los hábitos y conocimientos para observar y apoyar que ayuden a los lectores a pensar en el texto en sí, más allá del texto y acerca del texto que usted ha seleccionado)

Características de los textos para la lectura interactiva en voz alta y la discusión literaria

A la hora de seleccionar textos para cualquier tipo de enseñanza de la lectura, es importante tener en cuenta diez factores del texto. Cuando se seleccionan textos para la lectura interactiva en voz alta, tenemos en cuenta el alto nivel de apoyo que ofrecemos a los niños para ayudarlos a procesar y pensar en el texto. Debe asegurarse de que los estudiantes que están escuchando el texto entiendan el vocabulario. No hay necesidad de preocuparse por la dificultad para decodificar palabras, ya que será usted quien haga la decodificación. Puede ver las descripciones de los diez factores del texto, en cuanto a la lectura interactiva en voz alta, en la Figura I–3.

Objetivos curriculares

Hemos definido los objetivos curriculares en función de los hábitos y conocimientos para observar y apoyar en cada nivel. Estos sistemas de acciones estratégicas se dividen, a su vez, en pruebas de que la lectora o el lector está pensando *en el texto en sí*, *más allá del texto* y *acerca del texto*.

❏ *En el texto en sí.* Para procesar un texto de manera efectiva y eficaz, y deducir su significado literal, los lectores deben descifrar las palabras, además de verificar y autocorregir su lectura. Durante la lectura interactiva en voz alta, los lectores quedan liberados de la tarea de decodificación y escuchan una lectura fluida y con frases bien formadas. No obstante, deben autoverificar su comprensión, recordar información en forma de resumen y ajustar su razonamiento a la comprensión de diferentes géneros de ficción y no ficción.

❏ *Más allá del texto.* Los lectores hacen predicciones y establecen relaciones con sus conocimientos previos y su propia vida. También establecen relaciones entre los textos. Traen a la lectura del texto sus conocimientos previos, sintetizan la información nueva al incorporarla a sus propios conocimientos y reflexionan sobre lo que la escritora o el escritor no afirma pero deja implícito. Los lectores pueden inferir los sentimientos y las motivaciones de los personajes de un texto de

Figura I–3 Diez factores del texto para la lectura interactiva en voz alta y la discusión literaria

Género	Hemos enumerado una variedad de tipos de textos que son adecuados para cada grado. En la mayoría de los casos, podrá usar todos los géneros en cada grado, pero sea selectivo sobre los ejemplos que usted elija.
Estructura del texto	La estructura de un texto se refiere a cómo está organizado. Los textos de ficción suelen organizarse en una estructura narrativa, con un problema y una secuencia de sucesos que llevan a la resolución del problema. La lectura interactiva en voz alta es un contexto en el que los niños escuchan e incorporan la estructura de la trama y aprenden cómo funcionan los cuentos. Los textos de no ficción también pueden ser narrativos; las biografías, por ejemplo, suelen contar historias como lo haría un texto de ficción. Pero la mayoría de los textos informativos se organizan en categorías por subtemas con estructuras subyacentes, como descripción, secuencia temporal, comparación y contraste, causa y efecto, y problema y solución. En muchos casos, las estructuras se combinan. La lectura interactiva en voz alta y la discusión literaria dan la oportunidad de enseñar a los niños a reconocer y comprender esas estructuras.
Contenido	El tema del texto debe ser accesible e interesante para los oyentes. Con el tiempo, puede aumentar la sofisticación y la complejidad del contenido. Aunque las experiencias directas son siempre necesarias para los estudiantes, los niños pueden adquirir una gran cantidad de conocimientos sobre el contenido a partir de la lectura en voz alta de un texto. El contenido les resulta útil cuando ya tienen conocimientos previos que los ayudan a entender información nueva.
Temas e ideas	Las ideas más importantes de los libros que elija para la lectura en voz alta deben ser adecuadas para la edad y la experiencia previa de todos los niños. La lectura interactiva en voz alta es un método ideal para ampliar el conocimiento de los niños, pero es importante que puedan establecer relaciones con sus conocimientos previos. Pueden ampliar su propia comprensión de los temas y las ideas al conversar con sus compañeros.
Características literarias y del lenguaje	La manera en que el/la escritor/a usa el lenguaje crea la calidad literaria de un texto. Es importante elegir textos que los niños puedan comprender en cuanto a características literarias y lenguaje. La lectura interactiva en voz alta y la discusión literaria brindan oportunidades para desarrollar la capacidad de los niños para procesar lenguaje literario como diálogos y lenguaje figurado. Otras características literarias son el desarrollo de elementos como escenario, trama y personajes.
Complejidad de las oraciones	La estructura de las oraciones (su longitud, el orden de las palabras y la cantidad de frases y oraciones que contienen) es otro factor clave. A lo largo de la escuela primaria, elemental e intermedia, los niños generalmente pueden comprender oraciones más complejas que las que pueden leer. La lectura interactiva en voz alta los ayuda a aprender gradualmente estructuras de oraciones más complejas. Las discusiones con compañeros ayudan a los niños a descomponer las oraciones en estructuras más simples y así entenderlas mejor.
Vocabulario	El vocabulario se refiere a las palabras que un individuo conoce y entiende en el lenguaje tanto oral como escrito. Las palabras elegidas por la escritora o el escritor pueden representar un desafío para los lectores. Por lo general, el texto escrito incluye muchas palabras que no son parte de nuestro vocabulario oral cotidiano. Nuestro vocabulario se amplía constantemente cuando leemos y escuchamos lenguaje escrito leído en voz alta. A través de la lectura interactiva en voz alta y la discusión literaria, los niños pueden ampliar su vocabulario en gran medida.
Palabras	Al seleccionar libros para que los niños lean solos, siempre consideramos los desafíos que representan las palabras: longitud, cantidad de sílabas, desinencias y facilidad para decodificarlas. Pero en la lectura interactiva en voz alta, la/el maestra/o decodifica las palabras, por lo que este factor no será importante al seleccionar un texto. Además, recuerde que en la discusión literaria los niños pueden usar grabaciones de audio de los textos que aún no puedan leer solos. La atención que presten al vocabulario dependerá de la complejidad de las palabras.
Ilustraciones	Las ilustraciones (y otras formas de arte) aportan muchísima información a lectores y oyentes. Un libro álbum de buena calidad es una forma coherente de arte literario. Piense en un libro álbum como un cuento corto con bellas imágenes. Son adecuados para un amplio rango de edades y para todos los géneros, y las ilustraciones aumentan la participación y el disfrute de los niños de cualquier edad. Las ilustraciones dan mucha información a los niños más pequeños y a los más grandes les permite crear una atmósfera. Los textos informativos (y cada vez más textos de ficción) también incluyen elementos gráficos como mapas, diagramas y esquemas. Estos elementos pueden agregar más información al texto. El tamaño de algunos elementos gráficos permite que los niños los vean y los comenten durante la lectura interactiva en voz alta, pero también pueden usarlos para discusiones en grupos pequeños.
Características del libro y la letra impresa	A la hora de seleccionar libros para la lectura interactiva en voz alta, también quizá deba tener en cuenta los aspectos físicos del texto, como la longitud, el tamaño y el diseño. Las características del libro y la letra impresa también incluyen herramientas como tablas de contenidos, glosarios, guías de pronunciación, índices, apartados y encabezamientos. Todas estas características pueden señalarse y comentarse durante la lectura interactiva en voz alta o la discusión literaria.

ficción o las implicancias de los enunciados de la escritora o el escritor en un texto de no ficción. La lectura interactiva en voz alta ofrece muchas oportunidades para apoyar el razonamiento de los niños más allá del significado literal del texto. Al hacer participar a los niños en discusiones antes y después de la lectura, puede demostrar cómo se piensa más allá del texto y ayudarlos a desarrollar su propia capacidad para lograrlo. Asimismo, puede interrumpir la lectura en voz alta en determinados momentos para comentar los elementos del texto que permiten ampliar el razonamiento.

❑ *Acerca del texto.* Los lectores piensan en el texto analíticamente como un objeto, al observar y valorar los elementos de los recursos de elaboración de la escritora o el escritor, como el uso del lenguaje, la caracterización, la organización y la estructura. Al leer como si fueran escritores, los niños observan aspectos de los recursos de elaboración y disfrutan más del texto, e incluso a veces vuelven a leerlo. Además, los lectores piensan en los textos de manera crítica al evaluar su calidad y considerar la precisión y la objetividad de la escritora o el escritor. La lectura interactiva en voz alta es un momento ideal para demostrar el tipo de razonamiento sofisticado que los lectores ponen en práctica. También es una oportunidad para que los niños participen en el razonamiento analítico de los textos. Además, los libros que usted lee en voz alta se convierten en una colección de textos compartidos que se pueden volver a leer una y otra vez para observar con más detenimiento los recursos de elaboración.

Usar el continuo

El continuo no hace referencia a textos, temas o áreas de contenido específicos. Debe aplicar los objetivos del continuo en relación con los requisitos de su distrito o estado. Puede usar esta guía para establecer los objetivos curriculares generales de los grados PreK–2, o bien puede consultarla cuando planifique una lectura interactiva en voz alta.

Usamos el término *discusión intencional* para describir las acciones de enseñanza que se pueden realizar sobre los libros durante la lectura interactiva en voz alta o la discusión literaria en grupos pequeños. Los primeros objetivos de la lectura en voz alta y las discusiones en grupos pequeños son despertar el interés de los niños, lograr que la actividad sea entretenida y guiarlos en la discusión activa. La lectura interactiva en voz alta y la discusión literaria ofrecen a los niños la oportunidad de compartir sus propias ideas, de expresar sus significados y de contribuir a una mayor comprensión del texto. La discusión debe ser genuina. Tenga en cuenta siempre los objetivos curriculares; eso es lo que hace que una discusión sea intencional.

Sin llegar a intervenir demasiado ni reprimir los comentarios de los niños, puede guiar la discusión de manera que desarrollen constantemente su razonamiento. Durante la lectura interactiva en voz alta y la discusión literaria, la maestra o el maestro debe hacer lo siguiente:

❏ tener en cuenta los sistemas de acciones estratégicas que deben usar los lectores;

❏ conocer el texto en profundidad y comprender sus exigencias y oportunidades de aprendizaje;

❏ guiar la discusión para enfocar la atención de los niños;

❏ modelar y demostrar hábitos que ayudarán a los niños a comprender mejor el texto;

❏ pedir a los niños que compartan su razonamiento de manera enfocada;

❏ pedir a los niños que se escuchen y se respondan entre ellos en lugar de ser siempre el centro de la conversación;

❏ mantener la discusión enfocada en el texto;

❏ invitar a los niños a que conversen y profundicen su razonamiento;

❏ pedir a los niños que justifiquen sus comentarios, que den más que una opinión y que den evidencia del texto o de su experiencia personal;

❏ comentar con los niños lo que están aprendiendo y el tipo de razonamiento que están haciendo;

❏ pedir a los niños que autoevalúen su discusión sobre el texto.

Usted notará que la lectura interactiva en voz alta y la discusión literaria proporcionan oportunidades productivas para que todos los estudiantes amplíen sus conocimientos previos, experimenten un texto adecuado a su edad y su grado, y aprendan una variedad de maneras de reflexionar sobre un texto interesante.

Continuo de lectura compartida y lectura interpretativa

La lectura compartida y la lectura interpretativa comparten muchos objetivos con la lectura interactiva en voz alta, pero va más allá de la escucha activa y la discusión. De algún modo, aquí los niños participan verdaderamente de la lectura. Definimos la lectura compartida y la lectura interpretativa como los contextos instruccionales que se leen en voz alta para el placer propio y el de otros. Todas las formas de lectura interpretativa incluyen lo siguiente:

❏ procesamiento de la letra impresa en texto corrido;

❏ trabajo en grupos (generalmente);

❏ uso de la voz para interpretar el significado de un texto;

❏ lectura al unísono con otros, aunque en algunas partes los niños pueden leer de a uno por vez;

❏ oportunidades para aprender más sobre el proceso de lectura.

En *Teaching for Comprehending and Fluency: Thinking, Talking, and Writing About Reading, K–8* (Fountas y Pinnell, Heinemann 2006), describimos tres contextos para la lectura compartida y la lectura interpretativa.

1. *La lectura compartida* a menudo se refiere a los casos en que los niños leen un texto en común de mayor tamaño, ya sea un libro impreso más grande, una tabla o un texto proyectado. Los niños pueden tener sus propias copias. La maestra o el maestro dirige al grupo y señala palabras o frases. La lectura generalmente se hace al unísono, aunque puede haber adaptaciones, como grupos o individuos que alternan la lectura de algunas líneas.

2. *La lectura a coro* a menudo se refiere a los casos en que un grupo de personas leen de un texto en común, que puede estar impreso en un tablero, proyectado en una pantalla o provisto en copias individuales. El texto suele ser más largo o más complejo que el que se usa para la lectura compartida. El énfasis está puesto en la interpretación del texto con la voz. Parte de la lectura se hace al unísono con todo el grupo o en subgrupos, y otras partes se leen en forma individual o en parejas.

3. *El teatro del lector* a menudo se refiere a la representación de un texto en la que individuos o grupos interpretan roles. El teatro del lector es similar a la producción tradicional de obras de teatro, con la excepción de que el texto generalmente no se memoriza y rara vez se usan objetos de utilería. El énfasis está puesto en la interpretación vocal. Distintos individuos suelen leer los roles, aunque algunos también se pueden leer en grupo. Los guiones para el teatro del lector se preparan a partir de todo tipo de textos, no de obras de teatro originales.

A la hora de seleccionar y usar libros y otros textos escritos para la lectura compartida y la lectura interpretativa, es necesario tener en cuenta algunos de los mismos factores que para la lectura guiada e independiente. Después de todo, los niños deben poder leerlos y entenderlos. Sin embargo, como brindará un muy buen nivel de apoyo y los niños leerán los textos muchas veces, no es necesario usar los niveles A–N (consulte en este libro el continuo bajo la sección *Lectura guiada*, páginas 129–187). En cambio, deberá tener en cuenta características como un lenguaje interesante, la rima y el ritmo, los juegos con palabras, el lenguaje poético, el atractivo para los niños y otros aspectos de los textos que los convierten en una buena base para la interpretación.

Características de los textos para la lectura compartida y la lectura interpretativa

Al momento de pensar en textos para la lectura compartida y la lectura interpretativa, una vez más debemos considerar los diez factores del texto. Al igual que con la lectura interactiva en voz alta, es preciso tener en cuenta si los oyentes comprenderán el vocabulario del texto, aunque la decodificación de las palabras sea en este caso un factor relativamente menor. Los niños pueden pronunciar fácilmente y apreciar palabras como *fantabuloso* o *gigantísimo* en poemas humorísticos o palabras como *sombrío* o *pensativo* en el teatro del lector, una vez que se les ha enseñado el significado de las palabras. En la Figura I–4 se incluyen las descripciones de las diez características del texto para la lectura compartida y la lectura interpretativa.

Objetivos curriculares

Hemos definido los objetivos curriculares en función de los hábitos y conocimientos de comprensión para observar y apoyar en cada nivel. Estos se dividen, a su vez, en pruebas de que la lectora o el lector está pensando *en el texto en sí, más allá del texto* o *acerca del texto.*

- ❏ *En el texto en sí.* Para procesar un texto de manera efectiva y eficaz, y deducir su significado literal, los lectores deben descifrar las palabras, además de verificar y autocorregir su lectura. Durante la lectura compartida y la lectura interpretativa, los niños siguen lo que dice el texto y retienen la información importante que les ayudará a reflejar ese significado con su voz. Los lectores deben autoverificar su propia comprensión, recordar información en forma de resumen y, en algunos casos, ajustar la lectura para reflejar el género del texto. Uno de los mayores beneficios de la lectura compartida y la lectura interpretativa es que los niños leen oralmente un texto o una adaptación de un texto de manera fluida, expresiva y com frases bien formadas. Este escenario instruccional ofrece mucha práctica y constituye una razón auténtica para la lectura en voz alta (no simplemente para que la maestra o el maestro evalúe a la niña o el niño).

- ❏ *Más allá del texto.* Los lectores hacen predicciones y establecen relaciones con sus conocimientos previos y su propia vida. También establecen relaciones entre los textos. Traen a la lectura del texto sus conocimientos previos, sintetizan la información nueva al incorporarla a sus propios conocimientos y reflexionan sobre lo que la escritora o el escritor no afirma pero dice implícitamente. Los lectores pueden inferir los sentimientos y las motivaciones de los personajes de un texto de ficción o las implicancias de los enunciados de la escritora o el escritor en un texto de no ficción. Para reflejar la interpretación con su voz, los lectores deben buscar activamente el significado e incluso considerar otros significados para el texto. La lectura compartida, la lectura a coro y el teatro del lector son oportunidades para pensar más allá del texto. Por ejemplo, para leer con la voz de un personaje, es necesario pensar mucho en cómo se siente.

- ❏ *Acerca del texto.* Los lectores piensan en el texto analíticamente como un objeto al observar y valorar elementos de la elaboración de la escritora o el escritor, como el uso del lenguaje, la caracterización, la organización y la estructura. Al leer como si fueran escritores, los niños observan aspectos de los recursos de elaboración de la escritora o el escritor y disfrutan más el texto, incluso a veces vuelven a leerlo. Además, los lectores piensan en los textos de manera crítica al evaluar su calidad y

© 2014, Gay Su Pinnell e Irene C. Fountas de *Continuo de adquisición de la lectoescritura, Grados PreK–2.* Portsmouth, NH: Heinemann.

Figura I–4	Diez características del texto de la lectura compartida y la lectura interpretativa
Género	Mencionamos distintos textos para cada grado, como poesía, canciones y coros. En general, podrá usar todos los géneros en cada grado, pero sea selectivo con los ejemplos. Use textos de ficción y de no ficción para la lectura compartida y la interpretativa. Muchas veces, los textos narrativos se convierten en obra de teatro o texto poético para crear guiones para el teatro del lector.
Estructura del texto	La estructura de un texto es cómo está organizado. Los textos de ficción suelen tener una estructura narrativa, con un problema y una secuencia de hechos que llevan a la resolución. Los niños más pequeños suelen leer textos cortos con humor o rima. Los cuentos tradicionales son un recurso excelente. Cuando los textos más largos se convierten en obras de teatro o guiones para el teatro del lector, suelen acortarse: los niños presentan un momento del relato, o bien, representan la esencia de la trama o muestran los sentimientos o el punto de vista del personaje principal. Los textos de no ficción pueden ser también narrativos; las biografías, por ejemplo, pueden convertirse en guiones para el teatro del lector con relativa facilidad. Pero la mayoría de los textos informativos se organizan por subtemas, con estructuras subyacentes, como: descripción, secuencia temporal, comparación y contraste, causa y efecto, y problema y solución. Muchas veces esas estructuras se combinan. A través de la lectura compartida y la interpretativa, los estudiantes pueden destacar algunas estructuras subyacentes y disfrutan de convertir el aprendizaje de un área de contenido (por ejemplo, un texto sobre contaminación ambiental o un período histórico) en una obra del teatro del lector.
Contenido	El tema del texto debe ser accesible e interesante para los oyentes. El contenido les resulta útil a los oyentes cuando ya tienen conocimientos previos que los ayudan a entender información nueva. A través de la lectura compartida y la lectura interpretativa, en especial de las biografías, los niños pueden reflexionar sobre muchos temas diferentes.
Temas e ideas	Las ideas más importantes del material que elija para la lectura compartida y la lectura interpretativa deben ser adecuadas para la edad y la experiencia previa de todos los niños. Los niños pueden ampliar su comprensión de los temas y las ideas a medida que comentan cómo se deben leer e interpretar los textos.
Características literarias y del lenguaje	El modo en que el escritor usa el lenguaje se traduce en la calidad literaria de un texto. Es importante seleccionar textos que los niños comprendan en cuanto a las características literarias y del lenguaje. La lectura compartida y la interpretativa dan la posibilidad de "ensayar" diferentes interpretaciones de un texto mediante cambios en la voz.
Complejidad de las oraciones	La estructura de las oraciones (su longitud y la cantidad de frases y oraciones que contienen) es otro factor clave. A lo largo de la escuela primaria y elemental, los niños generalmente pueden comprender oraciones más complejas que las que pueden leer. Al practicar las oraciones para dramatizarlas, los niños aprenden diversas estructuras de oraciones.
Vocabulario	El vocabulario son las palabras que un individuo conoce y entiende en el lenguaje oral y escrito. Cuando trabajan con un texto en la lectura compartida y la interpretativa, los niños pueden encontrar palabras nuevas y, así, ampliar su vocabulario. Es importante que comprendan el texto de para entender las palabras y disfrutar la actividad.
Palabras	Ya que usted ofrecerá mucho apoyo para la decodificación de las palabras y los niños leerán las selecciones varias veces, las palabras no constituyen un factor importante a la hora de elegir textos. Deberá seleccionar textos con palabras que los niños comprendan y puedan pronunciar con su ayuda. La lectura compartida y la lectura interpretativa es un excelente contexto donde los niños pueden aprender más sobre el funcionamiento de las palabras. Como la lectura repetida de un texto hace que se vuelva conocido, los niños aumentarán gradualmente el conjunto de palabras de uso frecuente que conocen. Además, empezarán a observar el comienzo, el final y otras partes de las palabras, y a establecer relaciones entre ellas.
Ilustraciones	Muchos textos que se usan como base para la lectura compartida y la interpretativa están llenos de ilustraciones que ayudan a los niños a interpretarlos. Junto con el apoyo del maestro inherente a la lectura compartida y la interpretativa, las ilustraciones permiten que los niños más pequeños lean juntos libros de un nivel más alto. Para los niños más grandes, la lectura interpretativa también puede basarse en libros álbum (de ficción y no ficción) que incluyan ilustraciones que crean una atmósfera. A veces, los niños pueden interpretar la lectura junto con una presentación de diapositivas con ilustraciones importantes. Pero las ilustraciones podrían no ser un factor en determinados textos. Por ejemplo, sería inusual incluir textos informativos con elementos gráficos en la lectura compartida y la interpretativa.
Características del libro y la letra impresa	Cuando los niños más pequeños participan de la lectura compartida de textos más extensos (libros y poemas), las características de la letra impresa como la longitud, el diseño, la fuente y la cantidad de líneas de una página afectan su capacidad de participar en la actividad. Por lo general, los niños pueden leer textos más complejos en la lectura compartida que en la lectura guiada o independiente. No obstante, procure no sobrecargarlos. Incluso a los lectores más grandes puede resultarles difícil leer al unísono un poema largo y complejo desde una transparencia. Para el teatro del lector, usted puede copiar parte del texto para que los niños puedan resaltar las partes que van a leer. Las características del libro y de la letra impresa en la lectura compartida se trabajan desde pre-kindergarten hasta segundo grado. Más adelante, dejan de tener tanta importancia. Por otro lado, las herramientas de los lectores, como tablas de contenidos, glosarios, guías de pronunciación, índices, barras laterales y encabezamientos, no se tienen en cuenta aquí, ya que es improbable que la organización y la estructura se incluyan en la lectura compartida y la interpretativa. Al leer como si fueran escritores, los niños observan aspectos de los recursos de elaboración del escritor y disfrutan más el texto, incluso a veces vuelven a leerlo. Además, los lectores piensan en los textos de manera crítica al evaluar su calidad y considerar la precisión y la objetividad del escritor. Los textos para la lectura compartida y la lectura interpretativa se seleccionan y crean en función de la calidad de la escritura. Cuando los niños interpretan partes de un texto o un guión del teatro del lector creado a partir de un texto, tienen la oportunidad de conocer el lenguaje. También es una oportunidad para aprender y, algunas veces, incluso memorizar lenguaje de alta calidad. La lectura compartida y la lectura interpretativa permiten construir un repertorio amplio de textos compartidos que pueden volver a leerse con frecuencia para aprender más sobre los recursos de elaboración del escritor.

considerar la precisión y la objetividad de la escritora o el escritor. Los textos para la lectura compartida y la lectura interpretativa se seleccionan y crean en función de la calidad de la escritura. Cuando los niños interpretan partes de un texto o un guión del teatro del lector creado a partir de un texto, tienen la oportunidad de conocer el lenguaje. También es una oportunidad para aprender y, algunas veces, incluso memorizar lenguaje de buena calidad. La lectura compartida y la lectura interpretativa permiten construir un repertorio amplio de textos compartidos que pueden volver a leerse con frecuencia para aprender más sobre los recursos de elaboración de la escritora o el escritor.

Usar el continuo

Este continuo no hace referencia a textos, temas o áreas de contenido específicos. Debe aplicar los objetivos del continuo en relación con los requisitos de su distrito o estado. Puede usar esta guía para establecer los objetivos curriculares generales para los grados PreK–2, o bien puede consultarla cuando planifique y evalúe la enseñanza de la lectura compartida y la lectura interpretativa.

Continuo de escribir sobre la lectura

Lo que los niños escriben en respuesta a lo que han leído ofrece evidencia de cómo piensan. Cuando examinamos la escritura en respuesta a la lectura, podemos formular hipótesis acerca del grado de comprensión de un texto por parte de los lectores. Pero hay más razones para hacer de la escritura una parte integral de la enseñanza de la lectura. A través de la escritura, y también del dibujo, los lectores pueden expresar y ampliar su razonamiento, y mejorar su capacidad de reflexionar sobre un texto. También pueden comunicar lo que piensan sobre los textos a diferentes públicos y con distintos propósitos. Al ayudar a los niños a examinar ejemplos efectivos de escritura sobre la lectura, usted también los ayuda a aprender las características de cada forma de escritura, que después pueden "intentar" o "ensayar" ellos mismos. Los modelos sirven como "textos ejemplares" que los niños pueden consultar a medida que usan distintas formas de escritura para reflejar lo que leen.

   Los niños pequeños pueden aprender a escribir acerca de textos a través de la escritura compartida o interactiva.

- ❏ En la *escritura compartida*, la maestra o el maestro y los niños redactan un texto juntos. La/el docente es quien escribe. Muchas veces, especialmente en el caso de los niños más pequeños, la maestra o el maestro usa un tablero colocado sobre un caballete. Los niños participan en la composición del texto, palabra por palabra, y vuelven a leerlo muchas veces. En algunas ocasiones, la/el maestra/o pide a los niños que lean la palabra lentamente mientras piensan en cómo se escribe. Otras veces, la maestra o el maestro (con el aporte de los estudiantes) escribe una palabra rápidamente en el tablero. El texto se convierte en un texto ejemplar, que sirve de modelo o referencia para la escritura y la discusión de los estudiantes. (Consulte McCarrier, Fountas y Pinnell 2000).

❏ La *escritura interactiva*, un enfoque para usar con niños pequeños, es idéntica a la escritura compartida y funciona de la misma manera, con una excepción: ocasionalmente, la maestra o el maestro, mientras enseña conceptos que ayudan a los niños a prestar atención a diferentes características de las letras y las palabras, invita a un estudiante a pasar al caballete y escribir una letra, una palabra o una parte de una palabra. (Consulte McCarrier, Fountas y Pinnell 2000).

Una vez que los niños más grandes se sientan seguros con una forma de escritura a través del análisis de ejemplos efectivos, la discusión de toda la clase o en grupos pequeños puede apoyar su escritura independiente sobre la lectura. La discusión recuerda a los escritores las características clave del texto y los recursos de elaboración del autor.

En este continuo, describimos muchas formas diferentes de escritura sobre la lectura en cuatro categorías: escritura funcional, escritura narrativa, escritura informativa y escritura poética. El objetivo es que los niños lean muchos ejemplos de cada categoría, identifiquen sus características específicas y tengan oportunidades de aplicar sus conocimientos a la escritura independiente.

Escritura funcional

La *escritura funcional* se lleva a cabo con fines de comunicación o para lograr algo. Durante un bloque de lectura, se produce una gran cantidad de escritura funcional alrededor de la lectura. Los niños toman notas sobre textos escritos que pueden usar como base para una discusión o una presentación o para apoyar la escritura de textos más extensos. También pueden escribir notas o cartas a otras personas para comunicar lo que piensan. Una herramienta clave para la enseñanza en segundo grado es el cuaderno de la lectora o el lector, en el que los niños reflexionan sobre lo que leen de varias formas, entre ellas, con cartas a las que responde la maestra o el maestro.

Los estudiantes de segundo grado pueden comenzar con un simple cuaderno en blanco. Usted les dará mini-lecciones para ayudarlos a entender los distintos tipos de escritura funcional que pueden escribir en el cuaderno. (Consulte Fountas y Pinnell 2001 y 2006). Estos son algunos ejemplos de escritura funcional sobre la lectura:

❏ notas y bosquejos: palabras, frases o bosquejos en notas autoadhesivas o en un cuaderno

❏ "escritura breve": algunas oraciones o párrafos producidos rápidamente en un cuaderno o en una nota autoadhesiva grande que luego se coloca en el cuaderno

- organizadores gráficos: palabras, frases, bosquejos u oraciones
- cartas: cartas escritas a otros lectores o a los autores o ilustradores de un libro
- entradas de un diario: una entrada o una serie de entradas de un diario desde la perspectiva de un sujeto biográfico o un personaje

Escritura narrativa

La *escritura narrativa* cuenta una historia. Con la escritura narrativa sobre la lectura, los niños pueden volver a contar una trama, o parte de ella, o relatar sucesos significativos en la vida de un sujeto biográfico. Además, los niños pueden contar una experiencia propia que sea similar a la de un texto o tenga un tema parecido. Estos son algunos ejemplos de escritura narrativa sobre la lectura:

- resumen: algunas oraciones que cuentan la información más importante de un texto
- historieta/guión gráfico: una sucesión de elementos gráficos o figuras esquemáticas que presentan un relato o información

Escritura informativa

La *escritura informativa* organiza datos en un todo coherente. Para redactar un texto informativo, la escritora o el escritor organiza datos en categorías y puede usar estructuras subyacentes, como una descripción, comparación y contraste, causa y efecto, secuencia cronológica o problema y solución. Estos son algunos ejemplos de escritura informativa sobre la lectura:

- estudio de una autora o un autor: un texto que brinda información sobre una autora o un autor y sus recursos de elaboración
- estudio de una ilustradora o un ilustrador: un texto que brinda información sobre una ilustradora o un ilustrador
- entrevista (con un/a autor/a o un/a experto/a): una serie de preguntas y respuestas diseñadas para brindar información sobre un/a autor/a o un/a experto/a en un tema
- manual de instrucciones: una explicación de cómo se hace algo
- libro que contiene todo sobre un tema: información fáctica presentada de manera organizada

Escritura poética

La *escritura poética* implica elegir y ordenar palabras cuidadosamente para transmitir un significado de manera que evoque sentimientos e imágenes sensoriales. La poesía condensa el significado en grupos pequeños de palabras. Se presta para leerla varias veces y para ser leída en voz alta por el placer de escuchar el lenguaje. La escritura poética sobre la lectura incluye la escritura poética en respuesta a un texto en prosa o para reflexionar o dar una respuesta sobre un poema. La escritura poética se puede usar para la lectura a coro.

Usar el continuo de escribir sobre la lectura

Todos los géneros y formas de escritura sobre la lectura le darán evidencia de cómo están razonando los niños y los ayudarán a volverse más reflexivos sobre lo que leen. El continuo está organizado por grado. Primero, enumeramos los géneros y las formas apropiadas para que los niños escriban según el nivel del grado. Luego, especificamos los hábitos y conocimientos para enseñar, observar y apoyar a medida que los niños piensan en el texto en sí, más allá del texto y acerca del texto. (Observe que puede hallar evidencia tanto en las ilustraciones como en la escritura). Recuerde que los géneros y las formas se demuestran y se construyen en conjunto mediante el uso de la escritura interactiva y compartida *antes* de que los niños los produzcan de manera independiente como tarea. Después de experimentar los géneros y las formas varias veces con apoyo grupal, los niños podrán producirlos por su cuenta. Gradualmente, desarrollarán un repertorio de maneras de escribir sobre la lectura del cual podrán elegir según su propósito.

Continuo de escritura

El salón de clase, desde pre-kindergarten hasta segundo grado, es un lugar donde los escritores crecen. Aprenden involucrándose en el proceso de escritura con la ayuda experta de la maestra o el maestro y el apoyo de sus pares. La escritura es multifacética en el sentido de que orquesta el razonamiento, el lenguaje, la ortografía y la puntuación. El proceso de escritura se puede describir como una serie de pasos (tener una idea, hacer un borrador, revisar, corregir y publicar), pero es, de hecho, un proceso recursivo en el que todas estas cosas pueden ocurrir casi en simultáneo.

La escritura es una herramienta básica de aprendizaje y de comunicación con los demás. En nuestras escuelas, se espera que los niños escriban en todas las áreas de estudio. Queremos que se conviertan en individuos que pueden usar muchos tipos de escritura para un amplio espectro de propósitos y públicos a lo largo de su vida. En otra publicación, hemos escrito que "el terreno de la escritura se extiende en muchas direcciones, reales e imaginarias, y abarca trabajos de investigación intelectuales exhaustivos sobre biología, geología, historia, antropología y otros campos" (Fountas y Pinnell 2001b, 423).

Queremos ayudar a los niños a desarrollar los conocimientos básicos del proceso de escritura y a saber cómo variar el proceso según los distintos géneros y propósitos. ¡Los estudiantes de pre-kindergarten pueden "crear libros" contando una historia a través de dibujos incluso antes de saber leer o escribir! Hasta los niños pequeños pueden producir publicaciones simples; a medida que escriben año tras año, se involucran en el mismo proceso básico, pero en niveles más sofisticados. Su espectro se amplía y sus publicaciones se vuelven más complejas.

Demostración Casi todos los géneros enumerados en el continuo se demuestran primero en una lectura en voz alta o con ejemplos de *escritura compartida, escritura interactiva* o *modelos de escritura*. Los niños pequeños tendrán una experiencia compartida o grupal en todos los géneros que se espera que en algún momento puedan producir de manera independiente. Incluso los niños pequeños pueden tener esta importante experiencia mediante la escritura compartida, la escritura interactiva o los modelos de escritura:

❑ En la *escritura compartida*, la maestra o el maestro y los niños redactan un texto juntos. La maestra o el maestro es quien escribe; por lo general, y especialmente para los niños más pequeños, lo hace sobre un tablero colocado en un caballete. Los niños participan en la composición del texto, palabra por palabra, y vuelven a leerlo muchas veces. En algunas ocasiones, la maestra o el maestro pide a los niños que lean la palabra lentamente mientras piensan en cómo se escribe. Otras veces, la maestra o el maestro (con el aporte de los estudiantes) escribe una palabra rápidamente en el tablero. El texto se convierte en un modelo, ejemplo o referencia para la escritura y la discusión de los estudiantes.

❑ La *escritura interactiva* es idéntica a la escritura compartida y funciona de la misma manera, con una excepción: ocasionalmente, la maestra o el maestro, mientras enseña conceptos que ayudan a los niños a prestar atención a diferentes características de las letras y las palabras, invita a un o una estudiante a pasar al caballete y escribir una letra, una palabra o una parte de una palabra.

❑ Los *modelos de escritura* se pueden usar en todos los niveles. Aquí, la maestra o el maestro demuestra el proceso de escritura en un género en particular; a veces, piensa en voz alta para revelar lo que ocurre en su mente. La maestra o el maestro puede preparar el modelo de escritura antes de la clase, pero explica el proceso en detalle delante de los niños.

Textos ejemplares: Un componente fundamental para aprender a escribir un género determinado es estudiar textos ejemplares (obras de literatura infantil, de ficción y de no ficción que hayan leído y comentado), y nosotros hemos desarrollado el estudio de textos ejemplares en todas las secciones apropiadas de Elegir el propósito y el género. Los escritores aprenden de otros escritores. Si los niños conocen varios libros de una misma autora o un mismo autor e ilustradora o ilustrador, pronto aprenden qué tiene de especial un libro determinado de esa

© 2014, Gay Su Pinnell e Irene C. Fountas de *Continuo de adquisición de la lectoescritura, Grados PreK–2*. Portsmouth, NH: Heinemann.

autora o ese autor. Comienzan a observar los temas, las características de las ilustraciones, los tipos de relatos y el lenguaje. Pueden anotar o recordar palabras y expresiones para adoptarlas. A medida que adquieren experiencia, entienden que los escritores usan a otros escritores como ejemplo y aprenden de ellos. Observan lo que hacen los escritores para que su escritura sea efectiva y comienzan a usar textos ejemplares como guía al planear, revisar y publicar lo que escriben. Observan la elección del propósito, el tema y el género, y comienzan a hacer esas elecciones ellos mismos. Los niños pueden incluso participar en estudios formales de autores para aprender sobre sus recursos de elaboración: cómo retratan a los personajes, cómo usan el diálogo y cómo organizan la información. Los elementos gráficos y las ilustraciones ofrecen a los escritores jóvenes muchos ejemplos sobre cómo ilustrar su obra de manera clara. Los lectores y escritores muy sofisticados siguen aprendiendo de los textos ejemplares cuando buscan modelos o ejemplos de cómo se tratan los temas o las ideas, crean el diálogo y muestran el desarrollo de los personajes, y preparan textos persuasivos o críticos. Durante el proceso de incorporar todos los conocimientos enumerados en este continuo, los niños se dan cuenta de que pueden usar a los autores publicados como escritores ejemplares a quienes pueden emular.

Niños hispanohablantes bilingües: En el caso de los niños cuya lengua materna es el español pero viven en un entorno en el que se habla inglés, el proceso de convertirse en escritor es más complejo. Los niños tienen la oportunidad de aprender a leer y escribir en español y en inglés simultáneamente, apoyándose en que, según las investigaciones, la lectura se transfiere de un idioma a otro. Por lo tanto, la enseñanza de la escritura debe centrarse especialmente en las diferencias entre las estructuras y las normas de dominio del español y el inglés. Ciertos patrones gramaticales y sintácticos también merecen estudiarse y verificarse en la escritura de los niños. Por ejemplo, las terminaciones verbales en español difieren notoriamente de las terminaciones verbales en inglés, ya que el tiempo pasado de *correr,* por ejemplo, se puede expresar como *corrí, corriste, corrió, corrimos* y *corrieron,* mientras que en inglés, *run* tiene una sola forma en pasado: *ran.* La enseñanza de la escritura también puede enfocarse en la concordancia de género y número de los artículos y los sustantivos; ya que en inglés, decimos *the teacher* o *the teachers,* mientras que en español, decimos *la maestra, el maestro, las maestras* o *los maestros.* Es importante tener en mente las diferencias entre ambos idiomas para ayudar a los niños a ser conscientes de ellas cuando escriben.

Estudiantes de español angloparlantes: En la actualidad, hay varios programas bilingües para estudiantes cuyo primer idioma es el inglés y están aprendiendo español. Es probable que los estudiantes de español necesiten más apoyo a medida que amplían su dominio del lenguaje oral en español y, junto con él, el del español escrito. La escritura interactiva con hablantes nativos ofrece apoyo grupal y modelos bien definidos. A medida que los niños vuelven a leer la escritura interactiva, asimilan patrones sintácticos del español y vocabulario relevante.

Este continuo de escritura se presenta en un período de un año y lo ideal es lograr todos los objetivos al final del grado. Como aprender a escribir se puede considerar un aprendizaje en espiral, verá muchos objetivos repetidos en los distintos grados. Sin embargo, los niños trabajarán para lograr estos objetivos de manera cada vez más sofisticada.

En este continuo, describimos la escritura en cuatro áreas principales: propósito y género, recursos de elaboración, normas y proceso. Las cuatro áreas de aprendizaje se aplican a todos los niños, desde pre-kindergarten hasta octavo grado.

Propósito y género

Al escribir, los escritores pueden tener un propósito en mente y elegir el género en consecuencia. Se puede contar una historia que comunique un significado más amplio; se puede informar o entretener; se puede persuadir a las personas para que actúen en relación con un tema importante para la escritora o el escritor. Es importante reconocer que los escritores eficaces no escriben en un género determinado solo para practicarlo. Eligen el género que transmitirá mejor lo que quieren expresar. Naturalmente, los maestros presentan nuevos géneros a los niños para que puedan aprender a escribir en ellos, pero el objetivo final es establecer un repertorio del que puedan elegir. Es importante establecer el deseo de escribir en un género haciéndolo interesante y placentero. Por motivos educativos, hemos descrito géneros tradicionales dentro de cada propósito, aun cuando reconocemos que casi cualquier género se puede usar para apoyar un propósito determinado; por ejemplo, una carta informativa informal o un poema funcional.

En el continuo de los grados PreK–2, clasificamos los géneros de escritura en cuatro propósitos: narrativo, informativo, poético y funcional. Para los niveles L–N, hemos agregado una quinta categoría: híbridos. Los textos híbridos combinan géneros para apoyar cualquier propósito que se elija. Para cada género dentro de estas categorías, tenemos dos grupos de información importantes: Comprender el género, que refleja conocimientos clave específicos del género (aquello que los niños deben *saber* acerca del género) y Escribir el género, que se refiere a las maneras en las que la o el estudiante demuestra su comprensión abordando los distintos tipos de escritura dentro del género (aquello que los niños *hacen* con el género). Además, para cada género, incluimos formas de escritura de ejemplo que, junto con otras, pueden ser parte del currículo de escritura.

Géneros narrativos

Un texto narrativo es un relato con un comienzo, una serie de sucesos y un final. Los textos narrativos pueden ser de ficción o de no ficción, y, generalmente, cuentan sucesos importantes o emocionantes acerca de la vida de un personaje (o un sujeto). Un texto narrativo puede ser muy simple o muy complejo. Este continuo abarca tres tipos de textos narrativos: memorias, relato corto y biografía. Para cada tipo de texto, describimos conocimientos importantes e identificamos objetivos específicos relacionados con la escritura de ese género.

Memorias. Las memorias incluyen una narración personal. Queremos que los niños aprendan los recursos de elaboración y las normas de las memorias escribiendo sobre su propia vida. Los niños muy pequeños comienzan haciendo bosquejos, contando y escribiendo relatos simples sobre su familia, sus amigos y sus mascotas. Es importante que los niños entiendan desde el principio que escriben sobre lo que saben. Al hacerlo, aprenderán a observar su mundo con atención, buscando ejemplos relacionados con su vida. Los niños desarrollan la capacidad de escribir ficción al contar esos relatos partiendo de su experiencia.

En los distintos grados, los niños continúan escribiendo memorias. Aprenden a escribir sobre pequeños momentos que capturan sentimientos intensos o experiencias significativas. Comienzan a entender la noción más formal de memoria como un recuerdo breve y a menudo intenso de un suceso o una persona. Las memorias tienen un elemento de reflexión y enseñan a la lectora o el lector un significado más amplio.

Relato corto. Los niños pueden pensar en la ficción como un relato corto sobre un suceso en la vida de un personaje principal que transmite un mensaje. Queremos que aprendan que la buena ficción revela algo sobre la vida, se relaciona con los lectores y comunica los significados más profundos de un asunto. El relato corto puede ser ficción realista o cuento fantástico, contemporáneo o histórico. Los niños más pequeños pueden escribir relatos muy simples sobre personas o animales; pueden contar su propia versión de un cuento fantástico con animales. A medida que adquieren experiencia, los niños pueden desarrollar aspectos de la ficción como la caracterización y el desarrollo de la trama.

Biografía. La biografía es no ficción, pero suele presentarse como texto narrativo. Queremos que los niños aprendan que la biografía es un relato verdadero sobre una persona. Los escritores más jóvenes pueden contar relatos simples sobre miembros de su familia o amigos; los escritores de más edad pueden producir bosquejos o perfiles biográficos totalmente documentados de modelos de conducta o figuras públicas, contemporáneas o históricas. En todos los casos, la biógrafa o el biógrafo elige un sujeto por razones que expresa y selecciona sucesos y cuenta la historia de una manera que muestra a los lectores la perspectiva de la escritora o el escritor. Los escritores usan recursos de elaboración para hacer que la biografía resulte interesante. Puede estar escrita en forma de ficción para que sea más interesante y amena, pero la escritora o el escritor debe aclarar qué partes no están documentadas.

Géneros informativos

Los textos informativos incluyen los textos literarios de no ficción, los textos expositivos de no ficción y los ensayos.

Texto literario de no ficción. ¡No todos los textos de no ficción son informes o libros de texto! Especialmente en los últimos años, se han publicado textos literarios de no ficción cortos y largos muy atrapantes. Queremos que los niños aprendan a partir de estos textos ejemplares a producir textos literarios de no ficción interesantes enfocados en un tema o un aspecto de un tema. Los niños aprenden a usar recursos para estar seguros de que tienen información precisa y a mantenerse centrados en el tema. También aprenden que deben hacer que su escritura sea interesante para los lectores y que los ayude a aprender acerca del tema de nuevas maneras.

Texto expositivo de no ficción. Durante nuestra etapa escolar y después también, la capacidad de escribir un artículo de fondo o un informe es útil y necesaria. Los niños aprenden que un artículo de fondo se centra en un aspecto de un tema y que un informe incluye varios aspectos de un tema. En ambos tipos de texto, la escritora o el escritor hace enunciados y los respalda con datos, ejemplos y otra evidencia. La escritora o el escritor puede buscar persuadir a los lectores para que adopten un punto de vista determinado o actúen de cierta manera. (No enseñamos este género a los escritores más pequeños debido a la sofisticación que requiere).

Ensayo. Un ensayo es una composición literaria breve muy sofisticada en la que la autora o el autor expone un punto de vista de manera clara. El ensayo puede ser analítico, crítico o persuasivo. La capacidad de redactar un ensayo se basa en muchos años de no solo escribir, sino también desarrollar el razonamiento crítico. Los ensayos son apropiados para los grados superiores de la escuela primaria y para la escuela secundaria.

Géneros poéticos

Los escritores jóvenes deben aprender a entender la poesía como un género especial para comunicar un significado y describir sentimientos e imágenes sensoriales. Hay muchas formas de poesía: rimas tradicionales, canciones y versos; verso libre; poesía lírica; poesía narrativa; quintillas humorísticas; quintetos; poesía concreta; haiku; poesía acróstica; poemas en forma de lista y poemas que siguen una fórmula. Una vez que los niños logren una comprensión sólida del verso libre, puede presentarles una variedad de otras formas mediante textos ejemplares. Antes de escribir poesía, los niños necesitan escuchar poemas leídos en voz alta y leer poemas en voz alta. Esta exposición les permite captar el estilo de la poesía y asimilar gradualmente las formas que puede adoptar. Aprenden a observar el mundo con atención y a experimentar con palabras y frases para comenzar a producir lenguaje poético.

Géneros funcionales

Como adultos, usamos todo tipo de textos funcionales a diario, desde comunicaciones muy simples hasta cartas sofisticadas. Los siguientes géneros se clasifican como funcionales.

Cartas informales. Las notas, las tarjetas, las invitaciones, los correos electrónicos y las cartas informales son comunicaciones escritas que requieren que la escritora o el escritor proporcione determinado tipo de información y que escriba en un tono y una forma apropiados.

Cartas formales. Las cartas comerciales y los editoriales son documentos formales con un propósito determinado. Van directo al punto, evitan los detalles superfluos y tienen partes que no pueden faltar.

Listas y procedimientos. Las listas son herramientas de planificación que ayudan a las personas a realizar tareas diarias. También son los pilares de textos más complicados como los poemas y los textos informativos. Los procedimientos requieren que los escritores estudiantes planeen detenidamente y expliquen claramente los pasos de un proceso.

Escribir en una prueba. Es un género requerido en el ambiente académico. Los niños deben aprender que algunos géneros de escritura tienen el propósito expreso de demostrar cuánto se sabe. Deben analizar una prueba para saber lo que se espera y escribir ajustándose al tema.

Escribir sobre la lectura. La escritura sobre la lectura también se requiere en la escuela para reflejar el razonamiento de los niños en un texto en sí, más allá de un texto y acerca de un texto que han leído. Se puede usar casi cualquier género o forma de escritura para responder a un texto. Hemos dedicado un continuo completo por separado para esta importante área de la lectura.

Híbridos

Los textos híbridos, aquellos que combinan más de un género en un todo coherente, sirven para cualquier propósito que elija la escritora o el escritor. Pueden atraer, informar, persuadir o servir para un propósito funcional. Hemos incluido estos textos en los niveles L–N. En su forma más simple (por ejemplo, incorporar una carta informal a un texto narrativo) es probable que sean adecuados para los escritores fluidos de grados intermedios. Las formas más complejas (una explicación y un texto narrativo en paralelo, por ejemplo) requieren una perspectiva hábil y cambios de estilo que solo pueden manejar los escritores avanzados.

La sección anterior describe el producto de la escritura, lo que se espera que los escritores jóvenes produzcan como resultado. Llegar a ese producto es un proceso educativo y requiere prestar atención a las destrezas y estrategias de las siguientes tres secciones: la elaboración, las normas y el proceso de escritura.

Elaboración

Todos los géneros anteriores implican la creación de un texto eficaz que esté claramente organizado y contenga ideas bien desarrolladas. La escritora o el escritor debe usar lenguaje adecuado al género para incluir las palabras específicas seleccionadas. Queremos que los niños pequeños consideren detenidamente la elección de las palabras para que el texto transmita un sentido preciso. Los niños más grandes tendrán un vocabulario más amplio, pero también pueden usar herramientas como un diccionario de sinónimos. Por sobre todas las cosas, el texto debe tener *voz*: debe dejar ver a la persona que está detrás de la escritura. Eso significa que la escritura incorpora características que revelan el estilo único de la escritora o el escritor. Los niños más pequeños pueden escribir con voz cuando expresan sentimientos o cuentan sucesos que son importantes para ellos. La voz se desarrolla a lo largo de toda la carrera de una escritora o un escritor y se revela en la manera en la que ella o él usa todos los aspectos de la elaboración: estructura de las oraciones, elección de palabras, lenguaje y puntuación.

La sección de elaboración de este continuo establece objetivos para cada área. Estos objetivos se aplican, en general, a todos los géneros, aunque algunos son más relevantes para algunos géneros que para otros.

Organización. Esta sección trata sobre la manera en la que la escritora o el escritor organiza la información o estructura el texto narrativo. Incluye la estructura de todo el texto (comienzos y finales) y la organización de las ideas.

Desarrollo de ideas. El desarrollo de ideas se centra en la manera en la que la escritora o el escritor presenta y apoya la idea principal y los temas del texto.

Uso del lenguaje. Describe los objetivos para la manera en la que la escritora o el escritor usa las oraciones, las frases y las expresiones para describir sucesos, acciones o información.

Elección de palabras. La elección de palabras se refiere a las palabras que la escritora o el escritor elige para expresar un significado.

Voz. La voz es el estilo único de una persona como escritora o escritor.

Normas

Conocer y cumplir las normas de escritura permite comunicar ideas con claridad. El contenido y la elaboración deben estar presentes, pero sin la ortografía correcta, la gramática convencional y la puntuación, será difícil hacer que las personas valoren la escritura. En muchos casos, los grandes escritores violan algunas de esas normas, especialmente en la ficción, pero lo hacen con un propósito artístico. Los primeros ocho años de escuela son el momento de establecer una comprensión sólida de las normas para escritura, entre las que se encuentran las siguientes:

Disposición del texto. Los niños pequeños deben aprender el concepto básico de escribir las palabras de izquierda a derecha a lo ancho de la página con espacios entre ellas. Incluso los escritores experimentados deben aprender cómo usar la disposición del texto para contribuir al sentido del texto y realzarlo.

Gramática. La gramática del lenguaje escrito es más formal que la del lenguaje hablado. Hay reglas sobre cómo formar oraciones, cómo usar las categorías gramaticales, cómo hacer que los tiempos verbales sean coherentes y cómo formar párrafos.

Mayúsculas. El uso apropiado de las mayúsculas hace que los textos sean más fáciles de leer y destaca los sustantivos propios y las funciones especializadas.

Puntuación. La puntuación añade sentido al texto, lo hace más fácil de leer e indica a la lectora o el lector las intenciones de la escritora o el escritor respecto del uso de frases coherentes.

Ortografía. Seguir las normas de ortografía es fundamental para la presentación de un texto escrito, tanto para su apariencia como para el sentido.

Escribir a mano y en computadora. La escritura a mano debe ser legible. La escritura a mano eficaz también aumenta la fluidez y la facilidad de la escritura, por lo que la escritora o el escritor puede prestar más atención al mensaje. Por las mismas razones, es importante que los niños desarrollen rápidamente las destrezas para manejar un teclado de manera eficiente.

Aprender estas normas es una tarea difícil y compleja que tarda muchos años en desarrollarse. No queremos que los niños dediquen tanto tiempo y energía a las normas que terminen convirtiéndose en escritores temerosos o que no desarrollan su voz. Sí queremos que las normas sean una parte importante del proceso de edición.

El proceso de escritura

Los niños aprenden a escribir escribiendo: practicando muchas veces todos los componentes del proceso. El proceso de escritura es recursivo; los componentes se producen en un cierto orden, pero en cualquier momento del proceso, la escritora o el escritor puede usar y usará uno o todos los componentes. En este continuo, describimos cuatro etapas clave del proceso: ensayar y planificar, hacer un borrador y revisar, editar y revisar y publicar. Además, hemos incluido dos categorías globales que afectan a todo el proceso: bosquejar y dibujar, y verse a sí mismo/a como escritor/a.

Ensayar y planificar

Ensayar y planificar implica reunir información, ensayar ideas y pensar acerca de algunos aspectos muy importantes del texto, como el propósito y el público, antes de comenzar a escribir. Naturalmente, la escritora o el escritor se detendrá a menudo durante la escritura del borrador para reunir más información o volver a pensar el propósito después de comentarlo con otras personas. Esta área incluye objetivos curriculares para:

Propósito. Los escritores tienen un propósito claro para escribir el texto, y este propósito influye en la elección del género y la organización.

Público. Los escritores piensan en el público, que puede ser conocido o desconocido. Es importante que incluso los niños más pequeños piensen que el público lo componen todos los lectores del texto, no solo la maestra o el maestro.

Lenguaje oral. Los escritores pueden generar ideas y ensayar sus ideas en conversaciones con otras personas.

Reunir semillas. Una herramienta importante de la escritora o el escritor es un cuaderno en el que puede recopilar ideas, experimentar, bosquejar, diagramar y usar la técnica de escritura libre. Los escritores usan cuadernos como fuente de ideas, formatos y técnicas.

Contenido, tema, asunto. Los escritores eligen cuidadosamente el contenido o tema de un texto pensando en el interés, el propósito y el asunto.

Investigación. Como preparación para escribir textos informativos y biografías, los escritores a menudo dedican bastante tiempo a reunir información. Esto también ocurre cuando un individuo escribe ficción histórica o desarrolla una trama en un ambiente desconocido.

Género/Forma. Con el público en mente, así como el contenido o el propósito, los escritores eligen el género del texto y la forma particular del género.

Hacer un borrador y revisar

Una escritora o un escritor puede hacer un borrador y luego revisarlo para hacerlo más eficaz, pero la mayoría de los escritores revisan mientras hacen el borrador y, a veces, agregan material al borrador después de revisarlo. Hay varias maneras de hacer un borrador de un texto y revisarlo, y todas se pueden usar en cualquier momento del proceso. Los niños las usan en todos los grados:

Producir un borrador. Los escritores escriben un borrador inicial y anotan las ideas rápidamente.

Volver a leer. Los escritores vuelven a leer para recordar lo que han escrito, evaluar la claridad y revisar.

Agregar información. Los escritores agregan ideas, detalles, palabras, frases, oraciones, párrafos o diálogos a un texto para hacerlo más efectivo.

Eliminar información. Los escritores eliminan la información redundante o irrelevante y los detalles superfluos para hacer que el texto sea más claro.

Reorganizar la información. Los escritores cambian de lugar la información para hacer que el texto sea más lógico y más interesante.

Cambiar el texto. Los escritores identifican las partes vagas y les agregan especificidad; prestan atención a las palabras y frases de transición o cambian palabras, frases y oraciones.

Usar herramientas y técnicas. Los escritores adquieren un repertorio de herramientas y técnicas para hacer borradores y revisar un texto.

Comprender el proceso. Los escritores trabajan de manera activa para hacer un borrador y revisar y usan a otros escritores como modelo y para que evalúen lo que han escrito.

Editar y revisar

Con el contenido y la organización definidos, los niños pulen los borradores elegidos para prepararlos para la publicación. La edición y la revisión se centran en la forma de la composición.

Editar según las normas. Con el paso de los años, a medida que los niños aprenden las normas, podemos esperar que usen esos conocimientos al editar lo que escriben.

Usar herramientas. Los niños también deben aprender las herramientas que los ayudarán en la edición: el diccionario, un diccionario de sinónimos y la tecnología informática.

Comprender el proceso. Los niños aprenden cuándo, cómo y por qué buscar ayuda para editar.

Publicar

Los escritores pueden producir muchos borradores finales que comparten con sus compañeros, pero a veces también publican textos. Estos textos habrán pasado una edición final e incluirán todos los elementos de una obra publicada; entre ellos, una cubierta con toda la información necesaria, el texto escrito en computadora y con el diseño adecuado, y elementos gráficos según sea necesario. Para algunos niños, publicar significa leer el texto a sus compañeros para celebrar su escritura. Dar este último paso es importante para los escritores jóvenes porque les da una sensación de objetivo cumplido y la oportunidad de compartir su talento con un público más amplio. Con el tiempo, a medida que los estudiantes acumulan muchos textos publicados, pueden reflexionar sobre su desarrollo como escritores.

Bosquejar y dibujar

Ya sea que se usen para capturar ideas, almacenar imágenes rápidas para recordar información más fácilmente, disponer las ideas de manera visual para hacer que la estructura o la información de un borrador sean más claras o para mejorar la eficacia de una obra publicada, los bosquejos y los dibujos apoyan todo el proceso de escritura. Los objetivos de esta sección se aplican a todas las etapas del proceso de escritura.

Verse a sí mismo/a como escritor/a

Por último, debemos pensar en nuestros niños como escritores para toda la vida. Desarrollarse como escritora o escritor significa más que producir un texto tras otro y mejorar gradualmente. Queremos que nuestros niños hagan de la escritura una parte de su vida, que se vean a sí mismos como escritores que observan constantemente el mundo y reúnen ideas e información para su escritura. Deben convertirse en escritores independientes y emprendedores, que ingresen conscientemente en su propio aprendizaje y desarrollo y, durante el proceso, amplíen su capacidad de conocerse a sí mismos y conocer su mundo. Por sobre todas las cosas, deben ser capaces de buscar modelos para poder seguir ampliando sus conocimientos de las posibilidades de este oficio. En la última sección del continuo, enumeramos los objetivos de esta área.

Continuo de comunicación oral, visual y tecnológica

El lenguaje es la primera herramienta de aprendizaje de una niña o un niño, y también la más poderosa. Dentro de todos los contextos educativos que forman

© 2014, Gay Su Pinnell e Irene C. Fountas de *Continuo de adquisición de la lectoescritura, Grados PreK–2.* Portsmouth, NH: Heinemann.

parte de un currículo integral de lenguaje y lectura, el aprendizaje se transmite por medio del lenguaje oral. Hay numerosas referencias al lenguaje oral en todos los continuos que se presentan en este libro. Los niños revelan su razonamiento acerca de los textos a través de la discusión con otras personas. La manera en la que hablan es un preludio de su escritura. Aprenden cómo funcionan las palabras al escucharlas, hablar acerca de ellas y trabajar con ellas. Al escuchar la lectura en voz alta de los textos, aprenden el lenguaje que usarán para hablar o escribir. Aprenden el lenguaje al usarlo para una variedad de propósitos. Por lo tanto, de alguna manera, la comunicación oral no solo es una parte integral de todos los componentes del currículo, sino también un pilar de la comunicación futura. Debemos desarrollar intencionalmente el tipo de destrezas de lenguaje oral que los niños necesitan para su futuro. Hemos creado este continuo para centrarnos en el área más amplia de la *comunicación* más allá de la palabra impresa. No podemos saber con exactitud los tipos de destrezas de comunicación que serán importantes en 2020 y más adelante, pero podemos dotar a nuestros niños de las competencias auditivas, del habla y de la tecnología fundamentales que les permitirán aprovechar nuevas oportunidades de comunicación. En este continuo, examinamos objetivos esenciales del currículo en tres áreas: hablar y escuchar, presentación y tecnología.

Hablar y escuchar

Los niños aprenden escuchando y respondiendo a otros. La interacción es clave para lograr una comprensión más profunda de los textos. Los niños necesitan las destrezas interactivas que hacen posible una buena conversación; también necesitan desarrollar la capacidad de mantener una discusión de contenido académico más profunda y extensa. Esta área incluye:

- ❑ *Escuchar y comprender.* Los niños pasan una buena parte de su etapa escolar escuchando explicaciones e instrucciones. Aprenden escuchando de manera activa, por lo que es importante que desarrollen el hábito de escuchar con atención y recordar detalles. También es importante que escuchen de manera activa los textos leídos en voz alta. Al escuchar las lecturas interactivas en voz alta diariamente, los niños tienen la oportunidad de aprender los patrones sintácticos del lenguaje escrito, aprender cómo funcionan los textos y ampliar su vocabulario. Encontrará información específica relacionada con el desarrollo del vocabulario en el continuo dedicado a la fonética, la ortografía y el estudio de palabras (consulte *Significado de las palabras*); sin embargo, escuchar es una parte importante del proceso.

- ❑ *Interacción social.* La interacción social es fundamental para el éxito en el trabajo y para una vida personal feliz. A través de la conversación, las personas desarrollan vínculos entre sí y logran cosas. En la escuela primaria y secundaria, los niños desarrollan su capacidad de interactuar con otras personas de manera positiva. Aprenden las normas sociales que hacen que la conversación funcione.

❏ *Discusión extendida.* En las áreas de contenido, la interacción social se extiende a discusiones más profundas. La discusión es esencial para el aprendizaje en todas las áreas, pero es crucial para el desarrollo de la comprensión de la lectura. Mediante la discusión extendida, los niños amplían su comprensión de los textos que han leído o han escuchado en la lectura en voz alta. Desarrollan la capacidad de recordar los detalles necesarios de los textos y pensar más allá y acerca de ellos. La discusión extendida requiere conocimientos y destreza. Los niños deben poder mantener el hilo de la conversación y escuchar y responder a otras personas. Deben aprender normas como turnarse en la discusión o adoptar el rol de líderes. Incluso los niños pequeños pueden comenzar a aprender cómo mantener una conversación sobre un texto, y esta capacidad se desarrolla con los años.

❏ *Contenido.* El tema sobre el que hablan los niños también es importante. Sus ideas deben tener peso. Deben ser capaces de explicar y describir su razonamiento, hacer predicciones e inferencias y apoyar lo que dicen con evidencia de los textos. Mediante las discusiones diarias a lo largo de los años, aprenden el arte del debate.

Desarrollar la capacidad para escuchar, para la interacción social, la discusión extendida y el contenido ayudará a los niños a usar el lenguaje como herramienta para aprender a lo largo de todo el currículo.

Presentación

La capacidad de hablar de manera eficaz ante un grupo, grande o pequeño, es una gran ventaja. Muchos niños tienen miedo de hablar ante un grupo; en gran medida, debido a la falta de experiencia o incluso a una mala experiencia. Nosotros vemos la presentación ante un público como una destreza básica que se debe desarrollar con los años. Incluso los niños pequeños pueden hablar delante de la clase de su propia vida o su escritura; hasta pueden preparar ilustraciones como ayuda. A medida que los niños avanzan hacia los grados superiores de la escuela primaria, tienen muchas herramientas que los ayudan, como PowerPoint™ y otras herramientas de presentación que les permiten, por ejemplo, combinar medios de comunicación. Describimos un continuo de aprendizaje en seis áreas relacionadas con la presentación: voz, normas, organización, elección de palabras, ideas y contenido, y medios de comunicación.

❏ *Voz.* Aquí, la palabra *voz* se refiere al estilo personal de la oradora o el orador. Todos hemos visto a oradores talentosos que cautivan a su público. Si bien no esperamos que todos los estudiantes se conviertan en oradores, sí esperamos que cada individuo pueda desarrollar maneras de hablar que capturen el interés y la atención de los oyentes. Los oradores aprenden cómo comenzar de una manera que cautive al público y a usar la modulación de la voz y los gestos de maneras interesantes.

❏ *Normas.* Hay ciertas normas que son básicas para hacer presentaciones eficaces. Por ejemplo, la oradora o el orador debe pronunciar las palabras de manera clara y hablar a un volumen apropiado y a un ritmo que sea efectivo: ni demasiado lento ni demasiado rápido. Mirar directamente al público y establecer contacto visual también es útil. Con práctica, estas normas se pueden volver automáticas, lo que permite a la oradora o el orador concentrarse en las ideas que expresa.

❏ *Organización.* Una presentación eficaz está bien planificada y organizada. La oradora o el orador puede organizar la información de varias maneras; por ejemplo, por comparación y contraste o por causa y efecto. Las presentaciones eficaces son concisas y claras, no poco concretas y desordenadas. Al planificar la estructura organizativa de una presentación, la oradora o el orador debe tener en cuenta al público.

❏ *Elección de palabras.* Los oradores eficaces eligen sus palabras cuidadosamente, tanto para generar un impacto en el público como para comunicar el sentido de su mensaje con claridad. A menudo, los oradores tienen que usar palabras específicas relacionadas con el área de contenido que están tratando, y es probable que tengan que definir estas palabras para el público. También pueden usar un lenguaje más literario para aumentar el interés de los que los escuchan. Los oradores eligen las palabras teniendo en cuenta al público. Es posible que haga falta un lenguaje más formal en una presentación profesional que en una conversación cotidiana o una discusión.

❏ *Ideas y contenido.* La esencia de una presentación es importante. Si las ideas y el contenido no tienen peso, la técnica se desperdicia. Los oradores eficaces demuestran su comprensión mediante la información que eligen presentar. Saben cómo establecer un argumento, usar estrategias de persuasión, dar ejemplos y citar evidencia relevante.

❏ *Medios de comunicación.* Es posible que el uso de los medios de comunicación resulte excesivo, pero en general, la inclusión de elementos visuales mejora las presentaciones. Para los niños pequeños, esos elementos visuales pueden ser fotografías, dibujos o carteles. A medida que sus presentaciones se vuelven más sofisticadas, los niños pueden hacer uso de una amplia variedad de recursos electrónicos para crear presentaciones multimedia. Es posible que los oradores deban pensar en nuevas formas de presentaciones. Por ejemplo, la creación de un sitio web no lineal interactivo que los miembros del público puedan explorar individualmente es un tipo de presentación ampliada.

Tecnología

Aprender a usar la tecnología para comunicarse es absolutamente necesario en la sociedad actual. ¡Muchas veces, los niños son mucho más sofisticados que sus maestros en esta área! Debemos prestar mucha atención para ayudar a los niños a usar sus destrezas tecnológicas para aprender y demostrar lo que saben. Queremos que estén cómodos con las conversaciones electrónicas y los grupos de aprendizaje, que puedan usar el teclado rápida y eficientemente al escribir en computadora, que creen sitios web y presentaciones multimedia y que usen Internet como herramienta para reunir información. Al mismo tiempo, es importante que incluso los niños más pequeños comiencen a comprender que usar Internet requiere precaución y un comportamiento ético y responsable.

- ❑ *Reunir información/Investigar.* Los medios de comunicación no impresos, desde la radio y la televisión hasta Internet, se han convertido en fuentes primordiales para aprender acerca del mundo. Brindar oportunidades para explorar y usar estos medios de comunicación es una parte crucial del currículo de lectura. Desde los conocimientos iniciales de computación en los primeros grados hasta los trabajos de investigación sofisticados y el manejo de datos de los últimos grados, la tecnología puede desempeñar un papel fundamental en el desarrollo de la lectura.

- ❑ *Publicar.* La computadora ha cambiado el proceso de escritura de manera significativa y ha aportado nuevas maneras para que los niños comuniquen sus mensajes. Las herramientas de revisión de ortografía y gramática, la posibilidad de cortar y pegar, y el acceso a imágenes digitales han hecho que la creación de borradores finales perfeccionados sea más fácil que nunca.

En la actualidad, las personas confían cada vez más en otros medios además de los recursos impresos. Es necesario que nuestros niños sean tan eficaces con los medios orales, visuales y tecnológicos como con los libros y los periódicos impresos. El mundo está cambiando, y la comunicación global es más importante que nunca.

Continuo de fonética, ortografía y estudio de palabras

En este libro, presentamos conceptos relacionados con la fonética y la ortografía de dos maneras diferentes: como un continuo por grado y como un trabajo con las palabras en la lectura guiada. Todos los principios se basan en las nueve áreas del aprendizaje descritas y resumidas aquí.

Continuo por grado

El continuo por grado dedicado a la fonética, la ortografía y el estudio de palabras presenta una guía general sobre los tipos de conocimientos que los niños deberán haber adquirido al final de cada grado. Estos conocimientos están relacionados con los textos que se espera que lean en los niveles adecuados. Al presentar este continuo por grado, no estamos sugiriendo que los niños deban retrasarse porque no conocen detalles específicos sobre las letras, los sonidos y las palabras. En cambio, estamos sugiriendo que se necesitará enseñanza específica para apoyar a los estudiantes. El continuo puede apoyar la enseñanza y los servicios adicionales.

© 2014, Gay Su Pinnell e Irene C. Fountas de *Continuo de adquisición de la lectoescritura, Grados PreK–2.* Portsmouth, NH: Heinemann.

El trabajo con las palabras para la lectura guiada

El continuo de lectura guiada contiene información adicional sobre fonética, ortografía y estudio de palabras. Aquí hemos seleccionado principios que tienen buen potencial para el trabajo con las palabras que los maestros incluyen dentro de la lectura guiada en un nivel de texto en particular. Al final de una lección de lectura guiada, considere dedicar algunos minutos al trabajo con letras o palabras para ayudar a los lectores a desarrollar la fluidez y la flexibilidad al descomponer palabras. También puede demostrar un principio en papel para carteles o en una pizarra blanca. Los niños pueden escribir en pizarras blancas individuales o usar letras magnéticas para formar palabras y descomponerlas. Los principios de la lectura guiada se expresan en términos de las acciones que los maestros pueden realizar, pero recuerde que se seleccionan de un conjunto más grande. Evalúelos teniendo en cuenta el rendimiento de sus estudiantes y consulte el continuo de aprendizaje por grado para ver más objetivos.

Las nueve áreas del aprendizaje

Cada nivel de grado presenta una lista de principios que los niños dominarán al final del año escolar. Desde PreK hasta segundo grado, los principios están organizados en nueve categorías amplias de aprendizaje. Están relacionados con los niveles de los textos que se espera que los niños lean al completar cada grado. (También se relacionan con la escritura ya que los niños usan las relaciones entre letras y sonidos, los patrones ortográficos y la estructura de las palabras a medida que deletrean palabras para escribir mensajes significativos. Encontrará mucha evidencia de aprendizaje sobre fonética a medida que examine la escritura de los niños). Las nueve áreas del aprendizaje se describen a continuación.

Primeros conceptos de lectura

Incluso antes de saber leer, los niños comienzan a desarrollar algunas nociones de cómo funciona el lenguaje escrito. Por ejemplo, los primeros conocimientos sobre la lectura incluyen saber que:

- ❏ el texto y las imágenes son diferentes, pero están relacionados
- ❏ se lee el texto, no las imágenes
- ❏ se pasan las páginas para leer y primero se mira la página de la izquierda
- ❏ se lee de izquierda a derecha y luego se vuelve a la izquierda para comenzar una nueva línea
- ❏ las palabras son grupos de letras con un espacio a cada lado
- ❏ hay diferencia entre una palabra y una letra

- ❏ hay letras mayúsculas y minúsculas
- ❏ una letra siempre es igual y se miran las partes para identificarla
- ❏ la primera palabra de una oración va a la izquierda y la última palabra va antes del signo de puntuación final
- ❏ la primera letra de una palabra va a la izquierda y la última letra va justo antes del espacio (o de la puntuación final)

En este continuo, se presentan más conocimientos como los que se detallan arriba para los grados PreK–2.

Muchos niños comienzan kindergarten con un buen conocimiento de los primeros conceptos de lectura. De no ser así, la enseñanza explícita y sistemática puede ayudarlos a orientarse rápidamente. Aunque la mayoría de estos primeros conceptos de lectura no se consideran conceptos de fonética, son básicos para que la niña o el niño comprenda el texto y deben dominarse a una temprana edad.

Conciencia fonológica

Una clave para saber leer y escribir es la capacidad de oír los sonidos de las palabras. Oír los sonidos individuales permite a la o el estudiante relacionar los sonidos con las letras. Los niños responden a los sonidos del lenguaje de una manera muy natural. Les encantan la rima, la repetición y el ritmo. Los niños pequeños disfrutan y recuerdan las rimas infantiles y las canciones naturalmente por cómo suenan. Esta respuesta general a los sonidos del lenguaje se llama *conciencia fonológica*. A medida que los niños son más conscientes del lenguaje, perciben los sonidos y las sílabas con mayor detalle. La *conciencia fonémica* consiste en reconocer los sonidos *individuales* y las sílabas de las palabras y, con el tiempo, poder identificarlos, aislarlos y manipularlos. Los niños con conciencia fonémica corren con ventaja porque, al poder identificar los sonidos individuales, pueden relacionar los sonidos con las letras.

Conocimiento de las letras

El conocimiento de las letras se refiere a lo que los niños deben saber sobre los caracteres gráficos de nuestro alfabeto: qué forma tienen las letras, cómo distinguir una de otra, cómo detectarlas en un texto corrido y cómo usarlas en palabras. Un conjunto limitado de veintinueve letras, con sus correspondientes formas mayúscula y minúscula, se usa para indicar todos los sonidos del idioma español (aproximadamente veintidós fonemas). Los sonidos del idioma cambian a medida que varían el dialecto, la articulación y otros factores del habla, pero todos deben relacionarse con las letras. Los niños también encontrarán formas alternativas de algunas letras (*a* y a por ejemplo) y con el tiempo aprenderán a reconocer letras escritas en cursiva. Los niños deben aprender los nombres y los propósitos de las letras y también sus características distintivas (las pequeñas diferencias que ayudan a distinguir una *d* de una *a* por ejemplo). Cuando los niños pueden identificar las letras, pueden relacionarlas con los sonidos y logran dominar el principio alfabético.

Relaciones entre letras y sonidos

Los sonidos del lenguaje oral están relacionados de formas simples y complejas con las veintinueve letras del alfabeto. Aprender las relaciones entre las letras y los sonidos es fundamental para comprender el lenguaje escrito. Los niños tienden a aprender primero las relaciones frecuentes entre las letras y los sonidos (*b* por el primer sonido en *bate*). Pero también deben aprender que a menudo las letras aparecen juntas; por ejemplo, conviene pensar en los dos sonidos que están al principio de *blanco* juntos. A veces, un solo sonido, como /ch/, está representado por dos letras; a veces, una letra puede tener diferentes sonidos según la letra que le sigue, como *c* en *carro* y *cinta*. Los niños aprenden a buscar y a reconocer estas combinaciones de letras como unidades, lo que hace que puedan descifrar las palabras de manera más eficaz.

Patrones ortográficos

Los estudiantes que descifran palabras eficazmente buscan y encuentran patrones en la manera en la que se construyen las palabras. El conocimiento de patrones ortográficos ayuda a los niños a observar y usar partes más extensas de palabras, lo que les permite descifrar palabras de manera más rápida y fácil. Los patrones también ayudan a los niños a escribir palabras porque pueden producir los patrones rápidamente en vez de tener que esforzarse con los sonidos y las letras individuales. Una manera de ver los patrones de las palabras es examinar la manera en que se combinan las palabras y las sílabas simples. Por ejemplo, los niños pueden aprender algunas sílabas simples, como *ma, me, mi, mo, mu, ta, te, ti, to, tu, pa, pe, pi, po, pu* y luego combinarlas para formar palabras con el patrón CVCV (*mapa, puma, pomo, tapa, tema, tipo*).

Otra manera de pensar en las palabras es analizando el *comienzo* (la primera parte de la palabra o sílaba) y la *rima* (la última parte de la palabra o sílaba). Algunos ejemplos de rimas son *-oy, -aza* y *-ara*. Cuando se agrega el comienzo a una rima como *-oy,* puede formar *doy, soy* o *voy*. Una palabra como *campo* tiene dos comienzos (*c* y *p*) y dos rimas (*-am* y *-o*). No hará falta que enseñe cada rima por separado. Una vez que los niños comprendan que hay patrones, sepan muchos ejemplos y aprendan a buscar patrones, rápidamente descubrirán más por su cuenta.

Palabras de uso frecuente

Conocer un grupo básico de palabras de uso frecuente es un recurso valioso para los niños a medida que desarrollan su sistema de procesamiento de la lectura y la escritura. También podemos llamarlas *palabras útiles* porque aparecen a menudo y a veces se pueden usar como ayuda para descifrar otras palabras. Reconocer automáticamente las palabras de uso frecuente permite a los niños concentrarse en comprender y descifrar palabras nuevas. Los niños mejorarán la fluidez de la lectura al aprender estas palabras con solo verlas. Los niños continuamente agregan palabras al grupo básico de palabras de uso frecuente que conocen. Las lecciones dedicadas a las palabras de uso frecuente pueden desarrollar automaticidad y ayudar a los niños a prestar mayor atención a las características de las palabras y a leer con mayor fluidez.

Significados de las palabras y el vocabulario

El término *vocabulario* se refiere a las palabras que uno conoce en el lenguaje oral o escrito. Para la comprensión y la coherencia, los niños deben saber el significado de las palabras en los textos que leen y escriben. Para ellos es importante ampliar constantemente el vocabulario que escuchan, hablan, leen y escriben, y desarrollar una comprensión más compleja de las palabras que ya conocen (por ejemplo, las palabras pueden tener varios significados o usarse en sentido figurado). Ampliar el vocabulario significa desarrollar categorías de palabras: rótulos, palabras conceptuales, sinónimos, antónimos y homónimos. El significado de una palabra a menudo varía según el contexto; tener una ortografía correcta requiere saber el significado de una palabra si uno quiere escribirla. Comprender las palabras y pronunciarlas correctamente también está relacionado con saber el significado de las palabras. Conocer muchos sinónimos y antónimos ayudará a los niños a desarrollar sistemas más sólidos para relacionar y categorizar las palabras.

Estructura de las palabras

Las palabras se forman siguiendo reglas. Observar la estructura de las palabras ayudará a los niños a aprender cómo se relacionan las palabras entre sí y cómo se las puede cambiar al agregar letras, grupos de letras y partes de palabras más extensas. Los lectores que puedan separar las palabras en sílabas y observar las categorías de las partes de las palabras también podrán aplicar estrategias para descifrar palabras de manera eficaz.

Un *afijo* es una letra o más letras que se agregan antes de una palabra (en ese caso, se llama *prefijo*) o después de una palabra (en ese caso, se llama *sufijo*) para cambiar su función y su significado. Una *palabra base* es una palabra completa; una *raíz* es la parte que puede tener origen griego o latino (como *fono* en *teléfono*). No será necesario que los niños pequeños hagan esas distinciones cuando empiecen a aprender sobre afijos simples, pero observar esas partes de las palabras los ayudará a leer y comprender las palabras y también a escribirlas correctamente. Las partes de las palabras que se agregan a las palabras base indican significado. Por ejemplo, pueden indicar comparaciones (*casa, casita, casota*) o tiempo (*trabaja, trabajó; lleva, llevó*). Los principios relacionados con la estructura de las palabras incluyen la comprensión del significado y la estructura de las palabras compuestas, los plurales, los diminutivos y los aumentativos.

Acciones para descifrar palabras

La capacidad de descifrar palabras se relaciona con todas las categorías de aprendizaje descritas anteriormente, pero hemos creado una categoría adicional, dedicada específicamente a descifrar palabras, que se concentra en las acciones estratégicas que los lectores y los escritores realizan cuando usan sus conocimientos del sistema del lenguaje mientras leen y escriben un texto corrido. Estas estrategias son acciones que están "en la mente" y que son invisibles, aunque a menudo podamos inferirlas de hábitos manifiestos. Los principios que se enumeran en esta sección representan la capacidad de los lectores y los escritores para usar toda la información del continuo.

El continuo de fonética, ortografía y estudio de palabras y la lectura

Descifrar palabras es un proceso básico para el complejo acto de leer. Cuando los lectores pueden usar un abanico flexible de estrategias para descifrar palabras de manera rápida y eficiente, la atención puede centrarse en la comprensión. Descifrar palabras es fundamental para la lectura fluida y con frases bien formadas.

Colocamos los hábitos y los conocimientos incluidos en el continuo de fonética, ortografía y estudio de palabras principalmente en la categoría de "pensar en el texto en sí" en los doce sistemas para las acciones estratégicas. Lo más importante es que los lectores deben leer las palabras con un alto grado de precisión para llevar a cabo el razonamiento necesario para comprender el significado literal de un texto. Además, el continuo se concentra en el significado de las palabras, o vocabulario. El desarrollo del vocabulario es un factor importante para comprender el significado de un texto y desde hace tiempo se ha reconocido que juega un papel importante en la comprensión de la lectura.

Puede usar el continuo de fonética por grado como mapa general cuando planifique su año escolar. Es útil para planificar mini-lecciones de fonética y vocabulario, que apoyarán a la o el estudiante a la hora de descifrar palabras durante la lectura, y también para planificar lecciones de ortografía, que apoyarán la escritura de los niños. Para obtener más información sobre cómo evaluar el vocabulario en la escritura y el reconocimiento de sonidos con estudiantes hispanoparlantes, consulte *Instrumento de observación de los logros de la lecto-escritura inicial* (Escamilla, Andrade, Basurto, Ruiz y Clay, Heinemann, 1996). Además, este continuo servirá como un buen recurso para enseñar estrategias de estudio de palabras durante las lecciones de lectura compartida y guiada.

Continuo de lectura guiada

El siguiente continuo por nivel contiene descripciones detalladas de las maneras en que se espera que los lectores piensen en los textos *en sí, más allá* de los textos y *acerca* de los textos que están procesando. Hemos creado el continuo A–Z para asistir a los maestros que estén usando un gradiente de textos para enseñar lecciones de lectura guiada u otras lecciones para grupos pequeños. Volverá a ver el gradiente en la Figura I–5. Para conocer las expectativas aproximadas para cada nivel de grado, también consulte la Figura I–5. Es posible que su consejo o distrito escolar quiera ajustar los objetivos, pero nosotros consideramos que estas son expectativas razonables.

También podría ser útil a medida que tenga charlas individuales con los niños

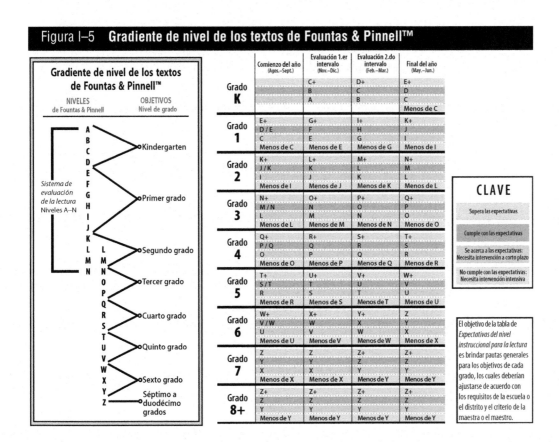

Figura I–5   Gradiente de nivel de los textos de Fountas & Pinnell™

durante la lectura independiente. Aquí incluimos los niveles A–N como adecuados para la mayoría de los niños de kindergarten a segundo grado.

La lectura guiada es una forma muy efectiva de enseñanza en grupos pequeños. Basándose en la evaluación, la maestra o el maestro reúne a un grupo de lectores que tienen un nivel lo suficientemente similar en el desarrollo de la lectura como para poder aprender juntos. Leen de manera independiente en aproximadamente el mismo nivel y pueden leer un texto nuevo, seleccionado por la maestra o el maestro, que sea un poco más difícil. La maestra o el maestro apoya la lectura de un modo que permite a los niños leer un texto más difícil con un procesamiento efectivo y, de esta manera, ampliar sus capacidades de lectura. El marco de una lección de lectura guiada se detalla en la Figura I–6.

Aspectos generales del continuo

Cuando use el continuo, hay varios puntos importantes que debe tener en cuenta.

1. Las acciones cognitivas que los lectores emplean mientras procesan un texto son básicamente las mismas en todos los niveles. Los lectores simplemente las aplican a niveles de textos cada vez más difíciles. Los lectores principiantes resuelven los conceptos complejos relacionados con el uso del texto (direccionalidad de izquierda a derecha, concordancia entre voz y texto, relaciones entre el lenguaje oral y escrito), por lo que su procesamiento es más lento y sus hábitos visibles nos muestran cómo están trabajando con el texto. Están leyendo textos que tienen temas conocidos y un lenguaje muy simple y natural; sin embargo, incluso estos textos exigen que comprendan la trama, piensen en los personajes y usen un razonamiento más complejo, como hacer predicciones.

Para los lectores de niveles más altos, gran parte del procesamiento es inconsciente. Estos lectores descifran, de manera automática y sin esfuerzo, una gran cantidad de palabras, siguiendo el texto en oraciones complejas que pueden procesar sin prestar atención explícita a las acciones que están ocurriendo en su mente. Mientras leen, se concentran en el significado del texto y emplean procesos complejos de razonamiento (por ejemplo, inferir lo que la escritora o el escritor está insinuando, pero no dice; examinar de manera crítica las ideas del texto; u observar aspectos del trabajo de la escritora o el escritor). Sin embargo, a veces, los lectores de niveles más altos necesitarán examinar con atención una palabra para descifrarla o volver a leerla para descifrar el significado de las estructuras de las oraciones muy complejas.

Todos los lectores emplean simultáneamente un amplio espectro de sistemas de acciones estratégicas mientras procesan un texto. Los doce sistemas de acciones estratégicas incluyen:

Figura I–6	**Estructura de una lección de lectura guiada**
Elemento	Acciones de enseñanza potenciales para apoyar la lectura con comprensión y fluidez
Introducción al texto	• Active y/o brinde los conocimientos previos necesarios. • Pida a los niños que compartan sus reflexiones. • Permita a los niños oír y a veces decir nuevas estructuras lingüísticas. • Pida a los niños que digan y a veces ubiquen palabras específicas en el texto. • Ayude a los niños a establecer relaciones para presentar conocimientos de los textos, contenido y experiencias. • Revele la estructura del texto. • Use palabras de vocabulario nuevas en conversaciones para revelar el significado. • Anime a los niños a hacer predicciones basándose en la información revelada hasta el momento. • Dirija la atención a la elaboración que usa la autora o el autor para apoyar el análisis. • Dirija la atención a la exactitud o la autenticidad de la trayectoria, referencias o presentación de evidencia de la autora o el autor, cuando corresponda. • Dirija la atención a las ilustraciones (imágenes, tablas, elementos gráficos, mapas, imágenes en corte) y a la información que presentan.
Leer el texto	• Demuestre, indique o refuerce el uso efectivo de los sistemas de acciones estratégicas (entre ellos, descifrar palabras, buscar y usar información, mantener la fluidez, detectar y corregir errores, resumir y ajustar la lectura). • Evalúe la fluidez y la formación de frases.
Comentar el significado	• Reúna evidencia de comprensión al observar lo que los niños dicen sobre el texto. • Pida a los niños que hagan preguntas y aclaren su comprensión. • Ayude a los niños a aprender a comentar juntos el significado del texto. • Amplíe la expresión de los niños de los conocimientos al hacer preguntas, resumir, volver a expresar y ampliar sus comentarios.

Enseñar las estrategias de procesamiento	• Vuelva al texto para demostrar o reforzar cualquier aspecto de la lectura, incluidos todos los sistemas de acciones estratégicas:
	  • Descifrar palabras • Predecir
	  • Revisar y verificar • Establecer relaciones
	  • Buscar y usar información • Sintetizar
	  • Resumir (recordar información) • Inferir
	  • Mantener la fluidez • Analizar
	  • Ajustar la lectura (propósito y género) • Criticar
	• Hacer demostraciones explícitas de acciones estratégicas usando cualquier parte del texto que se ha leído

Trabajo con las palabras (opcional)	• Enseñe cualquier aspecto de las relaciones entre letras, sonidos y sílabas y el análisis de las palabras, usando la analogía o la descomposición de palabras. • Pida a los niños que manipulen las palabras usando letras magnéticas, o que usen pizarras blancas o lápiz y papel para formar o descomponer palabras.
Ampliar el significado (opcional)	• Use la escritura, los dibujos o las charlas extendidas para explorar cualquier aspecto de la comprensión del texto.

❑ *Descifrar las palabras usando un abanico flexible de estrategias.* Los lectores principiantes están empezando a adquirir maneras de ver las palabras y trabajan con algunas palabras indicadoras y características de las palabras (relaciones simples entre letras y sonidos, y partes de palabras). Los lectores de niveles más altos emplean un abanico amplio y flexible de estrategias para descifrar palabras que son inconscientes en gran parte y permiten concentrar la atención en el razonamiento profundo.

❑ *Autoverificar la lectura para lograr precisión comprensión, y autocorregirse cuando es necesario.* Los lectores principiantes mostrarán abiertamente evidencia de verificación y autocorrección, mientras que los lectores de niveles más altos mantendrán esta evidencia "oculta"; pero los lectores siempre están verificando la lectura mientras leen.

❑ *Buscar y usar información.* Los lectores principiantes buscarán información abiertamente en las letras y las palabras, las imágenes o la estructura de la oración; también usan sus conocimientos previos.

❑ *Recordar información en forma de resumen.* Resumir implica seleccionar y reorganizar la información importante. Los lectores constantemente resumen información a medida que leen un texto y así forman los conocimientos previos con los que pueden comprender el resto del texto; también recuerdan la información del resumen después de la lectura.

❑ *Sostener una lectura fluida y con frases bien formadas.* En los primeros niveles (A, B, C), los lectores trabajarán para emparejar una palabra hablada con una palabra escrita y, en general, señalarán cuidadosamente cada palabra para ayudar a la vista y a la voz en este proceso; sin embargo, incluso en el nivel C, cuando se presenta el diálogo por primera vez, comenzarán a hacer que su lectura suene como el habla. A medida que dejen de usar el dedo y los ojos controlen el proceso en los niveles sucesivos, los niños leerán textos cada vez más complejos con el ritmo, el énfasis en las palabras, la formación de frases y las pausas adecuados en un sistema fluido. La fluidez en sí misma no es una etapa o un nivel de la lectura. Los lectores aplican estrategias de una manera integrada para lograr una lectura fluida en todos los niveles después de adquirir los primeros hábitos. La fluidez es un aspecto importante de la lectura eficaz.

❑ *Ajustar la lectura para procesar diversos textos.* En todos los niveles, los lectores pueden disminuir la velocidad de lectura para descifrar palabras o lenguaje complejo y luego continuar a un ritmo normal; sin embargo, en los niveles más altos este proceso es casi imperceptible. Los lectores hacen ajustes mientras buscan información; pueden volver a leer, buscar elementos gráficos o ilustraciones, volver a referencias específicas en el texto o usar herramientas específicas de los lectores. En todos los niveles, los lectores también ajustan las expectativas y las maneras de leer según el propósito, el género y las experiencias de lectura anteriores. En los primeros niveles, los lectores solo tienen experiencias iniciales a las que recurrir, pero, en los niveles más avanzados, tienen recursos ricos en términos de conocimiento del género (consulte Fountas y Pinnell 2006, página 159 y ss.).

❏ *Hacer predicciones.* En todos los niveles, los lectores constantemente hacen, confirman y rechazan predicciones. En general, estas predicciones están implícitas en vez de manifiestas y contribuyen no solo a la comprensión, sino también al disfrute de un texto. Todos los lectores predicen basándose en la información del texto y en sus propios conocimientos previos; los lectores más avanzados tienen una base rica de conocimientos, que incluye cómo funcionan una gran variedad de textos.

❏ *Establecer relaciones.* En todos los niveles, los lectores usan sus conocimientos previos, sus experiencias personales y sus conocimientos de otros textos para interpretar un texto. A medida que amplían su experiencia de lectura, tienen más información que los ayuda a comprender todos los textos. En los niveles más avanzados, se requiere que los lectores comprendan ideas y temas serios y complejos que, en la mayoría de los casos, están más allá de su experiencia personal; sin embargo, pueden identificarse con la condición humana y recurrir a lecturas anteriores.

❏ *Sintetizar nueva información.* En todos los niveles, los lectores obtienen nueva información de los textos que leen; sin embargo, los lectores que comienzan a desarrollar un proceso de lectura procesan textos sobre temas muy conocidos. A medida que avanzan hacia los sucesivos niveles de texto, los lectores encuentran mucha información nueva, que incorporan a sus conocimientos previos.

❏ *Leer "entre líneas" para inferir lo que no se expresa explícitamente en el texto.* En cierta medida, todos los textos requieren hacer inferencias. En los niveles muy simples, los lectores pueden inferir los sentimientos (sorprendido, feliz, triste) o características (vago, codicioso) de los personajes. Pero, en niveles más avanzados, los lectores necesitan inferir constantemente para comprender textos de ficción y de no ficción.

❏ *Pensar analíticamente en un texto para observar cómo está construido o cómo la autora o el autor elaboró el lenguaje.* Pensar analíticamente en un texto significa reflexionar sobre el texto, examinarlo y sacar conclusiones. Los lectores de todos los niveles pueden comentar que el texto era divertido o emocionante; sin embargo, no pueden realizar un análisis muy minucioso, ya que este sería artificial y evitaría que disfrutaran el texto. Los lectores más avanzados observarán más cómo la autora o el autor (y la ilustradora o el ilustrador cuando corresponda) organizaron el texto y elaboraron el lenguaje.

❏ *Pensar críticamente en un texto.* Pensar críticamente en un texto comprende maneras complejas de evaluarlo. Los lectores principiantes simplemente pueden decir lo que les gusta o no les gusta de un texto, a veces pueden especificar por qué; pero los lectores más avanzados recurren a un razonamiento más elevado cuando evalúan la calidad o la autenticidad de un texto y este tipo de análisis a menudo mejora el placer de la lectura.

2. *Los lectores siempre tienen que cumplir con exigencias mayores en cada nivel porque los textos son cada vez más difíciles.* Las categorías de estas exigencias pueden ser similares, pero los desafíos específicos son cada vez mayores. Por ejemplo, en muchos de los niveles de textos más bajos, se desafía a los lectores a usar combinaciones de consonantes y dígrafos para descifrar palabras de una y dos sílabas. En los niveles más altos, se los desafía a usar estos mismos patrones en palabras polisílabas. Además, si comienzan después del nivel E, los lectores deben usar terminaciones de palabras cuando descomponen palabras. Las terminaciones de las palabras cambian las palabras y añaden significado. En los niveles más bajos, los lectores prestan atención a las terminaciones como *-s, -es, -ó* y *-ando,* pero a medida que las palabras son más complejas en los niveles sucesivos, encontrarán terminaciones como *-mente, -ente, -ante, -ible* y *-able.*

En todos los niveles, los lectores deben identificar los personajes y seguir la trama; pero, en los niveles más bajos, los personajes son unidimensionales y las tramas son una sucesión de sucesos simples. Sin embargo, a medida que avanzan los niveles, los lectores encuentran muchos personajes que son muy complejos y que cambian con el tiempo. Las tramas tienen más episodios; las subtramas presentan mucha complejidad.

3. *El conocimiento del género por parte de los lectores se amplía con el tiempo, pero también se profundiza dentro de los géneros.* En algunos textos de niveles muy bajos, es difícil determinar el género. Por ejemplo, un texto sencillo y repetitivo puede concentrarse en un solo tema, como las frutas, con un niño o una niña que presenta un ejemplo de una fruta diferente en cada página. Las páginas podrían estar en cualquier orden, pero suele haber algún tipo de conclusión al final. Un texto así está organizado en una estructura que es característica de la no ficción, lo que ayuda a los lectores principiantes a comprender la información presentada en categorías, pero técnicamente es ficción porque el narrador no es real. No obstante, en este nivel, no es importante que los niños lean categorías de género puras, sino que simplemente experimenten y aprendan sobre las diversas maneras de organizar los textos.

Sin embargo, al recorrer los niveles del gradiente, los ejemplos de los géneros se vuelven más precisos y variados. En los primeros niveles, los niños leen ejemplos de ficción (en general, ficción realista, literatura tradicional y cuentos fantásticos sencillos) y textos informativos sencillos sobre un solo tema. A medida que los niveles avanzan, los textos de no ficción son cada vez más complejos y ofrecen información sobre diversos temas y una serie de estructuras subyacentes para la presentación (descripción; comparación y contraste; causa y efecto; secuencia temporal; y problema y solución). Estas estructuras subyacentes aparecen en todos los niveles después de los niveles iniciales, pero se combinan de maneras cada vez más complejas.

4. En cada nivel, la carga de contenido de los textos es cada vez más pesada, lo que requiere una mayor cantidad de conocimientos previos. El conocimiento del contenido es un factor clave en la comprensión de los textos; este incluye vocabulario y conceptos. Los textos para principiantes están estructurados necesariamente para aprovechar el contenido familiar que la mayoría de los niños conoce; sin embargo, incluso algunos textos muy sencillos pueden requerir conocimientos de ciertos rótulos (por ejemplo, *animales de zoológico*) que pueden no resultar conocidos a los niños a quienes enseña. El éxito en los niveles sucesivos dependerá no solo del estudio de las áreas de contenido, sino también de una amplia lectura de textos que amplíen el vocabulario y los conocimientos de los contenidos de cada individuo.

5. En cada nivel, los temas y las ideas son más serios, lo que requiere que los lectores consideren perspectivas y comprendan culturas diferentes de la suya. Los niños pueden relacionar ideas y temas sencillos con su propia vida, pero, incluso en los niveles iniciales, ven que sus experiencias se ven ampliadas por cuentos realistas, cuentos fantásticos sencillos y cuentos tradicionales. En los niveles de mayor complejidad, se desafía a los lectores a comprender y a identificarse con los personajes (y los sujetos de las biografías) que vivieron en el pasado o en lugares distantes y que tienen experiencias y perspectivas muy diferentes de las de la lectora o el lector. En los niveles más altos, los cuentos fantásticos requieren que los lectores comprendan mundos completamente imaginarios. A medida que satisfacen exigencias cada vez mayores en todos los niveles, deben depender de lecturas anteriores y de las discusiones sobre los temas y las ideas.

6. Las descripciones específicas de pensar en el texto en sí, más allá del texto y acerca del texto no cambian drásticamente de un nivel a otro. Cuando observe el continuo de características del texto en el gradiente A a N, solo verá pequeños cambios de un nivel a otro. El gradiente representa un aumento gradual en las exigencias del texto. De manera similar, las expectativas de razonamiento de los lectores cambian gradualmente con el tiempo a medida que se desarrollan desde kindergarten hasta octavo grado. Si observa las exigencias a lo largo de dos o tres niveles, verá solo algunos cambios en las expectativas. Pero, si contrasta los niveles como se muestra a continuación, verá algunas diferencias muy claras.

- ❏ Nivel A con Nivel D
- ❏ Nivel E con Nivel H
- ❏ Nivel I con Nivel N

El continuo representa el progreso en el tiempo y, si examina las expectativas de los rangos sugeridos, tendrá una imagen del progreso notable que nuestros niños hacen desde kindergarten hasta octavo grado, o para los grados de primaria, desde el nivel A hasta el N.

Uso del continuo

El continuo de lectura guiada para los grados PreK–2 está organizado por niveles, del A al N. Cada nivel tiene varias secciones.

Sección 1: Características de los lectores

La primera sección de este continuo ofrece una breve descripción de lo que puede ser generalmente cierto sobre los lectores de un nivel en particular. Recuerde que todos los lectores son individuos y que las características varían mucho de un individuo a otro. Es imposible crear una descripción verdadera sobre todos los lectores para los que cierto nivel de enseñanza o lectura independiente es adecuado. De hecho, es inadecuado referirse a cualquier individuo como "una lectora o un lector de nivel ___". Se nivelan los *libros,* no los *lectores.* Pero es útil tener en cuenta las expectativas generales de los lectores de un nivel para seleccionar bien los libros y brindar el apoyo adecuado a los individuos y grupos.

Sección 2: Seleccionar textos para las lecciones de lectura guiada

Esta sección ofrece descripciones detalladas de los textos característicos para cada nivel A–N. Está organizada en diez categorías, como se muestra en la Figura I–7.

Estudiar las características del texto de los libros de cierto nivel proporcionará un buen inventario de los desafíos que los lectores enfrentarán en ese nivel. Recuerde que hay una gran variedad de textos en cada nivel y que esas características se aplican a lo que es *generalmente verdadero* para los textos de ese nivel. Para el texto individual, algunos factores pueden ser más importantes que otros a la hora de plantear exigencias a los lectores. Examinar estos factores de los textos relacionados con los libros que seleccione para la lectura guiada le permitirá planificar introducciones que ayuden a los estudiantes a cumplir con las exigencias de textos más difíciles y a procesarlos de manera efectiva.

Sección 3: Exigencias del texto: Maneras de pensar

El núcleo del continuo de lectura guiada es una descripción de las expectativas para el razonamiento por parte de los lectores de cada nivel. Estas descripciones están organizadas en tres categorías más amplias y doce subcategorías, como se muestra en la Figura I–8. Cuando trabaje con los lectores en cada nivel, examine las descripciones específicas dentro de las categorías.

Figura I–7   Diez características del texto para la lectura guiada

Género/Forma	El *género* es el tipo de texto y se refiere a un sistema según el cual se clasifican los textos de ficción y no ficción. La *forma* es el formato en que se puede presentar un género. Las formas y los géneros tienen características distintivas.
Estructura del texto	La *estructura* es la manera en que se organiza y se presenta el texto. La estructura de la mayoría de los textos bibliográficos y de ficción es *narrativa* y, generalmente, está organizada en una secuencia cronológica. Los textos sobre hechos se organizan por categoría o tema y pueden tener secciones con encabezamientos. Los autores de textos sobre hechos usan varios patrones de estructuras subyacentes para proporcionar información a los lectores. Las más importantes son *descripción; secuencia cronológica; comparación y contraste; causa y efecto; y problema y solución.* La presencia de estas estructuras, especialmente cuando están combinadas, puede aumentar la dificultad para los lectores.
Contenido	El *contenido* se refiere al tema del texto: los conceptos que es importante comprender. En la ficción, el contenido se puede relacionar con el escenario o con el tipo de problemas que los personajes enfrentan. En los textos sobre hechos, el contenido se refiere al tema en cuestión. El contenido se considera en relación a la experiencia previa de los lectores.
Temas e ideas	Son las grandes ideas que comunica la autora o el autor. Las ideas pueden ser concretas y accesibles o complejas y abstractas. Un texto puede tener muchos temas o un tema principal y varios temas de apoyo.
Características literarias y del lenguaje	El lenguaje escrito es cualitativamente diferente del lenguaje oral. Los autores de ficción usan diálogo, lenguaje figurado y otros tipos de estructuras literarias, como personaje, escenario y trama. Los autores de textos sobre hechos usan descripciones y lenguaje técnico. En los textos híbridos, se puede encontrar una gran variedad de lenguaje literario.
Complejidad de las oraciones	El significado está trazado sobre la sintaxis del lenguaje. Es más fácil procesar textos que tienen oraciones más simples y naturales. Las oraciones que contienen cláusulas subordinadas o coordinadas hacen que un texto sea más difícil.
Vocabulario	El vocabulario se refiere a las palabras y sus significados. Cuantas más palabras se conozcan en un texto, más fácil será el texto. Los *vocabularios de lectura y escritura* del individuo se refieren a las palabras que comprende y también puede leer o escribir.
Palabras	Esta categoría se refiere a reconocer y descifrar las palabras impresas en el texto. El desafío de un texto depende en parte de la cantidad y de la dificultad de las palabras que la lectora o el lector debe descifrar al reconocerlas y decodificarlas. Si en un texto hay muchas palabras de uso frecuente iguales, este será más accesible para los lectores.
Ilustraciones	Los dibujos, las pinturas y las fotografías acompañan el texto y añaden significado y placer a la lectura. En los textos sobre hechos, las ilustraciones también incluyen elementos gráficos que brindan mucha información que los lectores deben integrar con el texto. Las ilustraciones son una parte integral de un texto de buena calidad. Cada vez con más frecuencia, los textos de ficción incluyen varios elementos gráficos.
Características del libro y la letra impresa	Las *características del libro y la letra impresa* son aspectos físicos del texto: aquello a lo que los lectores se enfrentan en términos de longitud, tamaño, diseño y disposición del texto. Estas características también incluyen herramientas como la tabla de contenidos, el glosario, las guías de pronunciación, los índices y las barras laterales.

❑ *Planificar introducciones a los textos.* Examine las categorías para determinar qué podría ser un desafío para los lectores. Elabore la introducción para ayudarlos a participar en procesos de razonamiento específicos.

❑ *Guiar las interacciones con los lectores de forma individual.* Observe los hábitos de lectura y converse con los niños para determinar qué observan y qué piensan. Dirija su atención a lo que deben saber mediante ejemplos, indicaciones o refuerzo. (Consulte *Spanish Prompting Guide, Part 1*, Fountas y Pinnell, Heinemann.)

❑ *Comentar el significado de un texto después de leer todo el texto o una parte.* Pida a los lectores que comenten varios aspectos del texto y que amplíen a partir de lo

Figura I–8   Sistemas de acciones estratégicas

Maneras de pensar	Sistemas de acciones estratégicas para procesar textos escritos	
Pensar en el texto en sí	Descifrar palabras	Usar una serie de estrategias para descomponer las palabras y comprender lo que significan mientras se lee un texto corrido.
	Verificar y corregir	Verificar si la lectura suena bien, se ve bien y tiene sentido.
	Buscar y usar información	Buscar y usar todo tipo de información en un texto.
	Resumir	Combinar y retener la información importante mientras se lee y descartar la información irrelevante.
	Mantener la fluidez	Integrar las fuentes de información en un proceso fluido que resulte en una lectura expresiva y con formación de frases.
	Ajustar	Leer de diferentes maneras adecuadas para el propósito de la lectura y el tipo de texto.
Pensar más allá del texto	Predecir	Pensar en qué pasará luego cuando se lee un texto corrido.
	Establecer relaciones • con uno mismo • con el mundo • con el texto	Buscar y usar las relaciones con los conocimientos que los lectores han adquirido a través de sus experiencias personales, su aprendizaje sobre el mundo y la lectura de otros textos.
	Sintetizar	Reunir información del texto y de los conocimientos previos de la lectora o el lector para crear nuevos conocimientos.
	Inferir	Ir más allá del significado literal de un texto para pensar en lo que no está expresado, pero que la autora o el autor insinúa.
Pensar acerca del texto	Analizar	Examinar elementos de un texto para aprender más sobre cómo está construido.
	Criticar	Evaluar un texto basándose en el conocimiento de la lectora o el lector de sí mismo/a, del mundo o del texto.

que comentan sus compañeros. Consulte el continuo a medida que piensa en la evidencia de comprensión que los lectores demuestran a través de la conversación. Guíe la discusión cuando corresponda para ayudarlos a recurrir a nuevas maneras de pensar.

- *Señalar temas de enseñanza específicos después de la lectura.* Demuestre maneras efectivas de trabajar con un texto de un modo que ayude a los lectores a aprender ciertas acciones como lectores que puedan aplicar a otros textos.

- *Planificar maneras de ampliar el significado del texto.* Planifique que los niños escriban, dibujen o participen en discusiones animadas como apoyo para que realicen razonamientos más profundos sobre los textos. (Consulte el continuo de escribir sobre la lectura para ver ejemplos).

Sección 4: Planificar el trabajo con las palabras para la lectura guiada

En la sección de pensar en el texto en sí de cada nivel, una sección aparte ofrece sugerencias para la fonética y el trabajo con las palabras. Se espera que la lectura guiada se use como un componente de un marco integrado de lectura que incluya lecciones específicas sobre fonética, ortografía y estudio de palabras. Los detalles de ese currículo (para lecciones y actividades independientes) se presentan en el continuo dedicado a la fonética, la ortografía y el estudio de palabras adaptado, en las páginas 86 y 87. Estas lecciones de lectura guiada son sistemáticas, siguen una secuencia y sirven para muchos niveles en cuanto a las actividades que se usan para ayudar a los niños a aplicar los principios, en general, como actividades para toda la clase. Los objetivos incluidos en la lectura guiada aplican los principios durante la lectura del texto, donde la enseñanza de la fonética y el estudio de palabras es más efectiva.

Cuando leen textos, los individuos siempre aplican los principios de fonética y a lo largo del gradiente lo hacen con palabras cada vez más complejas. Descifrar palabras incluye no solo decodificarlas, sino también derivar el significado de las palabras, como se indica en la categoría "Descifrar palabras" en la segunda columna de la Figura I–8. Además, un componente importante de una lección de lectura guiada es la atención breve pero concentrada en las palabras y su funcionamiento. Este trabajo rápido con las palabras debe abordar las necesidades de los niños en el procesamiento visual. El objetivo es contribuir a la fluidez y flexibilidad de los niños al descomponer palabras. En esta sección, encontrará una lista de sugerencias que le ayudará a seleccionar actividades de estudio de palabras que le permitirán adaptar la enseñanza sobre las palabras a las exigencias específicas del nivel del texto. Haga que los principios relacionados con descifrar palabras sean visibles para los niños a través de los siguientes tipos de actividades:

❑ Pida a los niños que emparejen o clasifiquen tarjetas de dibujos para ilustrar las relaciones entre letras, sonidos y sílabas.

❑ Pida a los estudiantes que emparejen o clasifiquen letras.

❑ Demuestre el principio usando una pizarra blanca (o una pizarra) que todos los niños puedan ver. Invítelos a leer los ejemplos que usted presente. Cambie, quite o añada partes de palabras para desarrollar la flexibilidad y la velocidad.

❑ Demuestre el principio usando letras magnéticas en un tablero vertical. Las letras magnéticas son muy útiles para demostrar cómo descomponer palabras o cambiar palabras para formar otras.

❑ Pida a los niños que formen, cambien o descompongan palabras usando letras magnéticas.

❑ Pida a los niños que usen pizarras blancas pequeñas (o pizarras) para escribir y cambiar palabras para demostrar los principios. (Cada estudiante puede tener un borrador pequeño o un calcetín viejo en la mano para hacer los cambios rápidamente).

❑ Dé a los niños tarjetas de palabras individuales para que reconozcan palabras instantáneamente.

❑ Pida a los niños que clasifiquen tarjetas de palabras en categorías para ilustrar un principio.

❑ Pida a los niños que emparejen tarjetas de palabras para ilustrar un principio.

❑ Haga redes de palabras para ilustrar las conexiones y las relaciones que hay entre las palabras.

Mientras planifica, lleva adelante y reflexiona sobre las lecciones de lectura guiada en los diferentes niveles, vaya al nivel adecuado y observe lo que los niños ya saben y hacen bien y lo que deben poder hacer para que la enseñanza, las interacciones y los temas de enseñanza sean más específicos para las necesidades de los niños en un momento determinado.

PRE-KINDERGARTEN

Los objetivos de esta sección se aplican a la educación inicial de niños de entre tres y cuatro años, y brinda una base sólida para la adquisición del lenguaje y la lectura. Para una descripción más detallada del programa de lectura para pre-kindergarten, consulte Literacy Beginnings: A Prekindergarten Handbook *(Pinnell y Fountas, Heinemann, 2011).*

Lectura interactiva en voz alta y discusión literaria

❏ **Seleccionar textos:** *Características de los textos para la lectura en voz alta y la conversación*

GÉNEROS/FORMAS

Géneros
- Poemas breves, rimas infantiles y canciones
- Juegos con palabras
- Cuentos populares tradicionales
- Cuentos fantásticos sencillos con animales
- Ficción realista
- Memorias
- Textos sobre hechos (libros del alfabeto sencillos y directos, libros rotulados, libros de conceptos, libros para contar, libros informativos muy sencillos)

Formas
- Cuentos orales
- Libros álbum
- Libros álbum sin palabras
- Libros álbum informativos
- Libros de cartón
- Libros con texturas, de tela, desplegables, troquelados, con sonidos u otras características especiales que estimulan la interacción

ESTRUCTURA DEL TEXTO
- Textos informativos que presentan una secuencia clara y sencilla: una idea en cada doble página
- Textos informativos con descripciones sencillas: un concepto en cada doble página
- Cuentos y textos informativos con patrones que se repiten
- Muchos cuentos tradicionales con estructuras particulares (cuentos acumulativos, cuentos circulares y el uso de grupos de tres elementos)
- Cuentos con una estructura narrativa sencilla: comienzo, sucesión de episodios y final
- Muchos libros con frases y episodios repetidos
- Textos con rima y ritmo

CONTENIDO
- Juegos con palabras (rima, sinsentido, aliteración y el alfabeto)
- Acciones cotidianas que resultan familiares para los niños (jugar, crear cosas, comer, vestirse, bañarse, cocinar, ir de compras)
- Temas cotidianos (la casa, los juguetes, las mascotas, los animales, la comida, el patio de juegos, el parque, los amigos y la familia)
- Algunos temas relacionados con el vecindario o los alrededores (la granja, el zoológico, el parque, el bosque, el tránsito, etc.)
- Temas y contenidos que reflejan un espectro cultural muy amplio

TEMAS E IDEAS
- Humor que es fácil de entender (personajes tontos, chistes sencillos, situaciones graciosas)
- Temas habituales (la amistad, la relación con la familia, las primeras responsabilidades, el crecer, el comportamiento)

CARACTERÍSTICAS LITERARIAS Y DEL LENGUAJE
- Tramas sencillas
- Problemas y soluciones fáciles de entender
- Personajes recordables que son directos y sin complejidades
- Personajes que cambian por razones obvias (aprenden una lección, aprenden cosas nuevas)
- Acciones de los personajes que tienen consecuencias claras (una recompensa por el esfuerzo, etc.)
- Características predecibles de los personajes (astuto, valiente, tonto)
- Cuentos con varios personajes que son fáciles de entender y predecibles
- Lenguaje figurado que resultará familiar para la mayoría de los niños
- Rima, ritmo y repetición
- Diálogo sencillo que puede atribuirse fácilmente a los personajes
- Diálogo repetitivo

COMPLEJIDAD DE LAS ORACIONES
- Oraciones sencillas, aunque más complejas que las que los niños usan en el lenguaje oral
- Oraciones que los niños pueden seguir fácilmente

VOCABULARIO
- Muchas palabras que son parte del lenguaje oral de los niños
- Palabras recordables que los niños pueden incorporar como juegos con palabras
- Rótulos para objetos, animales y actividades comunes en la vida cotidiana
- Algunas palabras interesantes que son nuevas

ILUSTRACIONES
- Ilustraciones grandes, claras y coloridas en una variedad de presentaciones
- Ilustraciones que añaden sentido a un cuento o texto informativo y son un muy buen elemento de apoyo a la comprensión
- Ilustraciones muy sencillas en textos informativos, algunas con rótulos
- Ilustraciones que a veces tienen movimiento o texturas

CARACTERÍSTICAS DEL LIBRO Y LA LETRA IMPRESA
- Libros con texto impreso grande que los niños pueden ver durante las sesiones de lectura en voz alta (rótulos, palabras onomatopéyicas, oraciones o frases sencillas)
- Características especiales en las ilustraciones y el texto impreso que atraen el interés y hacen los textos interactivos (libros desplegables, libros con pestañas, calados, efectos de sonido)
- Título, autora o autor e ilustradora o ilustrador en la cubierta y la portada

Lectura interactiva en voz alta y discusión literaria

❏ **Seleccionar objetivos:** *Hábitos y conocimientos para observar, enseñar y apoyar*

Pensar en el texto *en sí*

- Observar y comprender palabras nuevas en el contexto de la lectura en voz alta
- Usar palabras nuevas durante la conversación acerca de un texto
- Seguir los sucesos de una trama sencilla y recordarlos lo suficiente como para comentarlos o dramatizar un cuento
- Comprender problemas sencillos y hablar acerca de ellos
- Hablar acerca de información interesante que se aprendió con un texto
- Retener información interesante mientras se escucha y usarla en una conversación
- Hacer y responder preguntas sobre información clave en un texto de no ficción
- Observar y usar información importante de las imágenes
- Volver a contar partes importantes de un cuento usando las imágenes después de haberlo escuchado varias veces
- Hacer preguntas para aclarar o profundizar la comprensión de un texto
- Participar en la actividad de decir frases u oraciones repetidas u otras frases y palabras después de haber escuchado un cuento varias veces
- Contar cuentos como respuesta a las imágenes
- Hacer juegos con las palabras o el lenguaje de forma oral (por ejemplo, palabras sin sentido o frases repetidas de los textos leídos en voz alta)
- Demostrar conocimiento sobre un tema (contenidos de un texto) y hacer preguntas o comentarios relacionados
- Imitar las expresiones y el énfasis en la lectura de la maestra o el maestro al dramatizar un texto o participar en una actividad
- Hacer movimientos con el cuerpo y las manos para demostrar la comprensión de que las imágenes y las palabras de un texto tienen un significado

Pensar *más allá* del texto

- Usar los conocimientos previos para comprender el escenario, los problemas y los personajes de un cuento
- Usar los conocimientos previos para comprender los contenidos de un texto
- Adquirir nuevos contenidos al escuchar cuentos y textos informativos
- Predecir qué sucederá en un cuento
- Hablar acerca de cómo es un personaje, qué siente o qué podría hacer (inferencia)
- Establecer relaciones entre textos nuevos y los que se han escuchado anteriormente
- Identificar y repetir el lenguaje específico que usan los personajes en los cuentos
- Establecer relaciones entre los textos y la vida real
- Interpretar significados a partir de las ilustraciones
- Comprender que las ilustraciones pueden interpretarse de distintas maneras
- Usar detalles de las ilustraciones en las conversaciones acerca de un cuento o texto informativo
- Dar razones (ya sea a partir del texto o de la propia experiencia) para apoyar el razonamiento
- Comentar las motivaciones de los personajes
- Comentar los problemas de un cuento
- Comentar la información que se ha aprendido

Pensar *acerca* del texto

- Reconocer cuándo los textos están basados en secuencias establecidas, como números, días de la semana o estaciones del año
- Comprender el significado de ciertos aspectos de la estructura del texto (comienzo, final, a continuación)
- Comprender que una autora o un autor escribió el libro
- Comprender que una ilustradora o un ilustrador creó las imágenes del libro (o que una fotógrafa o un fotógrafo tomó las fotos)
- Reconocer que una sola autora o ilustradora o un solo autor o ilustrador puede crear varios libros
- Comenzar a formarse opiniones acerca de los libros y explicar por qué
- Compartir reflexiones sobre un cuento o un tema
- Comentar en qué se parecen los textos y en qué se diferencian
- Comprender que puede haber diferentes versiones de un mismo cuento
- Identificar los libros favoritos y explicar por qué lo son
- Usar vocabulario específico para hablar acerca de los textos: *autor/a, ilustrador/a, cubierta, título, página, problema, comienzo, final*

Lectura compartida y lectura interpretativa

❏ **Seleccionar textos:** *Características de los textos para la lectura compartida y la lectura interpretativa*

GÉNEROS/FORMAS

Géneros
- Cuentos fantásticos sencillos, la mayoría con animales que hablan o criaturas mágicas
- Textos sobre hechos (libros del alfabeto, libros rotulados, libros de conceptos, libros para contar, libros informativos muy sencillos)
- Poemas breves, rimas infantiles y canciones
- Juegos con palabras (como rimas con los dedos y las manos, y movimientos con el cuerpo)
- Cuentos populares tradicionales
- Memorias
- Ficción realista

Formas
- Poemas, rimas y canciones más extensos
- Cuentos ilustrados y textos informativos más extensos
- Textos creados mediante la escritura interactiva y compartida (listas, instrucciones, secuencias de acciones, cuentos, poemas, descripciones, diálogos de cuentos)

ESTRUCTURA DEL TEXTO
- Cuentos con una trama sencilla (comienzo, desarrollo, final)
- Cuentos con patrones que se repiten
- Muchos libros con frases y episodios repetidos
- Textos informativos con oraciones descriptivas muy sencillas, secuencias cronológicas simples, o nombres sencillos
- Cuentos tradicionales sencillos familiares para muchos niños

CONTENIDO
- Cuentos con problemas sencillos, fáciles de entender (comienzo, sucesos y final)
- Juegos con palabras (rimas, aliteración)
- Libros del alfabeto, conceptos como los colores, las formas, el contar
- Temas cotidianos (los animales, las mascotas, la familia, la comida, el vecindario, los amigos, el crecer, el clima, como, la lluvia o la nieve)
- Textos informativos acerca de un tema sencillo y conocido
- Temas que pueden suceder en escenarios diferentes de los de los niños pero que poseen un atractivo universal

TEMAS E IDEAS
- Humor que es fácil de entender (situaciones tontas y sinsentido)
- Temas conocidos por los niños como los juegos, la familia, la casa y el preescolar

CARACTERÍSTICAS LITERARIAS Y DEL LENGUAJE
- Cuentos sencillos con comienzo, desarrollo (sucesos de la trama) y final
- Muchos textos con rimas, ritmo y repetición
- Personajes recordables
- Diálogo sencillo y comprensible fácilmente atribuible a los personajes
- Acciones de los personajes que tienen consecuencias claras (una recompensa por el esfuerzo, etc.)
- Cuentos y tramas predecibles
- Humor sencillo que agrada a los niños pequeños

COMPLEJIDAD DE LAS ORACIONES
- Oraciones escritas con lenguaje natural
- Oraciones breves, sencillas, que los niños pueden comprender y recordar fácilmente
- Oraciones con pocos adjetivos, adverbios y cláusulas

VOCABULARIO
- Algunas palabras de contenido (rótulos) relacionadas con los conceptos que los niños pueden comprender
- Textos que contienen en su mayoría palabras que son parte del lenguaje oral de los niños
- Algunas palabras que son nuevas para los niños pero que son fáciles de comprender en el contexto
- Palabras nuevas que despertarán el interés de los niños y que ellos recordarán (por ejemplo, *maullar, achís, tictac, guau, ¡paf!*)

PALABRAS
- Plurales sencillos con *-s* o *-es*
- Uso de terminaciones de diminutivo *–ito* e *–ita* (*patito, abejita*)
- Algunas palabras con terminaciones que son parte del vocabulario oral de los niños (*corriendo, pintando*) o que son fáciles de comprender
- Palabras que tienen la misma terminación (rima: *hoy, voy, soy*)
- Muchas palabras de uso frecuente muy sencillas que pueden ayudarlos a leer con mayor fluidez con el tiempo
- Secuencias con aliteraciones

ILUSTRACIONES
- Ilustraciones brillantes, claras y coloridas en varias presentaciones
- Detalles que añaden interés en lugar de confundir o distraer
- Ilustraciones que son un muy buen elemento de apoyo a la comprensión y el lenguaje
- Poemas o fragmentos de escritura compartida que solo tienen pequeños rótulos para inducir el lenguaje

CARACTERÍSTICAS DEL LIBRO Y LA LETRA IMPRESA
- Todos los textos en tablas o en tamaño grande
- Texto con fuente del tamaño suficiente para que todo el grupo (o un grupo pequeño) pueda verlo claramente
- Espacios claros entre palabras y entre líneas
- Número reducido de líneas por página (en general 1 o 2, a menos que se trate de un poema breve o una canción breve muy conocidos)
- Puntuación sencilla (punto, coma, signos de interrogación y admiración)
- Título, autor/a e ilustrador/a en la cubierta y la portada de los libros
- Números de páginas
- Disposición del texto que apoya la formación de frases al presentar grupos de palabras
- Palabras en negrilla o de varios tamaños

Lectura compartida y lectura interpretativa

❑ **Seleccionar objetivos:** *Hábitos y conocimientos para observar, enseñar y apoyar*

Pensar en el texto *en sí*

- Observar y usar información importante de las imágenes para comprender y recordar el texto
- Seguir el puntero de la maestra o el maestro de manera coordinada durante la lectura del texto con ayuda del grupo
- Comenzar a observar aspectos del texto para poder seguirlo durante la lectura compartida
- Comprender el significado de palabras nuevas después de leerlas en el texto y hablar acerca de ellas
- Participar en la lectura compartida con fluidez y expresión
- Usar la expresión como respuesta a los signos de interrogación y de admiración
- Comenzar a reconocer signos de puntuación sencillos
- Observar las letras en el texto
- Conectar algunas letras del texto con sus nombres o con palabras que conozcan
- Usar la formación de frases, las pausas y el énfasis con ayuda de la maestra o el maestro
- Recordar y usar patrones lingüísticos que se repiten
- Imitar las expresiones en la lectura de la maestra o el maestro
- Hablar sobre los personajes, los problemas y los sucesos en un cuento
- Comentar con la maestra o el maestro y otros niños cómo leer un texto

Pensar *más allá* del texto

- Hacer predicciones sobre lo que sucederá en un cuento
- Anticipar partes interesantes o el final de un cuento en una conversación con la maestra o el maestro
- Al recordar un cuento, anticipar partes interesantes o el final
- Expresar relaciones personales con el contenido del texto, los personajes o los sucesos de un cuento
- Observar y hablar sobre textos que se parecen en algún aspecto
- Inferir los sentimientos de los personajes de un cuento

Pensar *acerca* del texto

- Reconocer y hablar acerca del comienzo y el final de un cuento
- Comprender que una persona escribió el libro y comenzar a usar los términos *"autora"* o *"autor"*
- Comprender que un libro álbum fue hecho por una persona y comenzar a usar los términos *"ilustradora"* o *"ilustrador"*
- Comentar si el libro les gustó o no y explicar por qué
- Comentar las partes favoritas del cuento
- Reconocer el mismo cuento (cuento tradicional) en diferentes libros
- Reconocer cuándo un texto es gracioso y explicar por qué
- Reconocer cuándo la autora/ilustradora o el autor/ilustrador usó características especiales, por ejemplo, letra muy grande
- Identificar y seguir textos que están organizados según una característica especial, por ejemplo, números, días de la semana o el alfabeto
- Reconocer cuándo la autora o el autor hizo que el texto rime

Escribir sobre la lectura

☐ **Seleccionar géneros y formas:** *En niños de preescolar, la mayor parte de la escritura surge de actividades muy sencillas de escritura compartida o interactiva, y los géneros y las formas se demuestran también mediante la escritura interactiva o compartida sencillas. A menudo, los maestros rotulan ilustraciones o los dibujos de los niños para demostrar cómo se escribe. La escritura independiente de los niños de preescolar consiste mayormente en dibujos o pinturas acompañados del uso de cualquier cosa que hayan notado sobre la escritura. Pueden escribir su nombre (o parte del nombre), pueden usar formas que parezcan letras mezcladas con letras que conocen. Pueden usar letras que conocen repetidas en serie en una o más líneas. Resulta útil que los maestros inviten a los niños a comentar sus dibujos (cuentos o solo rótulos). La maestra o el maestro puede escribir una o dos oraciones sencillas que la niña o el niño le dicte. Algunos niños pueden recordar la oración y "leerla".*

ESCRITURA FUNCIONAL

- Dibujos o pinturas que representen el tema de un libro informativo o algún aspecto de un cuento
- Rótulos u oraciones breves dictados que describen un dibujo
- Listas de todo tipo (cosas que nos gustan, cosas que vamos a hacer, ingredientes de una comida)
- Notas, mensajes y cartas sencillas
- Rótulos de fotografías
- Instrucciones en una oración sencilla

ESCRITURA NARRATIVA

- Dibujos que muestran una secuencia de sucesos en un cuento
- Globos de diálogo (una palabra, una frase o una oración sencilla)
- Oración sencilla que resume o cuenta el final de un cuento

ESCRITURA INFORMATIVA

- Dibujos con rótulos que muestran información (lo que aprendimos) de un libro
- Oración sencilla que cuenta un dato interesante (lo que aprendimos) de un libro

Mi parte favorita de este cuento fue . . .

(Dibujo hecho por el estudiante)

Respuesta a la escritura de un niño de pre-kindergaren

Escribir sobre la lectura

❏ **Seleccionar objetivos:** *Hábitos y conocimientos para observar, enseñar y apoyar*

Pensar en el texto *en sí*

- Usar dibujos (u otros elementos gráficos) para representar personajes y acciones en un cuento
- Usar dibujos (u otros elementos gráficos) para representar la información de un libro
- Rotular dibujos (dictados, con ortografía fonética o en forma de carta)
- Dramatizar o volver a contar cuentos escuchados previamente
- Usar el vocabulario de los cuentos
- Volver a leer (lectura compartida) para recordar algo de un cuento
- Buscar detalles importantes en las ilustraciones
- Comentar el significado de las ilustraciones
- Usar el nombre de los autores e ilustradores

Pensar *más allá* del texto

- Dibujar para mostrar qué siente un personaje
- Rotular dibujos para mostrar lo que podría estar diciendo un personaje
- Dictar o usar la escritura interactiva para predecir qué sucederá en un cuento
- Usar la escritura interactiva y dibujos para mostrar los sucesos de un cuento en secuencias (mapa del cuento)
- Dibujar y, en ocasiones, rotular o dictar oraciones acerca de un aspecto de la vida de los niños que surja de los personajes o sucesos de un cuento

Pensar *acerca* del texto

- Usar formas que parezcan letras, letras u ortografía fonética para crear textos que tengan algunas de las características de los textos publicados (cubierta, título, autora o autor, ilustraciones)
- Usar la escritura interactiva o la ortografía fonética para representar una parte del cuento que sea divertida o interesante
- Observar y recordar lenguaje interesante de un texto, y usarlo en ocasiones para dictar cuentos y para comentar dibujos

Escritura de un niño de pre-kindergarten que escribe sobre sí mismo

© 2014, Gay Su Pinnell e Irene C. Fountas de *Continuo de adquisición de la lectoescritura, Grados PreK–2*. Portsmouth, NH: Heinemann.

Escritura

☐ **Seleccionar el propósito y el género:** *En los niños de preescolar, la mayor parte de la escritura surge de los dictados o de actividades muy sencillas de escritura compartida o interactiva. La maestra o el maestro puede guiar a los niños para que cuenten acerca de sus experiencias personales o que vuelvan a contar algún aspecto de un cuento. A veces, los maestros rotulan ilustraciones o los dibujos de los niños para demostrar cómo se escribe. La escritura independiente de los niños de preescolar consiste mayormente en dibujos o pinturas acompañados de alguna forma de escritura que manejen. Pueden escribir su nombre (o parte del nombre), pueden usar formas que no parezcan letras o formas que parezcan letras, mezcladas con letras que conocen. Pueden usar letras que conocen repetidas en serie en una o más líneas. Incluso si los niños solo simulan estar escribiendo, es posible obtener mucha información sobre su progreso en el conocimiento e interés en el lenguaje escrito al observar cómo usan el espacio o crean formas en la página. De esos intentos de los niños, podemos observar que comienzan a distinguir entre las ilustraciones y el texto. Usted puede invitar a los niños a que comenten sus dibujos (cuentos o solo rótulos). Si la niña o el niño se lo pide, puede escribir una o dos oraciones sencillas que la niña o el niño le dicte, pero es importante que no escriba en la página de la niña o el niño. Si la niña o el niño lo desea, puede escribir en un papel de notas autoadhesivo. La mayoría de los niños pueden recordar y "leer" sus propias oraciones aunque usted no las comprenda.*

Texto narrativo: *(Contar un cuento)*

MEMORIAS *(narración personal, autobiografía)*

Comprender el género

- Comprender que se puede hablar, dibujar y escribir sobre cosas que le ocurrieron a uno
- Comprender que, cuando una persona habla o escribe sobre algo que le sucedió en su vida, en general usa palabras como *yo* o *nosotros*
- Comprender que es necesario contar una historia en el orden en que sucedieron las cosas, para que los lectores comprendan
- Comprender que la historia que se cuenta debe resultar interesante para los oyentes o lectores

Escribir el género

- Hacer un dibujo y escribir una historia sobre el dibujo
- Hacer una secuencia de dibujos relacionados y hablar sobre ellos
- Hacer dibujos en un libro sencillo, en ocasiones acompañados de un texto aproximado, y contar un cuento en secuencia sobre ellos
- Contar, dibujar o hacer un primer intento de escritura sobre cuentos que hayan oído o leído
- Contar, dibujar o hacer un primer intento de escritura para contar experiencias personales
- Usar palabras en forma oral que indiquen el paso del tiempo (*después, otra vez, luego*)
- Hablar sobre los propios sentimientos mientras se cuenta una experiencia
- Con la ayuda de la maestra o el maestro, comenzar a usar algunas características de los textos narrativos (dibujos que se relacionan con el texto, títulos, números de página, globos de diálogo)

Texto informativo: *(Explicar o presentar datos sobre un tema)*

TEXTO LITERARIO DE NO FICCIÓN

Comprender el género

- Comprender que se puede escribir sobre lo que se sabe de algo
- Comprender que una autora o un autor (y una ilustradora o un ilustrador) quiere transmitir información a otras personas
- Comenzar a observar cómo muestran los hechos los autores de textos de no ficción (con rótulos, dibujos claros, imágenes)

Escribir el género

- Hacer un dibujo de un objeto o un proceso y comentar o hacer un primer intento de escritura sobre él
- Hacer una serie de dibujos que muestren un objeto o un proceso y comentar o hacer un primer intento de escritura sobre ellos
- Usar un libro breve que se relacione con el tema y comentar o hacer un primer intento de escritura sobre un aspecto
- Demostrar conocimiento del público al dibujar y hacer un primer intento de escritura
- Comenzar a usar (con la ayuda de la maestra o el maestro) algunas características del texto informativo (números de página, títulos, dibujos rotulados)

Escritura

❏ **Seleccionar el propósito y el género:** *(cont.)*

TEXTO POÉTICO: *(Expresar sentimientos, imágenes sensoriales, ideas o cuentos)*

POESÍA *(verso libre, rima)*

Comprender el género

- Comprender que una autora o un autor (o una ilustradora o un ilustrador) puede representar una canción o rima
- Comprender que la poesía (como las canciones y las rimas) es una manera placentera de hablar acerca de los sentimientos, contar cuentos o decir cómo es o cómo se siente algo
- Observar palabras interesantes (palabras que representan sonidos, lenguaje figurado, palabras poco comunes) al leer poesía en forma conjunta (lectura compartida)
- Observar palabras que riman al leer poesía en forma conjunta (lectura compartida)
- Comenzar a observar cómo se usan los espacios y las líneas en poemas, canciones y rimas
- Comprender que un poema puede ser serio o gracioso

Escribir el género

- Participar activamente en la escritura compartida de un poema, una canción o una rima
- Ilustrar poemas con dibujos
- Comenzar a usar el espacio intencionalmente de modo que represente la poesía
- Hablar acerca de cómo se ve, huele, sabe, se siente o suena algo
- Observar y divertirse con las rimas y el humor

TEXTO FUNCIONAL: *(Realizar una tarea práctica)*

RÓTULOS

Comprender el género

- Comprender que una autora o un autor (o una ilustradora o un ilustrador) puede añadir rótulos para ayudar a los lectores a comprender los dibujos
- Comprender que los rótulos brindan información importante

Escribir el género

- Comenzar a rotular dibujos con una escritura aproximada
- Participar activamente para sugerir rótulos durante la escritura compartida
- Crear cartas informales con una escritura aproximada (notas, tarjetas, invitaciones, correo electrónico)

CARTAS INFORMALES

Comprender el género

- Comprender que las personas usan la escritura para comunicarse entre sí
- Comprender las diferentes formas de comunicación escrita que usan las personas (notas, cartas, correo electrónico)
- Comprender que la comunicación escrita puede usarse con diferentes propósitos (informar, invitar, agradecer)
- Comprender que las personas incluyen su nombre (y el de la destinataria o el destinatario) en las comunicaciones escritas
- Comprender que las invitaciones deben incluir información específica

Escribir el género

- Participar activamente en la redacción de notas, cartas, invitaciones, etc., mediante la escritura compartida y la escritura interactiva
- Usar la escritura compartida o la escritura aproximada para escribir a un público conocido
- Durante la escritura compartida/interactiva, participar activamente al sugerir la información que se incluirá
- Agregar ilustraciones a los mensaje escritos

LISTAS Y PROCEDIMIENTOS *(instrucciones)*

Comprender el género

- Comprender el propósito de una lista
- Comprender que una lista suele mostrar una entrada debajo de la otra y a veces están numeradas
- Comprender que se pueden escribir leyendas debajo de las imágenes para brindar más información a las personas
- Comprender que una lista de instrucciones puede ayudar a saber cómo se hace algo
- Comprender que las imágenes ayudan a los lectores a comprender la información o cómo hacer algo

Escribir el género

- Participar activamente en la escritura grupal de listas como ayuda para recordar cómo se hace algo
- Sugerir entradas para una lista
- Participar activamente al sugerir el orden de las entradas de la lista
- Agregar dibujos a la lista
- Hacer una lista con un propósito real

ESCRIBIR SOBRE LA LECTURA *(todos los géneros)*

(Consulte el continuo de Escribir sobre la lectura, páginas 58–59).

© 2014, Gay Su Pinnell e Irene C. Fountas de *Continuo de adquisición de la lectoescritura, Grados PreK–2*. Portsmouth, NH: Heinemann.

Escritura

❑ Hábitos y conocimientos para observar, enseñar y apoyar

ELABORACIÓN

ORGANIZACIÓN

Estructura del texto
- Expresar ideas relacionadas con un tema o un campo temático de modo que otra persona pueda escribirlas (dictado)
- Participar activamente en la escritura compartida o en la escritura interactiva de un tema o asunto
- Dictar cuentos que tengan un comienzo, un desarrollo y un final
- Usar la escritura aproximada y las ilustraciones para hacer libros breves que cuenten un cuento o brinden información acerca de un tema o asunto
- Comenzar a escribir el título y el nombre de la autora o el autor en la cubierta de un cuento

Comienzos, finales, títulos
- Sugerir títulos para ejercicios de escritura compartida o interactiva
- Sugerir comienzos y finales para ejercicios de escritura compartida o interactiva
- Usar la escritura aproximada para escribir títulos o finales de ejercicios de escritura

Presentación de ideas
- Hablar acerca de experiencias o temas de modo que la maestra o el maestro pueda escribirlos
- Presentar ideas en una secuencia lógica
- Aportar ideas de apoyo para desarrollar ideas más elaboradas al hablar de un tema o asunto
- Sugerir ideas relacionadas de manera lógica en la escritura de un cuento o la redacción de un tema en grupo

DESARROLLO DE IDEAS
- Aportar detalles que apoyen los temas o las ideas principales durante la escritura compartida/interactiva
- Explicar aspectos durante el dictado o la escritura compartida/interactiva

USO DEL LENGUAJE
- Comprender que lo que uno piensa se puede decir, y que lo que uno dice se puede escribir
- Al comentar o al volver a contar un cuento para dictar o para escribir de manera compartida o interactiva, mostrar evidencia de conocimiento del lenguaje de los libros

ELECCIÓN DE PALABRAS
- Demostrar conocimiento de palabras nuevas halladas en la lectura en voz alta interactiva o durante una conversación
- Usar palabras nuevas cuando se comentan dibujos
- Usar palabras nuevas cuando se cuentan cuentos o se comenta un tema informativo

VOZ
- Comenzar a desarrollar maneras interesantes de hablar sobre experiencias personales
- Comenzar a contar historias desde una perspectiva determinada
- Compartir reflexiones acerca de un asunto o tema
- Aportar ideas y opiniones acerca de un asunto o tema
- Participar activamente en la escritura compartida/interactiva acerca de lo que se conoce o se recuerda de un texto

NORMAS

DISEÑO Y DISPOSICIÓN DEL TEXTO
- Comenzar a comprender que el texto se dispone de determinadas maneras y que las líneas y los espacios son importantes
- Comenzar a comprender que el texto se ubica de arriba hacia abajo en la página
- Separar el texto (o texto aproximado) de las imágenes
- Comenzar a escribir palabras, letras o letras en escritura aproximada formando grupos, de modo que se asemejen a palabras
- Demostrar conocimiento de la disposición y el uso del espacio cuando se copia un texto
- Demostrar conocimiento de la orientación del texto, de izquierda a derecha, durante la escritura compartida/interactiva
- Identificar los espacios entre palabras en un fragmento de escritura compartida/interactiva

GRAMÁTICA

Estructura de las oraciones
- Usar una estructura de las oraciones sencilla, pero que respete las normas, al sugerir ideas para la escritura interactiva/compartida
- Dictar oraciones sencillas pero que respeten las normas

Categorías gramaticales
- Usar la concordancia de sustantivos y verbos al sugerir ideas para la escritura compartida/interactiva o al producir lenguaje para el dictado
- Usar frases preposicionales al sugerir ideas para la escritura compartida/interactiva o al producir lenguaje para el dictado
- Usar modificadores (*vestido rojo; caminó despacio*)

Tiempos verbales
- Usar el pasado para describir sucesos en el pasado al sugerir ideas para la escritura compartida/interactiva o al producir lenguaje para el dictado
- Usar el presente para describir algo (*Yo veo...*)
- Comenzar a usar el futuro (*Voy a jugar...*)

MAYÚSCULAS
- Comprender que existen letras mayúsculas y minúsculas
- Ubicar la mayúscula al comienzo de la oración durante la escritura compartida/interactiva o al dictar un fragmento de texto
- Escribir los nombres propios con mayúscula inicial
- Demostrar conocimiento de que la mayúscula va al comienzo de la palabra

Escritura

❏ **Hábitos y conocimientos para observar, enseñar y apoyar** *(cont.)*

PUNTUACIÓN

- Comprender que en un texto hay signos de puntuación
- Comprender que los signos de puntuación son diferentes de las letras
- Comprender que existe una relación entre los signos de puntuación y la manera en que se lee un texto
- En ocasiones, usar signos de puntuación en la escritura aproximada

ORTOGRAFÍA

- Escribir con garabatos o formando líneas de letras discontinuas
- Combinar símbolos parecidos a letras al escribir garabatos
- Escribir el nombre según las normas (todo en mayúsculas, o con mayúscula inicial y el resto en minúsculas)
- Usar las letras conocidas del nombre para hacer patrones que se repiten en la página
- Comprender que un nombre propio también es una palabra
- Comenzar a darse cuenta de que una palabra se escribe siempre de la misma manera

ESCRIBIR A MANO/EN COMPUTADORA

- Sostener correctamente el lápiz o el marcador
- Sostener el lápiz o el marcador de manera correcta para hacer un primer intento de escritura de palabras o algunas letras
- Comenzar a comprender que los escritores toman decisiones sobre dónde comenzar a escribir
- Comenzar a comprender que los escritores toman decisiones sobre la ubicación de las imágenes y el texto
- Escribir con la mano que prefieran
- Ubicar las letras en el teclado y comprender cómo deben presionarse para que aparezcan en la pantalla
- Usar programas sencillos en la computadora con la ayuda de un adulto

PROCESO DE ESCRITURA

ENSAYAR/PLANIFICAR

Propósito
- Dibujar y escribir con un propósito específico
- Planificar los dibujos y la escritura con diferentes propósitos
- Comenzar a adaptar los dibujos y los mensajes dictados según el propósito
- Elegir el papel en el que se escribirá
- Elegir los temas sobre los cuales se dibujará y escribirá (de manera individual y grupal)
- Escribir (o hacer un primer intento de escritura) con diversos propósitos y en situaciones diferentes (por ejemplo, un restaurante, la casa, las tiendas, el consultorio del médico)
- Participar activamente en la escritura compartida/interactiva acerca de un asunto o tema
- Escribir el nombre en algo que se dibujó o escribió

Público
- Comenzar a tener en cuenta a las personas que leerán lo que se escribió y lo que querrán saber
- Incluir información importante que el público necesita saber

Lenguaje oral
- Generar y ampliar ideas por medio de la conversación con compañeros y con la maestra o el maestro
- Buscar ideas y temas en la experiencia personal y comentarlas
- Usar el relato de cuentos para generar y ensayar el lenguaje (que puede escribirse después)
- Contar cuentos en orden cronológico
- Volver a contar cuentos en orden cronológico

© 2014, Gay Su Pinnell e Irene C. Fountas de *Continuo de adquisición de la lectoescritura, Grados PreK–2*. Portsmouth, NH: Heinemann.

Escritura

❏ ## Hábitos y conocimientos para observar, enseñar y apoyar *(cont.)*

Reunir semillas/Recursos/Experimentar con la escritura

- Comentar ideas para escribir y dibujar
- Comprender cómo reúnen ideas los escritores (cuentan cosas que ocurrieron o algo que saben)
- Registrar información en dibujos y en escritura aproximada
- Usar las ilustraciones como fuente de ideas para escribir

Contenido, tema, asunto

- Comprender un grupo de ideas relacionadas con un área de estudio o de investigación
- Observar objetos del entorno (personas, animales, etc.) para incluir como tema en la escritura grupal o individual
- Seleccionar temas o información para dibujar o escribir

Investigación

- Usar dibujos para contar una serie de ideas aprendidas mediante la investigación de un tema
- Usar dibujos para agregar información o revisar el razonamiento
- Hacer preguntas acerca de un tema
- Recordar información importante sobre un tema y aportar ideas a la escritura compartida/interactiva
- Recordar rótulos importantes de dibujos y dictarlos o hacer un primer intento de escribirlos

HACER UN BORRADOR/REVISAR

Comprender el proceso

- Comprender la función de una conferencia con la maestra o el maestro como ayuda para dibujar y escribir
- Comprender que los escritores pueden compartir su escritura con otros
- Comprender que los escritores pueden agregar datos a sus ilustraciones o a su escritura aproximada
- Participar activamente en la suma de detalles o los cambios en la escritura compartida/interactiva
- Comprender que los escritores pueden crear dibujos o escribir como otros autores e ilustradores

Producir un borrador

- Transmitir un mensaje de manera escrita
- Comentar, dibujar o hacer un primer intento de escritura para producir un borrador
- Dibujar o hacer un primer intento de escritura sobre un mensaje acerca de un tema sencillo

Volver a leer

- Compartir los dibujos y la escritura con otros
- Comentar un mensaje o un cuento, leerlo o intentar leerlo a la maestra o el maestro
- Observar con atención los dibujos para ver si se necesita agregar algún detalle

Mi parte favorita de este cuento fue. . .

(Dibujo hecho por el estudiante)

Mi parte favorita de este cuento fue. . .

(Dibujo hecho por el estudiante)

Respuesta de una niña de pre-kindergarten acerca de la parte favorita de un cuento

Escritura

❏ Hábitos y conocimientos para observar, enseñar y apoyar *(cont.)*

Agregar información
- Agregar detalles a los dibujos
- Agregar detalles adicionales dictándolos o haciendo un primer intento de escribirlos para ampliar un tema
- Agregar globos a las imágenes para incorporar diálogo

Eliminar información
- Eliminar o cubrir partes de un dibujo que no son correctas

Reorganizar la información
- Comprender que los escritores pueden cambiar la manera en que está organizada su escritura
- Hacer sugerencias para cambiar de lugar las oraciones y que el texto sea más interesante en la escritura grupal
- Hacer sugerencias para agregar palabras u oraciones para brindar más información al texto en la escritura grupal
- Volver a ordenar los dibujos recortándolos y disponiéndolos como páginas

Cambiar el texto
- Tachar para hacer cambios en un texto
- Comprender que los escritores pueden cambiar el texto o los dibujos para que resulten más claros o interesantes para los lectores
- Participar en decisiones grupales sobre cómo cambiar el texto

Usar herramientas y técnicas
- Aprender a usar notas autoadhesivas para agregar información a los dibujos o al texto
- Agregar páginas a un libro o cuadernillo
- Tachar las letras o las palabras que no son necesarias

EDITAR Y REVISAR

Comprender el proceso
- Comprender que los escritores intentan que su escritura y sus ilustraciones resulten interesantes e informativas
- Comprender que escribir las letras con claridad y usar los espacios correctos hace que la escritura sea más fácil de leer

Editar según las normas
- Comprender que la maestra o el maestro está indicando algo que debe corregirse en la escritura grupal
- Observar mientras la maestra o el maestro explica la formación correcta de las letras en la escritura grupal

Usar herramientas
- (No se aplica).

PUBLICAR
- Crear ilustraciones para un texto de escritura grupal (compartida/interactiva)
- Mostrar la escritura y las ilustraciones terminadas comentándolas con el resto de la clase

BOSQUEJAR Y DIBUJAR
- Usar las ilustraciones como una manera de planificar la escritura
- Usar las ilustraciones y otros medios gráficos para representar ideas e información
- Agregar o eliminar detalles de las ilustraciones al revisar

VERSE A SÍ MISMO/A COMO ESCRITOR/A
- Emprender la escritura aproximada de manera independiente
- Demostrar confianza al intentar dibujar y escribir
- Tener ideas en mente sobre las que comentar, escribir y dibujar
- Seleccionar las ilustraciones y los textos favoritos de una colección
- Producir cierta cantidad de dibujos y escritura aproximada en el tiempo disponible (por ejemplo, uno por día)
- Seguir trabajando de manera independiente en lugar de esperar la ayuda de la maestra o el maestro
- Intentar resolver problemas
- Intentar técnicas que ven usar a otros

© 2014, Gay Su Pinnell e Irene C. Fountas de *Continuo de adquisición de la lectoescritura, Grados PreK–2*. Portsmouth, NH: Heinemann.

Comunicación oral, visual y tecnológica

❑ **Seleccionar objetivos:** *Hábitos y conocimientos para observar, enseñar y apoyar*

ESCUCHAR Y HABLAR

ESCUCHAR Y COMPRENDER

- Escuchar con atención los textos que se leen en voz alta
- Escuchar con atención y comprender instrucciones sencillas y claras
- Recordar y seguir instrucciones que tengan más de dos pasos
- Mirar a la persona que habla
- Escuchar activamente a los demás cuando leen o hablan
- Aprender palabras nuevas que se relacionen con temas de investigación en clase
- Demostrar interés en las palabras
- Demostrar interés al escuchar y comentar cuentos, poemas o textos informativos
- Comparar el conocimiento y las experiencias personales con lo que se escucha
- Dramatizar oraciones en rimas y cuentos

INTERACCIÓN SOCIAL

- Hablar con voz audible
- Hablar con un volumen de voz adecuado para espacios cerrados
- Variar el volumen de la voz según sea adecuado en las diferentes situaciones
- Usar expresiones amables como *por favor* y *gracias*
- Participar en conversaciones mientras se juega
- Unirse a una conversación de manera educada
- Participar en conversaciones con otras personas (la maestra o el maestro, la familia, los compañeros)
- Conversar respetando los turnos para hablar
- Participar en dramatizaciones
- Dramatizar cuentos con o sin utilería

DISCUSIÓN EXTENDIDA

- Comprender y usar palabras relacionadas con experiencias y temas comunes conocidos (las mascotas, las partes del cuerpo, la comida, la ropa, el transporte, los objetos de la clase, la familia y el vecindario)
- Seguir el tema y aportar ideas a la conversación
- Responder a las oraciones de otros y enriquecerlas
- Formular preguntas claras para obtener información
- Participar activamente en las conversaciones con toda la clase, o con una compañera o un compañero o un grupo pequeño
- Usar vocabulario específico: *libro, página, título, cubierta, autor/a, ilustrador/a*
- Aprender palabras nuevas relacionadas con temas de investigación de la clase
- Mostrar interés en las palabras y los juegos con palabras
- Dramatizar cuentos con o sin utilería
- Participar en dramatizaciones

CONTENIDO

- Comenzar a verbalizar las razones de problemas, sucesos y acciones
- Comenzar a tratar el concepto de causa y efecto
- Expresar opiniones y explicar el razonamiento (*porque* . . .)
- Predecir sucesos futuros en un cuento
- Comentar lo que ya se sabe sobre un tema
- Describir las personas y los lugares en un cuento
- Mencionar lo que se conoce o aprende de un texto informativo
- Compartir conocimientos sobre la estructura de un cuento al describir las partes del cuento u otros elementos, como los personajes
- Comentar en qué se parecen y en qué se diferencian las personas, los lugares o los sucesos
- Hablar acerca de los propios sentimientos y los de otros
- Reconocer que otros pueden tener sentimientos diferentes de los nuestros
- Hacer preguntas (demostrar curiosidad)

Comunicación oral, visual y tecnológica

❑ **Seleccionar objetivos:** *Hábitos y conocimientos para observar, enseñar y apoyar (cont.)*

PRESENTACIÓN

VOZ

- Hablar sobre un tema con entusiasmo
- Hablar de corrido, tratando de no vacilar
- Contar cuentos de manera interesante
- Hablar con confianza

NORMAS

- Hablar con un volumen de voz adecuado para ser oído, pero no demasiado alto
- Mirar al público (u otra persona) mientras se habla
- Hablar a una velocidad adecuada para ser comprendido
- Pronunciar las palabras claramente

ORGANIZACIÓN

- Tener un tema o una respuesta en mente antes de comenzar a hablar
- Comentar experiencias personales en una secuencia lógica
- Demostrar conocimiento del público al hablar
- Presentar la información o las ideas de manera comprensible
- Hablar de un tema y no salirse de él

ELECCIÓN DE PALABRAS

- Comprender y usar palabras relacionadas con experiencias y temas conocidos, como las mascotas, las partes del cuerpo, la comida, la ropa, el transporte, los objetos de la clase, la casa y la familia y el vecindario
- Usar lenguaje de los cuentos al volver a contarlos
- Usar algunas palabras descriptivas (adjetivos y adverbios)

IDEAS Y CONTENIDO

- Recitar canciones y poemas breves
- Diferenciar los cuentos de las experiencias personales
- Volver a contar cuentos a partir de textos

TECNOLOGÍA

CONOCIMIENTOS DE COMPUTACIÓN

- Reconocer que la computadora es una fuente de información y entretenimiento
- Hallar los botones y los íconos en la pantalla de la computadora para usar programas sencillos
- Aprender a usar el ratón y las funciones básicas del teclado
- Comenzar a comprender a la computadora como un medio para comunicarse

LECTURA EN LÍNEA Y MANEJO DE LA INFORMACIÓN

- Buscar información con la ayuda de un adulto
- Usar sitios web sencillos con la ayuda de un adulto

Fonética, ortografía y estudio de palabras

❑ **Seleccionar objetivos:** *Hábitos y conocimientos para observar, enseñar y apoyar*

PRIMEROS CONCEPTOS DE LA LECTURA

- Observar y comentar fotografías, ilustraciones, dibujos y palabras escritas conocidas (nombres, *mamá*)
- Observar el texto en el entorno y buscar su significado
- Comprender que el texto tiene un significado
- Distinguir entre el texto y las ilustraciones
- Usar texto de diferentes maneras: rótulos, letreros, cuentos, libros
- Seguir el texto durante la lectura compartida (siguiendo el puntero)
- Leer al unísono un texto conocido con los compañeros
- Sostener y manipular un libro correctamente (hojearlo desde la cubierta hasta la contracubierta, etc.)
- Comprender la variedad de propósitos que tienen los textos en la lectura
- Comprender que los libros tienen un título, una autora o un autor y una ilustradora o un ilustrador
- Comprender que los libros son fuentes de información
- Reconocer el propio nombre
- Usar las letras del propio nombre para representarlo o para comunicar otros mensajes
- Comprender el concepto de *palabra*
- Usar la direccionalidad de izquierda a derecha y volver a la izquierda durante la lectura compartida de textos y en la escritura grupal
- Comprender el concepto de *primero* y *último* en el lenguaje escrito
- Comprender el concepto de escribir de arriba hacia abajo

CONCIENCIA FONOLÓGICA

PALABRAS

- Escuchar los límites de las palabras
- Comprender que las palabras están compuestas por sonidos

PALABRAS QUE RIMAN

- Escuchar y decir palabras que riman
- Escuchar y relacionar palabras que riman

SÍLABAS

- Aplaudir las sílabas de las palabras con la ayuda de la maestra o el maestro

COMIENZOS Y TERMINACIONES

- Decir los comienzos y las terminaciones de las palabras con la ayuda de la maestra o el maestro

FONEMAS [CF]

- Decir las palabras lentamente
- Demostrar conocimiento de que las palabras tienen sonidos
- Jugar con los sonidos del lenguaje
- Disfrutar de cuentos y poemas que tienen ejemplos de juegos con los sonidos del lenguaje
- Reconocer palabras que representan sonidos (*pum, miau, guau*)

CONOCIMIENTO DE LAS LETRAS

IDENTIFICAR LAS LETRAS

- Observar que las letras tienen formas diferentes
- Comprender el concepto de *letra*
- Emparejar letras que se parecen observando su forma
- Relacionar letras particulares con la vida cotidiana (nombres, nombres de familiares, textos del entorno)
- Distinguir las formas de las letras al observar partes en particular (trazos rectos, colas, puntos, diagonales, círculos, curvas, arcos, cruces)
- Categorizar y relacionar las letras según sus características (trazos rectos, colas, puntos, diagonales, círculos, curvas, arcos, cruces)
- Nombrar algunas letras

RECONOCER LETRAS EN PALABRAS Y ORACIONES

- Comprender que las palabras están formadas por letras
- Ubicar algunas letras conocidas en el texto

FORMAR LETRAS

- Usar herramientas de escritura
- Usar dibujos para representar significados
- Producir escritura aproximada
- Usar la escritura aproximada de manera funcional (rótulos, listas, letreros, nombres)
- Comenzar a usar movimientos eficaces y consistentes para formar letras

Fonética, ortografía y estudio de palabras

❑ **Seleccionar objetivos:** *Hábitos y conocimientos para observar, enseñar y apoyar (cont.)*

RELACIONES ENTRE LETRAS Y SONIDOS

- Comprender que en las palabras existe una relación entre las letras y los sonidos
- Decir las palabras lentamente como parte de la escritura compartida, interactiva o independiente

SIGNIFICADO DE LAS PALABRAS

- Observar y usar palabras nuevas e interesantes oídas en textos leídos en voz alta y en conversaciones
- Observar palabras nuevas e interesantes de poemas y otros textos en lecturas compartidas
- Usar palabras nuevas en la conversación, en texto dictado a la maestra o el maestro y en la escritura compartida/interactiva
- Conocer el significado de algunas palabras conceptuales: colores primarios, nombres de números, formas, días de la semana, meses del año, feriados
- Aprender el significado de algunas palabras relacionadas con las investigaciones de la clase

PATRONES ORTOGRÁFICOS

- Reconocer que existen patrones en las palabras que pueden oírse y decirse

PALABRAS DE USO FRECUENTE

- Comprender que para leer una palabra se observan las letras que la forman
- Reconocer el propio nombre
- Reconocer algunas palabras de uso frecuente después de hacer lectura compartida y escritura interactiva

ESTRUCTURA DE LAS PALABRAS

SÍLABAS

- Comprender que las palabras pueden tener más de una parte que se puede escuchar
- Aplaudir palabras para demostrar conocimiento de las sílabas

ACCIONES PARA DESCIFRAR PALABRAS

- Reconocer y ubicar el propio nombre
- Reconocer y ubicar algunas palabras de uso frecuente
- Establecer relaciones entre el propio nombre y otras palabras (con las mismas letras)
- Usar el propio nombre y otras palabras conocidas como recurso en la escritura aproximada

KINDERGARTEN

© 2014, Gay Su Pinnell e Irene C. Fountas de *Continuo de adquisición de la lectoescritura, Grados PreK–2*. Portsmouth, NH: Heinemann.

Lectura interactiva en voz alta y discusión literaria

❏ **Seleccionar textos:** *Características de los textos para la lectura en voz alta y la conversación*

GÉNEROS/FORMAS

Géneros

- Poemas breves, rimas infantiles y canciones
- Poemas
- Cuentos populares tradicionales
- Cuentos fantásticos sencillos con animales
- Memorias
- Ficción realista
- Textos sobre hechos (libros del alfabeto, libros rotulados, libros de conceptos, cuentos para contar, libros informativos sencillos)

Formas

- Cuentos orales
- Libros álbum
- Libros álbum sin palabras
- Libros álbum informativos

ESTRUCTURA DEL TEXTO

- Textos informativos que presentan una secuencia clara y sencilla
- Textos informativos con descripciones sencillas en cada página: a veces con patrones que se repiten
- Muchos cuentos tradicionales con estructuras particulares (cuentos acumulativos, cuentos circulares y el uso de grupos de tres elementos)
- Estructura sencilla con un comienzo, una sucesión de episodios y un final
- Muchos libros con frases y episodios repetidos
- Cuentos con patrones que se repiten

CONTENIDO

- Juegos con palabras (rima, sinsentido, aliteración y el alfabeto)
- Sucesos cotidianos (comer, jugar, ir de compras)
- Temas cotidianos (los animales, las mascotas, la familia, la comida, las plantas, la escuela, los amigos, el crecer, los sentidos, el vecindario, el clima y las estaciones, la salud)
- Algunos temas alejados de la experiencia inmediata de los niños (como la granja)
- Temas y contenidos que reflejan un espectro cultural muy amplio

TEMAS E IDEAS

- Humor que es fácil de entender (personajes, situaciones y juegos tontos)
- Temas obvios (el compartir, la amistad, la pertenencia, el trabajo, el crecer, la responsabilidad, el comportamiento)

CARACTERÍSTICAS LITERARIAS Y DEL LENGUAJE

- Tramas sencillas con problemas y resoluciones claros
- Personajes recordables
- Personajes que cambian por razones explicadas claramente en el texto en sí (aprenden una lección de sus errores)
- Personajes recordables, muchos en cuentos populares, que tienen características predecibles (zorros astutos)
- Cuentos con varios personajes
- Lenguaje figurado fácil de entender
- Rima, ritmo y repetición
- Diálogo sencillo que puede atribuirse fácilmente a los personajes
- Lenguaje recordable o diálogos que se repiten

COMPLEJIDAD DE LAS ORACIONES

- Oraciones más complejas que las que los niños usan oralmente cuando conversan
- Oraciones complejas pero que los niños pueden seguir fácilmente
- Algunas oraciones más largas, que en ocasiones contienen frases y cláusulas

VOCABULARIO

- Palabras que despertarán el interés de los niños y que ellos recordarán
- Muchas palabras que son parte del lenguaje oral de los niños
- Algunas palabras de contenido nuevas relacionadas con conceptos fáciles de explicar
- Palabras nuevas y recordables

ILUSTRACIONES

- Ilustraciones grandes, claras y coloridas en una variedad de presentaciones
- Elementos gráficos muy sencillos (mapas, dibujos con rótulos)
- Ilustraciones que son un muy buen elemento de apoyo a la comprensión

CARACTERÍSTICAS DEL LIBRO Y LA LETRA IMPRESA

- Libros con texto impreso grande que los niños pueden ver durante las sesiones de lectura en voz alta
- Características especiales en las ilustraciones y el texto impreso que atraen el interés y hacen los textos interactivos (libros desplegables, libros con pestañas, calados, efectos de sonido)
- Título, autora o autor e ilustradora o ilustrador en la cubierta y la portada

Lectura interactiva en voz alta y discusión literaria

❑ **Seleccionar objetivos:** *Hábitos y conocimientos para observar, enseñar y apoyar*

Pensar en el texto en sí

- Comprender palabras nuevas a partir del contexto
- Usar palabras nuevas durante la conversación acerca de un texto
- Identificar el tema principal y la información clave en un texto de no ficción
- Hacer y responder preguntas sobre palabras nuevas en un texto
- Adquirir vocabulario al escuchar, y usarlo en una conversación
- Seguir los sucesos de una trama y recordarlos después de la lectura
- Identificar y hablar acerca de información interesante de un texto o de una ilustración
- Retener y recordar información importante para usarla en una conversación
- Hacer un resumen del texto después de la lectura
- Volver a contar un cuento conocido
- Comprender el significado de las palabras durante la lectura
- Identificar y hablar acerca de los personajes, los problemas y los sucesos de un cuento
- Observar y hacer preguntas cuando no se entiende el significado o se interrumpe la comprensión
- Hacer y responder preguntas sobre los detalles claves de un texto
- Observar y deducir información a partir de imágenes y comentarlas
- Imitar la entonación y el énfasis de la maestra o el maestro al participar en la actividad de decir frases o texto repetidos
- Observar y responder al énfasis y al tono de voz mientras se escucha y después de escuchar
- Observar y repetir lenguaje recordable

Pensar más allá del texto

- Aportar conocimientos previos a la comprensión de los personajes y sus problemas
- Aportar conocimientos previos a la comprensión del contenido de un texto
- Predecir qué sucederá en un cuento
- Establecer relaciones entre los textos y las experiencias de la vida real
- Establecer relaciones entre textos nuevos y los que se han escuchado anteriormente
- Hacer predicciones sobre lo que es probable que haga un personaje
- Inferir las intenciones o los sentimientos de los personajes
- Interpretar las ilustraciones
- Usar detalles de las ilustraciones para apoyar lo dicho en una conversación
- Reconocer información interesante nueva y añadirla a sus conceptos
- Dar razones para apoyar el razonamiento
- Comparar y contrastar las experiencias y las aventuras de los personajes de los cuentos

Pensar acerca del texto

- Reconocer tipos o formas comunes, por ejemplo, los cuentos, los poemas, las canciones o los textos informativos
- Observar y comprender textos que están basados en secuencias establecidas, como números, días de la semana, meses o estaciones del año
- Reconocer e identificar ciertos aspectos de la estructura del texto, como el comienzo y el final
- Comprender que una autora o un autor escribió el libro
- Comprender que un o una artista ilustró el libro
- Observar los detalles de las ilustraciones y fotografías
- Observar las palabras que usó la escritora o el escritor para que el cuento o el contenido sea interesante
- Reconocer algunos autores por el estilo de las ilustraciones, de los temas o de los personajes que usan
- Tener escritores o ilustradores favoritos
- Tener opiniones sobre los textos y establecer los fundamentos de las opiniones (explicar por qué)
- Identificar las razones de la autora o el autor para apoyar lo dicho en textos de no ficción
- Observar en qué se diferencian los textos (como los de ficción y los de no ficción)
- Verificar la información en el texto con experiencias personales
- Comparar diferentes versiones del mismo cuento, rima o cuento tradicional
- Identificar semejanzas y diferencias entre dos textos sobre el mismo tema (por ejemplo: ilustraciones, procedimientos, descripciones)
- Usar vocabulario específico para hablar acerca de los textos: *autor/a, ilustrador/a, cubierta, contracubierta, portada, libro álbum sin palabras, libro informativo, libro álbum, personaje, problema*

Lectura compartida y lectura interpretativa

❏ **Seleccionar textos:** *Características de los textos para la lectura compartida y la lectura interpretativa*

GÉNEROS/FORMAS

Géneros

- Cuentos fantásticos sencillos, la mayoría con animales que hablan
- Textos sobre hechos (libros del alfabeto, libros rotulados, libros de conceptos, cuentos para contar, libros informativos muy sencillos)
- Poemas breves, rimas infantiles y canciones
- Cuentos populares tradicionales
- Memorias
- Ficción realista

Formas

- Textos producidos mediante la escritura interactiva: listas, cartas, cuentos, poemas, descripciones
- Poemas más extensos
- Libros álbum más extensos

ESTRUCTURA DEL TEXTO

- Cuentos con patrones que se repiten sencillos y predecibles
- Muchos libros con frases y episodios repetidos
- Textos informativos con descripciones sencillas en cada página, a veces, con patrones que se repiten
- Textos informativos que presentan una secuencia clara y sencilla
- Estructura sencilla con un comienzo, una sucesión de episodios y un final
- Muchos cuentos tradicionales con estructuras particulares (cuentos acumulativos, cuentos circulares y el uso de grupos de tres elementos)

CONTENIDO

- Situaciones y personajes sin sentido
- Juegos con palabras (rima, aliteración y el alfabeto)
- Temas cotidianos (los animales, las mascotas, la familia, la comida, las plantas, la escuela, los amigos, el crecer, los sentidos, el vecindario, el clima y las estaciones del año, la salud)
- Algunos temas alejados de la experiencia inmediata de los niños, por ejemplo, la granja, el cuartel de bomberos, los trenes

TEMAS E IDEAS

- Humor obvio: situaciones tontas y juegos con palabras
- Temas cotidianos como el trabajo, la resolución de problemas, los engaños, los amigos, la familia

CARACTERÍSTICAS LITERARIAS Y DEL LENGUAJE

- Lenguaje figurado que es fácil de entender
- Cuentos sencillos pero completos con un principio, un desarrollo y un final
- Muchos textos con rima y ritmo
- Personajes recordables
- Diálogo sencillo que puede atribuirse fácilmente a los personajes
- Acciones de los personajes que tienen consecuencias claras (recompensar lo bueno y castigar las travesuras)
- Tramas y cuentos predecibles

COMPLEJIDAD DE LAS ORACIONES

- Oraciones más complejas que las que los niños usan oralmente cuando conversan
- Oraciones que los niños pueden seguir fácilmente: sin estructuras de oraciones complejas que pueden resultar difíciles para que los niños repitan

VOCABULARIO

- Algunas palabras de contenido nuevas relacionadas con los conceptos que los niños están aprendiendo y que son fáciles de explicar
- Muchas palabras que son parte del lenguaje oral de los niños
- Palabras nuevas que despertarán el interés de los niños y que ellos recordarán

PALABRAS

- Plurales sencillos con *-s* o *-es*
- Algunos gerundios
- Uso de terminaciones de diminutivo *-ito* e *-ita*
- Cambios en los tiempos verbales
- Significados de los verbos cambiados por terminaciones y acentos
- Muchas palabras de uso frecuente que ayudarán a los niños a construir un repertorio inicial y a leer con mayor fluidez con el tiempo
- Secuencias con aliteración

ILUSTRACIONES

- Algunos poemas y fragmentos de textos interactivos que no tienen ilustraciones
- Ilustraciones que son un muy buen elemento de apoyo a la comprensión
- Ilustraciones grandes, claras y coloridas en una variedad de presentaciones

CARACTERÍSTICAS DEL LIBRO Y LA LETRA IMPRESA

- Todos los textos en tablas o en libros
- Texto en tamaño más grande que todos los niños pueden ver
- Algunas palabras en negrilla para apoyar el énfasis
- Entre una y dos líneas de texto por página al comienzo del año y aproximadamente 6 líneas de texto a fin de año
- Puntuación sencilla (punto, coma, signos de interrogación, signos de admiración, rayas de diálogo)
- Título, autora o autor e ilustradora o ilustrador en la cubierta y la portada
- Espacio amplio entre las palabras y las líneas
- Disposición que apoya la formación de frases al presentar grupos de palabras
- Números de página

Lectura compartida y lectura interpretativa

❑ **Seleccionar objetivos:** *Hábitos y conocimientos para observar, enseñar y apoyar*

Pensar en el texto *en sí*

- Seguir el puntero de la maestra o el maestro de manera coordinada durante la lectura
- Comprender palabras nuevas a partir del contexto
- Comprender el significado de las palabras durante la lectura
- Reconocer algunas palabras de uso frecuente en texto corrido
- Recordar y usar patrones lingüísticos que se repiten al volver a leer
- Observar y usar los espacios para definir los límites de las palabras
- Seguir el texto de izquierda a derecha, volver a la izquierda e ir de arriba hacia abajo con la ayuda del puntero de la maestra o el maestro
- Leer la puntuación (punto, coma, signos de interrogación, signos de admiración)
- Observar y hacer preguntas cuando no se entiende el significado o se interrumpe la comprensión
- Observar la información de las ilustraciones
- Hablar acerca de los personajes, los problemas y los sucesos de un cuento
- Recordar y hablar acerca de información interesante de un texto
- Seguir los sucesos de una trama y recordarlos en forma de resumen después de la lectura
- Leer junto con otra persona textos conocidos
- Imitar la expresión de la maestra o el maestro
- Reflejar el significado con la voz a través de las pausas, el énfasis y la formación de frases
- Reconocer y usar puntuación sencilla (reflejándola con la voz durante la lectura)
- Comentar cómo leer un texto con la maestra o el maestro y los demás niños

Pensar *más allá* del texto

- Hacer predicciones sobre qué sucederá
- Demostrar la interpretación de las intenciones o sentimientos de los personajes con la voz durante la lectura (inferir)
- Mostrar anticipación con la voz durante la lectura
- Expresar relaciones personales mediante la conversación
- Establecer relaciones entre textos que han leído o escuchado anteriormente
- Usar los conocimientos y las experiencias previos para apoyar la interpretación del texto
- Usar detalles de las ilustraciones para apoyar lo dicho en una conversación

Pensar *acerca* del texto

- Reconocer e identificar ciertos aspectos de la estructura del texto, como el comienzo y el final
- Comprender que una persona escribió el libro
- Comprender que una persona ilustró el libro
- Tener opiniones acerca de los textos
- Observar cómo uso el lenguaje la escritora o el escritor para que un texto sea más interesante o gracioso
- Reconocer cuándo los textos son realistas, fantásticos o informativos
- Comparar diferentes versiones del mismo cuento, rima o cuento tradicional
- Observar y comprender textos que están basados en secuencias establecidas, como números, días de la semana, meses o estaciones del año
- Observar cómo la disposición de las imágenes y el texto afecta la manera en que se lee el libro: por ejemplo, letra más grande o en negrilla
- Verificar la información en el texto con experiencias personales

Los zapatitos

Los zapatitos me aprietan,
Las medias me dan calor,
Y el besito que me dio mi madre,
Lo llevo en el corazón.

Escribir sobre la lectura

❑ **Seleccionar géneros y formas:** *Los géneros y las formas para escribir sobre la lectura se muestran mediante la escritura interactiva, compartida o el modelo de escritura, por lo general, prestando atención a textos modelos. Los niños aprenden cómo responder a la lectura de diferentes formas y con propósitos y públicos diversos. Después de haber aprendido las formas a través de una experiencia guiada, las usan independientemente a medida que responden a los libros que leen. Al comienzo de kindergarten, es posible que lo que los niños escriban sobre la lectura sean, en su mayoría, dibujos, textos parecidos a las cartas y palabras conocidas, pero, para fin de año, ya podrán producir muchos mensajes legibles.*

ESCRITURA FUNCIONAL

- Bosquejos o dibujos que reflejan el contenido de un texto
- Palabras interesantes seleccionadas de un texto (escritas o ilustradas)
- Oraciones breves que responden a un texto (por ejemplo, expresar una predicción, una opinión o un aspecto interesante del texto)
- Listas para ayudar a la memoria (personajes, sucesos de un cuento)
- Notas para otros grupos o individuos de la escuela (sobre textos o basadas en ellos)
- Rótulos para fotografías u otros tipos de ilustraciones
- Instrucciones que muestran una secuencia de acciones sencilla basada en un texto

ESCRITURA NARRATIVA

- Dibujos que muestran la secuencia de sucesos de un texto (algunos con globos para indicar los diálogos)
- Oraciones sencillas que resumen un texto
- Oraciones sencillas que muestran la secuencia de sucesos
- Modificaciones de textos conocidos (por ejemplo, un final nuevo o una trama similar con diferentes personajes) que muestran la secuencia de sucesos de un texto (algunas con globos para indicar los diálogos)

ESCRITURA INFORMATIVA

- Lista de datos de un texto
- Oraciones breves y/o dibujos que brindan información interesante de un texto
- Algunas oraciones sencillas con información acerca de una autor o un autor, o de una ilustradora o un ilustrador

Un cuento de kindergarten acerca de los juegos con hermanos

Escribir sobre la lectura

❏ **Seleccionar objetivos:** *Hábitos y conocimientos para observar, enseñar y apoyar*

Pensar en el texto *en sí*

- Anotar información interesante acerca de los sucesos o personajes de un cuento
- Ilustrar un texto con un dibujo (por ejemplo, personajes o sucesos)
- Escribir o dibujar sobre datos interesantes
- Observar y, a veces, usar palabras nuevas de un texto
- Volver a leer para recordar lo escrito previamente
- Observar y usar algunos detalles de los textos para la escritura individual o en grupos
- Componer notas, listas, cartas u oraciones basadas en un texto en grupo o individualmente
- Decir información importante de la escritura
- Volver a leer para asegurarse de que tenga sentido y de que tenga la estructura lingüística y las palabras adecuadas
- Usar los nombres de los autores y de los ilustradores
- Identificar los personajes y los sucesos de un cuento

Pensar *más allá* del texto

- Predecir qué sucederá en un cuento o qué hará un personaje
- Expresar opiniones acerca de los cuentos y los poemas
- Expresar opiniones acerca de los personajes o sus sentimientos o motivaciones
- Inferir qué siente un personaje
- Reflejar cómo es realmente un personaje
- Hacer modificaciones en textos muy conocidos
- Escribir o dibujar acerca de algo de la propia vida de la lectora o el lector cuando un texto lo indique

Pensar *acerca* del texto

- Crear textos que contengan algunas de las características de los textos publicados (cubierta, título, autora o autor, ilustradora o ilustrador, ilustraciones, comienzo, final, secuencia de sucesos, página sobre la autora o el autor)
- En ocasiones, copiar el estilo o algunas palabras o expresiones de una autora o un autor
- Expresar opiniones sobre los datos o la información aprendida
- Reconocer y usar algunos aspectos de la estructura del texto (por ejemplo, el comienzo y el final, o un patrón)
- Diferenciar los cuentos de los poemas y de los textos informativos
- Observar y, a veces, usar lenguaje interesante de un texto

Escritura

☐ **Seleccionar el propósito y el género:** *Al comienzo del año, la mayor parte de lo que escriben los niños de kindergarten consiste en escritura compartida o interactiva, y en sus propios intentos aproximados. Pronto aprenden a usar todo lo que saben (sus nombres, algunas palabras y letras conocidas) para generar sus propios textos. Usan mucho los dibujos para expresar sus ideas y apoyar el razonamiento. A fin de año, se los puede observar usando el espacio para definir las palabras, escribiendo en páginas de izquierda a derecha y de arriba hacia abajo, haciendo coincidir los textos y las ilustraciones de manera significativa, deletreando muchas palabras según las normas, y componiendo mensajes y cuentos. Las conversaciones con la maestra o el maestro y los compañeros apoyan ese proceso.*

TEXTO NARRATIVO: *(Contar un cuento)*

MEMORIAS *(narración personal, autobiografía)*

Comprender el género

- Comprender cómo escribir narraciones personales y memorias a partir de textos modelo
- Comprender que un cuento sobre la vida personal suele escribirse en primera persona (se usa *yo*)
- Comprender que los escritores cuentan cuentos sobre su vida real
- Comprender que la escritora o el escritor puede mirar el pasado o pensar acerca de un recuerdo o una experiencia para compartir sus pensamientos y sentimientos sobre ellos
- Comprender que el cuento debe ser importante para la escritora o el escritor

Escribir el género

- Pensar en temas, sucesos o experiencias de la vida real sobre los que resulte interesante escribir
- Escribir un comienzo atractivo y un final gratificante para un cuento
- Comprender que un cuento puede ser un "momento breve" (la descripción de una experiencia breve pero recordable)
- Proporcionar detalles descriptivos para que el cuento sea más interesante
- Usar el diálogo adecuadamente para contribuir al significado del cuento
- Usar palabras sencillas para mostrar el paso del tiempo (*luego, después*)
- Explicar lo que se siente o se piensa acerca de una experiencia o suceso
- Desarrollar una voz como escritora o escritor al contar cuentos propios o recuerdos de la vida real
- Por lo general, escribir en primera persona para obtener una voz contundente
- Contar un cuento en varias páginas para desarrollar el cuento o la idea
- Contar los sucesos en el orden en que ocurrieron en las narraciones personales

TEXTO INFORMATIVO: *(Explicar o presentar datos sobre un tema)*

TEXTO LITERARIO DE NO FICCIÓN

Comprender el género

- Comprender cómo escribir textos literarios de no ficción a partir de textos modelo
- Comprender que un texto literario de no ficción es un texto que atrae y entretiene a los lectores pero, además, les enseña acerca de un tema

Escribir el género

- Escribir libros o relatos breves que sean divertidos y que, a la vez, den información a los lectores acerca de un tema
- Usar características literarias (por ejemplo: números de página, título, ilustraciones con rótulos, tabla de contenidos u otros) para guiar a la lectora o el lector
- Pensar en el público al escribir sobre un tema
- Seleccionar información interesante para incluirla en un escrito

TEXTO POÉTICO: *(Expresar sentimientos, imágenes sensoriales, ideas o cuentos)*

POESÍA *(verso libre, rima)*

Comprender el género

- Comprender que una escritora o un escritor puede usar poemas conocidos como textos modelo
- Comprender que la poesía es una manera de comunicar hechos de la vida cotidiana con imágenes sensoriales
- Comprender que la poesía es una manera extraordinaria de comunicar y describir pensamientos y sentimientos
- Comprender cómo funcionan el texto y el espacio en un poema y usar esta información al escribir poemas
- Comprender que se pueden crear poemas a partir de otros tipos de texto
- Observar palabras específicas al leer poesía
- Comprender que existen diferentes tipos de poemas
- Comprender que no es necesario que los poemas rimen
- Observar el lenguaje que "suena como" un poema (lenguaje rítmico, descriptivo o sensorial)

Escribir el género

- Observar detalladamente el mundo (los animales, los objetos, las personas) y obtener ideas para escribir poemas
- Aproximarse al uso de cortes de línea y de espacios en blanco al escribir poemas
- Colocar las palabras en una página para que tengan forma de poema
- Escribir en lenguaje poético para transmitir sentimientos o imágenes
- Usar el lenguaje para describir cómo se ve, huele, sabe, se siente o suena algo

Escritura

❏ ## Seleccionar el propósito y el género: *(cont.)*

Texto funcional: *(Realizar una tarea práctica)*

RÓTULOS

Comprender el género
- Comprender que una escritora o un escritor (o una ilustradora o un ilustrador) puede incluir rótulos para ayudar a los lectores
- Comprender que los rótulos pueden agregar información importante

Escribir el género
- Escribir rótulos para objetos en el salón de clase
- Agregar palabras a las imágenes
- Crear rótulos para las ilustraciones que acompañan los textos
- Crear libros rotulados como un tipo de libro

CARTAS INFORMALES *(notas, tarjetas, invitaciones, correo electrónico)*

Comprender el género
- Comprender cómo aprender a escribir notas, tarjetas e invitaciones al observar las características de los ejemplos
- Comprender que la receptora o el receptor y la emisora o el emisor deben mostrarse claramente
- Comprender que las notas, las tarjetas, las invitaciones y los correos electrónicos son un medio de comunicación escrito entre las personas
- Comprender que las invitaciones deben incluir información específica
- Comprender que la forma de la comunicación escrita se relaciona con el propósito

Escribir el género
- Escribir notas, tarjetas, invitaciones o correos electrónicos a otros
- Escribir a un público conocido o a una lectora o un lector específico
- Escribir con un propósito específico en mente
- Incluir información importante en la comunicación
- Escribir en tono informal (lenguaje coloquial)

LISTAS Y PROCEDIMIENTOS *(instrucciones)*

Comprender el género
- Comprender que la forma de una lista suele tener un elemento debajo del otro y que puede estar numerada
- Comprender que se pueden escribir leyendas debajo de las imágenes para brindar más información a los lectores
- Comprender la escritura de procedimientos (instrucciones) como una lista de instrucciones secuenciales que explica cómo hacer algo y enumera lo que se necesita
- Comprender que las imágenes pueden acompañar a los textos para ayudar a los lectores a comprender la información
- Comprender las listas como una manera funcional de organizar la información

Escribir el género
- Usar listas para planificar actividades o como apoyo a la memoria
- Ubicar puntos en la lista que sean adecuados a su propósito o a la categoría
- Crear listas con la forma adecuada, un elemento debajo del otro
- Usar dibujos al hacer un borrador, revisar o publicar textos de procedimientos
- Escribir leyendas debajo de las imágenes

ESCRIBIR SOBRE LA LECTURA (TODOS LOS GÉNEROS)

(Consulte el continuo titulado Escribir sobre la lectura, páginas 76–77).

Escritura

❏ **Seleccionar objetivos:** *Hábitos y conocimientos para observar, enseñar y apoyar*

ELABORACIÓN

ORGANIZACIÓN

Estructura del texto
- Crear un libro álbum como una forma de escritura
- Incluir datos y detalles en un texto informativo
- Unir los detalles relacionados de un tema en un texto
- Ordenar los datos o la información
- Escribir cuentos que tengan un comienzo, una serie de sucesos y un final
- Escribir un título y el nombre de la autora o el autor en la cubierta de un cuento o de un libro
- Escribir una página sobre la autora o el autor al comienzo o al final de un libro que brinda información sobre ella o él (imagen, texto)
- Dedicar un cuento a alguien y escribir la dedicatoria en la cubierta, en la portada, en la página de créditos o en una página aparte

Comienzos, finales y títulos
- Usar diversos comienzos con dibujos y/o texto para atraer a la lectora o el lector
- Usar finales que sean interesantes o dejen satisfecho a la lectora o el lector
- Seleccionar un título adecuado para un poema, un cuento o un libro informativo

Presentación de ideas
- Contar experiencias o hablar de temas de la manera en que se hablaría con otros
- Contar una parte, idea o grupo de ideas en cada página del libro
- Presentar las ideas en una secuencia lógica
- Presentar ideas seguidas por detalles y ejemplos de apoyo
- Usar el tiempo adecuadamente como una herramienta de organización

DESARROLLO DE IDEAS
- Comunicar claramente los puntos principales que se espera que la lectora o el lector comprenda
- Brindar descripciones o detalles de apoyo para explicar las ideas importantes

USO DEL LENGUAJE
- Comprender que la escritora o el escritor usa el lenguaje para comunicar el significado
- Mostrar evidencia del uso del lenguaje de libros leídos en voz alta

ELECCIÓN DE PALABRAS
- Aprender palabras o frases nuevas a partir de las lecturas y usarlas en la escritura
- Usar vocabulario adecuado para el tema

VOZ
- Escribir con una perspectiva única
- Escribir de la misma manera en que se hablaría sobre la experiencia, el suceso o el tema
- Brindar información de una manera extraordinaria o sorprendente
- Compartir los pensamientos y sentimientos acerca de un tema
- Escribir acerca de lo que se sabe y recuerda

NORMAS

DISEÑO Y DISPOSICIÓN DEL TEXTO
- Usar espacios entre las palabras para facilitar a los lectores la comprensión del texto
- Colocar las palabras en líneas, de izquierda a derecha y de arriba hacia abajo
- Colocar los títulos y los encabezamientos en el lugar adecuado de la página
- Comprender que la disposición del texto y de las ilustraciones es importante para transmitir el significado de un texto
- Comprender que el texto y las imágenes pueden ser ubicados en diversos lugares de la página de un libro

GRAMÁTICA

Estructuras de oraciones
- Usar la estructura de oraciones convencional (sustantivo + verbo)

Categorías gramaticales
- Usar la concordancia de sujeto y verbo (*Yo veo*)
- Usar la concordancia de género y número (*la maestra, los maestros*)
- Usar frases preposicionales (*en la escuela, a la escuela*)
- Usar modificadores (*vestido rojo; caminó despacio*)

Tiempo verbal
- Escribir en pasado (*Ayer fui a casa*)
- Escribir en presente (*Yo pinto...*)
- Escribir en futuro (*Yo voy a jugar...*)

Escritura

❏ **Seleccionar objetivos:** *Hábitos y conocimientos para observar, enseñar y apoyar (cont.)*

MAYÚSCULAS

- Demostrar conocimiento del uso de las mayúsculas y las minúsculas del alfabeto
- Usar mayúsculas al comienzo de algunos sustantivos propios conocidos
- Demostrar conocimiento de la ubicación inicial de las mayúsculas en las palabras
- Usar mayúsculas en la primera palabra de una oración
- Usar mayúsculas en la primera palabra de un título

PUNTUACIÓN

- Observar el uso de los signos de puntuación en los libros y usarlos en la escritura
- Usar puntos, comas y signos de admiración y de interrogación.
- Leer en voz alta el escrito propio y pensar dónde debe ir la puntuación

ORTOGRAFÍA

- Escribir correctamente veinticinco palabras de uso frecuente o más
- Usar patrones de fonogramas sencillos para generar palabras (*lana, rana*)
- Intentar con palabras desconocidas mediante el análisis de los sonidos
- Decir palabras lentamente para oír el sonido y escribir la letra que lo representa
- Escribir algunas palabras con las consonantes adecuadas según los sonidos de las palabras (iniciales y finales)
- Escribir una letra por cada sonido de una vocal
- Comprender que las letras representan sonidos
- Construir ortografía fonética que sea legible
- Usar símbolos convencionales para escribir palabras
- Usar recursos sencillos para revisar la ortografía (muros de palabras)

ESCRIBIR A MANO/EN COMPUTADORA

- Escribir letras en grupos para formar palabras
- Dejar el espacio adecuado entre las palabras
- Sujetar el lápiz o la lapicera con firmeza
- Escribir en líneas de izquierda a derecha
- Volver al margen izquierdo para comenzar una nueva línea
- Usar siempre la misma mano para escribir
- Escribir letras y palabras que puedan leerse con facilidad
- Escribir eficazmente mayúsculas y minúsculas en un texto manuscrito
- Escribir proporcionadamente mayúsculas y minúsculas en un texto manuscrito
- Tener acceso y usar programas de computadora sencillos (procesadores de texto sencillos, juegos)
- Ubicar las letras en el teclado de la computadora para escribir mensajes sencillos

PROCESO DE ESCRITURA

ENSAYAR/ PLANIFICAR

Propósito

- Escribir con un propósito específico
- Pensar acerca del propósito para escribir cada texto
- Pensar cómo el tipo de texto afecta el propósito
- Elegir el tipo de texto que se adecue al propósito (por ejemplo, poema, libro sobre hechos, libro del alfabeto, libros álbum, libros rotulados, cuentos con imágenes)
- Elegir el papel que se adecue a la organización y al género deseados
- Escribir para informar o entretener a los lectores
- Escribir el nombre y la fecha en los textos
- Indicar si un texto es un cuento o es un texto informativo

Público

- Pensar acerca de las personas que leerán el texto y acerca de lo que quieren saber
- Incluir la información que los lectores necesitarán para comprender el texto

Lenguaje oral

- Generar y ampliar las ideas mediante conversaciones con los compañeros y la maestra o el maestro
- Buscar ideas y temas en experiencias personales compartidas mediante la conversación
- Contar cuentos para generar y ensayar el lenguaje (que puede ser escrito más adelante)
- Contar cuentos en orden cronológico
- Volver a contar cuentos en orden cronológico

Reunir semillas/Recursos/Experimentar con la escritura

- Hacer listas o pensar en ideas para escribir
- Comprender que los escritores reúnen información para escribir
- Registrar la información con palabras o dibujos
- Usar dibujos para compartir o recordar el razonamiento

Contenido, tema, asunto

- Observar cuidadosamente los objetos, los animales, las personas, los lugares y las acciones antes de escribir sobre ellos
- Seleccionar temas propios para escribir textos informativos
- Seleccionar información o datos que apoyen el tema
- Seleccionar temas para escribir un cuento o un poema

Investigación

- Usar dibujos para hablar sobre un tema o contar un cuento
- Hacer preguntas y reunir información sobre un tema
- Recordar en orden la información importante sobre un tema para escribir sobre ella
- Participar activamente en experiencias y recordar detalles que contribuyan a la escritura y al dibujo
- Recordar rótulos importantes para los dibujos

Escritura

❏ **Seleccionar objetivos:** *Hábitos y conocimientos para observar, enseñar y apoyar (cont.)*

Comprender el proceso

- Comprender la función de las conferencias de escritura para ayudar a los escritores
- Comprender que una escritora o un escritor puede recibir ayuda de otros escritores
- Comprender que los escritores pueden modificar el texto en respuesta a la devolución de los compañeros o de la maestra o el maestro
- Comprender que los escritores pueden aprender a escribir de otros escritores

Producir un borrador

- Usar palabras y dibujos para componer y revisar un texto
- Escribir un mensaje corrido acerca de un tema sencillo

Volver a leer

- Volver a leer el texto todos los días (y durante la escritura ese mismo día) antes de seguir escribiendo
- Volver a leer los cuentos para asegurarse de que se comprende el significado
- Volver a leer el texto para asegurarse de que no faltan palabras ni información
- Repasar los dibujos para revisar al agregar (o eliminar) información

Agregar información

- Agregar palabras, frases u oraciones para que el texto sea más interesante o atrapante para los lectores
- Agregar palabras, frases u oraciones para brindar más información a los lectores
- Agregar diálogo para brindar más información o hacer una narración (en forma de cita o de globos de diálogo)
- Agregar detalles a los dibujos para brindar más información a la lectora o el lector

Eliminar información

- Eliminar palabras u oraciones que no tengan sentido
- Eliminar páginas cuando la información no sea necesaria

Reorganizar la información

- Mover las oraciones de un lugar a otro para mejorar la secuencia
- Volver a ordenar el texto al cortar o rediseñar páginas
- Volver a ordenar los dibujos al cortar o rediseñar páginas
- Volver a ordenar las páginas al rediseñarlas y volverlas a ensamblar

Cambiar el texto

- Agregar información para que el texto o los dibujos se entiendan mejor

Usar herramientas y técnicas

- Agregar letras, palabras, frases u oraciones con signos de intercalación o notas autoadhesivas
- Agregar palabras, frases u oraciones pegando o engrapando un pedazo de papel al texto
- Agregar páginas al libro o al cuadernillo
- Eliminar páginas del libro o del cuadernillo
- Tachar palabras u oraciones con un lápiz o un marcador

Una estudiante de kindergarten escribe acerca de su familia.

Escritura

❏ **Seleccionar objetivos:** *Hábitos y conocimientos para observar, enseñar y apoyar (cont.)*

EDITAR Y REVISAR

Comprender el proceso

- Comprender que la escritora o el escritor respeta a la lectora o el lector al aplicar lo que sabe para corregir errores
- Comprender que cuanto mejor sea la ortografía y el espacio entre las palabras, más fácil le resultará leer el texto a la lectora o el lector

Editar según las normas

- Revisar y corregir la formación y la orientación de las letras
- Editar errores de ortografía al intentarlo nuevamente
- Editar errores de ortografía al encerrar en un círculo las palabras que parecen estar mal e intentar escribirlas de otra manera
- Reconocer que, antes de publicar el texto, la maestra o el maestro debe hacer la edición final para corregir aquellas cuestiones que la escritora o el escritor todavía no haya aprendido

Usar herramientas

- Usar herramientas de referencia básicas (por ejemplo, muros de palabras o recolecciones o diccionarios de palabras personales)

Publicar

- Crear ilustraciones para fragmentos de texto
- Compartir el texto al leerlo en clase
- Recopilar diversos cuentos o poemas
- Seleccionar un poema, cuento o libro informativo para publicar
- Usar rótulos o leyendas sobre los dibujos exhibidos

BOSQUEJAR Y DIBUJAR

- Usar bosquejos y dibujos para planificar, bosquejar, revisar o publicar textos
- Hacer dibujos que se relacionen con el texto escrito y que mejore la comprensión y la diversión de los lectores
- Usar dibujos para representar personas, lugares, cosas o ideas
- Agregar o eliminar detalles de los dibujos al revisar

VERSE A SÍ MISMO/A COMO ESCRITOR/A

- Escribir por cuenta propia
- Arriesgarse como escritora o escritor
- Verse a sí mismo/a como escritor/a
- Tener en mente una lista de temas sobre los que escribir
- Pensar en qué trabajar después como escritora o escritor
- Seleccionar los mejores textos de una colección de textos propia
- Autoevaluar los propios textos y comentar los aspectos positivos y las técnicas usadas
- Producir una cantidad de texto dentro del tiempo disponible (por ejemplo, una o dos páginas por día)
- Seguir trabajando de manera independiente en vez de esperar las instrucciones de la maestra o el maestro
- Intentar resolver los propios problemas
- Intentar técnicas que usaron otros escritores

Comunicación oral, visual y tecnológica

❑ **Seleccionar objetivos:** *Hábitos y conocimientos para observar, enseñar y apoyar*

ESCUCHAR Y HABLAR

ESCUCHAR Y COMPRENDER

- Escuchar con atención y comprender las instrucciones
- Demostrar la capacidad de recordar y seguir instrucciones sencillas
- Escuchar activamente a otros leer o hablar acerca de sus textos y hacer comentarios
- Mostrar interés al escuchar y al hablar acerca de cuentos, poemas y textos informativos
- Escuchar con atención y comprender la lectura oral de cuentos, poemas o textos informativos
- Comparar los conocimientos personales con lo que se escucha

INTERACCIÓN SOCIAL

- Participar de juegos imaginarios
- Participar en diálogos teatrales en contextos de obras de teatro o juegos de roles
- Usar normas conversacionales de amabilidad (*por favor, gracias, buenos días*)
- Hablar con el volumen adecuado (no demasiado alto pero con el volumen suficiente para que los demás escuchen y comprendan)
- Ajustar el volumen para que sea adecuado a contextos diferentes
- Hablar con claridad suficiente para que los demás comprendan durante una conversación
- Comenzar una conversación adecuadamente
- Turnarse en la conversación
- Sostener una conversación con diversos públicos, incluidos los compañeros, la maestra o el maestro y la familia

DISCUSIÓN EXTENDIDA

- Seguir un tema y contribuir a la conversación
- Ampliar los enunciados de otros
- Participar activamente en las rutinas (por ejemplo, hablar por turnos)
- Formular preguntas claras para obtener información
- Participar activamente en una conversación de toda la clase o con compañeros, en parejas o grupos pequeños
- Usar vocabulario específico adecuado para el nivel del grado al hablar acerca de los textos (*título, autor/*a)

CONTENIDO

- Comenzar a verbalizar las razones de los problemas, sucesos y acciones
- Explicar las relaciones de causa y efecto
- Expresar opiniones y explicar el razonamiento (*porque...*)
- Predecir futuros sucesos de un cuento
- Ofrecer soluciones y explicaciones para los problemas de un cuento
- Explicar y describir personas, sucesos, lugares y objetos
- Describir semejanzas y diferencias entre personas, lugares, sucesos y objetos
- Mencionar información interesante a partir de la experiencia previa o la lectura
- Hacer muchas preguntas que demuestren curiosidad
- Comenzar y participar en canciones, rimas y cánticos

- Compartir el conocimiento de la estructura del cuento al describir el escenario, los personajes, los sucesos o el final
- Demostrar interés en el significado de las palabras
- Expresar y reflexionar acerca de los sentimientos propios y ajenos

PRESENTACIÓN

VOZ

- Hablar acerca de un tema con entusiasmo
- Hablar con seguridad
- Contar cuentos de una manera interesante

NORMAS

- Hablar con el volumen adecuado para ser escuchado
- Mirar al público al hablar
- Hablar a un ritmo adecuado para que el público comprenda
- Articular las palabras claramente

ORGANIZACIÓN

- Tener el tema o el cuento en mente antes de comenzar a hablar
- Mostrar conocimiento de la estructura del cuento
- Contar experiencias personales en una secuencia lógica
- Tener al público en mente antes de comenzar a hablar
- Tener un propósito en claro
- Presentar las ideas y la información en una secuencia lógica

ELECCIÓN DE PALABRAS

- Usar el lenguaje de los cuentos al volver a contarlos
- Usar palabras que describen (adjetivos y adverbios)

IDEAS Y CONTENIDO

- Recitar poemas y canciones breves
- Contar cuentos y volver a contar cuentos conocidos
- Contar experiencias personales
- Hacer informes orales breves que demuestren la comprensión de un tema conocido sencillo

MEDIOS DE COMUNICACIÓN

- Usar objetos de utilería, imágenes o ilustraciones para ampliar el significado de una presentación
- Representar obras de teatro y espectáculos de títeres que requieran hablar como un personaje

Comunicación oral, visual y tecnológica

❏ **Seleccionar objetivos:** *Hábitos y conocimientos para observar, enseñar y apoyar (cont.)*

TECNOLOGÍA

CONOCIMIENTOS DE COMPUTACIÓN

- Hallar botones e íconos en la pantalla de la computadora para usar programas sencillos que requieran interacción (por ejemplo, matemática, lectura, dibujo)
- Usar eficazmente el ratón y el teclado
- Usar el correo electrónico para conversar

LECTURA EN LÍNEA Y MANEJO DE INFORMACIÓN

- Buscar y localizar sitios web aprobados, y usarlos como entretenimiento o como fuente de información

Comunicación oral, visual y tecnológica

Fonética, ortografía y estudio de palabras

❑ **Seleccionar objetivos:** *Hábitos y conocimientos para observar, enseñar y apoyar (cont.)*

PRIMEROS CONCEPTOS DE LA LECTURA

- Distinguir el texto de las ilustraciones
- Comprender el propósito de los textos al leer y escribir
- Ubicar la primera y la última letra de las palabras en texto corrido
- Reconocer el propio nombre
- Comprender que al leer se dice una palabra por cada grupo de letras
- Comprender el concepto de *oración* como un grupo de palabras con puntuación inicial y final
- Comprender los conceptos de *letra* y *palabra* (como un carácter solo o un grupo de caracteres)
- Comprender los conceptos de *primero* y *último* en el lenguaje escrito
- Usar la direccionalidad de izquierda a derecha del texto y volver a la izquierda al leer y escribir
- Usar su nombre para aprender sobre palabras y establecer relaciones con las palabras
- Usar espacios entre las palabras al escribir
- Emparejar una palabra hablada con una palabra escrita al leer y señalar

CONCIENCIA FONOLÓGICA

- Separar oraciones en palabras
- Escuchar y reconocer los límites de las palabras
- Escuchar, reconocer y decir sílabas (*to-ma-te, dul-ce, brin-co*)
- Escuchar, decir, conectar y generar palabras que rimen (*ato, gato, pato, rato*)
- Escuchar y decir los fonemas (sonidos) iniciales, medios y finales de las palabras (*m-á-s, más*)
- Conectar palabras por los sonidos (*ma, me, mi: mi mamá me mima*)
- Combinar sílabas y fonemas para formar palabras (*ca-sa, casa; d-o-s, dos*)
- Separar palabras en sílabas (*rama, ra-ma*)
- Manipular sílabas y fonemas (*pa-lo-ma, lo-ma; luna, una; ma-sa, ma-pa; más, das*)

CONOCIMIENTO DE LAS LETRAS

- Reconocer vocales y consonantes
- Clasificar las letras según las características: con líneas oblicuas (*v, w, x*) y líneas rectas (*p, l, b, d*); con círculos (*o, b, g, p*) o sin círculos (*k, x, w, r*); con arcos (*n, ñ, h*); con colas (*y, p, g*); sin colas (*r, s*); con puntos/sin puntos; altas/bajas; consonantes/vocales
- Distinguir las formas de las letras
- Establecer relaciones entre las palabras al reconocer las letras (*bola, bate, bota*) y la secuencia de letras
- Reconocer y nombrar la mayoría de las letras mayúsculas y minúsculas
- Identificar una palabra que comienza con el sonido de cada letra
- Reconocer las letras que están incluidas en palabras y en texto corrido
- Reconocer letras mayúsculas y minúsculas
- Comprender el orden alfabético
- Comprender el uso especial de las letras (mayúsculas, iniciales)
- Usar movimientos sistemáticos para formar letras al escribir
- Reconocer la diferencia entre la letra *y* y la conjunción *y*

RELACIONES ENTRE LETRAS Y SONIDOS

- Reconocer y usar los sonidos consonánticos iniciales y las letras que los representan para leer y escribir palabras
- Comprender que existe una relación entre los sonidos y las letras
- Reconocer palabras sencillas formadas por CVCV (*gato, mapa*)
- Intentar escribir palabras escribiendo una letra por cada sonido

PATRONES ORTOGRÁFICOS

- Reconocer y usar algunas sílabas sencillas con un patrón de CV (las más fáciles): (*ma, me, mi, mo, mu*)
- Reconocer que las palabras tienen patrones que se relacionan con los sonidos (fonogramas y otros patrones de letras)
- Reconocer y usar los patrones de VC y CVC (*al, sal*)

PALABRAS DE USO FRECUENTE

- Leer y escribir un grupo básico de veinte a veinticinco palabras de uso frecuente (*a, al, buen, casa, como, con, dame, de, dijo, el, en, es, esa, gusta, ir, jugar, la, mamá, más, mi, mira, no, que, tú, yo*)

SIGNIFICADO DE LAS PALABRAS

PALABRAS CONCEPTUALES

- Reconocer y usar palabras conceptuales (colores, números, días de la semana, meses del año)
- Reconocer las partes de palabras compuestas y conversar sobre su significado cuando sea obvio
- Reconocer y usar palabras compuestas sencillas (*telaraña, sacapuntas, paraguas, girasol*)

Fonética, ortografía y estudio de palabras

❑ **Seleccionar objetivos:** *Hábitos y conocimientos para observar, enseñar y apoyar (cont.)*

ESTRUCTURA DE LAS PALABRAS

SÍLABAS

- Comprender que las palabras pueden tener una, dos o más sílabas
- Comprender que las sílabas se pueden escuchar y marcar con aplausos

ACCIONES PARA DESCIFRAR PALABRAS

- Reconocer y ubicar palabras (nombres)
- Establecer relaciones entre los nombres y otras palabras
- Usar los propios nombres y apellidos (y los nombres y apellidos de los demás) para leer y escribir palabras
- Usar palabras conocidas como ayuda para escribir palabras nuevas
- Reconocer y escribir palabras nuevas con rapidez
- Usar palabras conocidas para verificar su lectura y escritura
- Usar letras y su relación con los sonidos para leer y escribir palabras

Fonética, ortografía y estudio de palabras

© 2014, Gay Su Pinnell e Irene C. Fountas de *Continuo de adquisición de la lectoescritura, Grados PreK–2.* Portsmouth, NH: Heinemann.

GRADO 1

Lectura interactiva en voz alta y discusión literaria

❏ **Seleccionar textos:** *Características de los textos para la lectura en voz alta y la conversación*

GÉNEROS/FORMAS

Géneros
- Poemas breves, rimas infantiles y canciones
- Poemas
- Cuentos populares tradicionales
- Cuentos fantásticos sencillos con animales
- Ficción realista
- Textos sobre hechos (libros del alfabeto, libros rotulados, libros de conceptos, libros para contar, libros informativos sencillos), texto literario de no ficción
- Memorias

Formas
- Cuentos orales
- Libros álbum
- Libros álbum sin palabras
- Libros álbum informativos

ESTRUCTURA DEL TEXTO

- Textos informativos que presentan una secuencia clara y sencilla
- Textos informativos con descripciones sencillas en cada página, a veces, con patrones que se repiten
- Textos sobre hechos con una estructura general del texto y categorías bien definidas
- Muchos cuentos tradicionales con estructuras y motivos particulares (cuentos acumulativos y circulares, uso de grupos de tres elementos)
- Estructura narrativa sencilla con un comienzo, una sucesión de episodios y un final
- Muchos libros con frases y episodios repetidos
- Cuentos con patrones que se repiten

CONTENIDO

- Sucesos cotidianos (comer, jugar, las estaciones, el clima, ir de compras, los juegos)
- Temas cotidianos (los animales, las mascotas, la familia, la comida, las plantas, la escuela, los amigos, el crecer, los sentidos, el vecindario, el clima y las estaciones, la salud)
- Contenido más allá de la experiencia inmediata de la mayoría de los estudiantes (los animales históricos, los animales del zoológico en la naturaleza, el espacio, el medio ambiente –el océano y el desierto–, la nutrición)
- Temas y contenidos que reflejan un espectro cultural muy amplio

TEMAS E IDEAS

- Humor que es fácil de entender (hacer juegos con las palabras)
- Temas habituales (el compartir, los amigos, el pertenecer, el trabajo, el crecer, la familia, la responsabilidad, el comportamiento)
- Temas que van más allá de los sucesos cotidianos

CARACTERÍSTICAS LITERARIAS Y DEL LENGUAJE

- Tramas sencillas con problemas y resoluciones claros
- Personajes recordables en cuentos realistas o fantásticos
- Personajes que cambian por razones que están claras en el texto en sí (aprenden una lección de sus errores)
- Personajes, muchos en cuentos populares, que tienen características predecibles (zorros astutos)
- Cuentos con varios personajes
- Lenguaje figurado que es fácil de entender
- Diálogo sencillo que puede atribuirse fácilmente a los interlocutores

COMPLEJIDAD DE LAS ORACIONES

- Oraciones más complejas que las que los niños usan oralmente cuando conversan
- Algunas oraciones que son largas y contienen frases y cláusulas
- Cambios en el patrón y en el tiempo verbal
- Omisión ocasional del pronombre de sujeto
- Patrones de oraciones repetidos

VOCABULARIO

- Palabras que despertarán el interés de los niños y que recordarán
- Muchas palabras que son parte del lenguaje oral de los niños
- Algunas palabras de contenido relacionadas con los conceptos que los niños están aprendiendo y que son fáciles de explicar
- Adjetivos o sustantivos que cambian su terminación según el género

ILUSTRACIONES

- Ilustraciones grandes, claras y coloridas en distintas presentaciones
- Elementos gráficos muy sencillos (mapas, dibujos con rótulos)
- Ilustraciones que apoyan muy bien la comprensión

CARACTERÍSTICAS DEL LIBRO Y LA LETRA IMPRESA

- Libros con texto impreso grande que los niños pueden ver durante las sesiones de lectura en voz alta
- Características especiales en las ilustraciones y el texto impreso que atraen el interés y hacen los textos interactivos (libros desplegables, libros con pestañas, calados, efectos de sonido)
- Título, autora o autor e ilustradora o ilustrador en la cubierta y la portada
- Puntos, comas, signos de admiración, signos de interrogación, puntos suspensivos y rayas de diálogo
- Dos puntos con el inciso del narrador

Lectura interactiva en voz alta y discusión literaria

❑ **Seleccionar objetivos:** *Hábitos y conocimientos para observar, enseñar y apoyar*

Pensar en el texto *en sí*

- Seguir los sucesos de una trama con varios sucesos
- Seguir tramas que tienen patrones particulares, por ejemplo, la acumulación o una estructura circular
- Hacer y responder preguntas sobre los detalles clave de un texto
- Retener y recordar información importante para usarla en una conversación
- Hacer un resumen del texto después de la lectura
- Hablar acerca de información interesante y nueva de un texto
- Volver a contar cuentos e incluir detalles clave y demostrar la comprensión del mensaje o la lección importante
- Comprender el problema de un cuento
- Comprender cuándo y por qué se resuelve el problema
- Reconocer y describir personajes y escenarios, y mencionar los sucesos y detalles importantes después de la lectura
- Observar y hacer preguntas cuando no se entiende el significado o se interrumpe la comprensión
- Observar y deducir información a partir de imágenes y fotografías
- Comprender las palabras mientras se escucha un cuento o un texto sobre hechos
- Adquirir vocabulario al escuchar, y usarlo en la conversación
- Deducir el significado de palabras nuevas a partir del contexto
- Saber de qué trata el cuento después de escuchar el comienzo
- Dar ejemplos específicos y pruebas del texto para apoyar el razonamiento
- Usar detalles de las ilustraciones para apoyar lo dicho en una conversación
- Imitar la entonación y el énfasis de la maestra o el maestro al participar en la actividad de decir frases o texto repetitivo
- Observar y responder al énfasis y al tono de voz al escuchar o después de escuchar
- Observar y repetir lenguaje recordable

Pensar *más allá* del texto

- Usar los conocimientos previos para comprender a los personajes y sus problemas
- Usar los conocimientos previos para comprender los contenidos de un texto
- Establecer relaciones entre los textos y las experiencias de la vida real
- Predecir qué sucederá
- Predecir qué sucederá después del final
- Hacer predicciones sobre lo que probablemente haga un personaje
- Usar pruebas del texto para apoyar las predicciones (*Creo que. . . porque. . .*)
- Inferir las intenciones o los sentimientos de los personajes
- Interpretar las ilustraciones
- Identificar información nueva y hablar acerca de ella
- Comentar ejemplos específicos del texto para apoyar o justificar las ideas que se expresan
- Establecer relaciones entre textos conocidos y comentar las semejanzas y diferencias
- Comparar y contrastar las experiencias y aventuras de los personajes de los cuentos
- Desarrollar conceptos, conocimientos e ideas nuevos al escuchar y comentar los textos

Pensar *acerca* del texto

- Observar y comprender textos basados en secuencias establecidas, como números, días de la semana, meses, estaciones del año
- Reconocer e identificar algunos aspectos de la estructura del texto, como el comienzo, el orden secuencial de los sucesos y el final
- Comprender que una autora o un autor escribió el libro
- Comprender que un o una artista hizo las ilustraciones del libro
- Observar detalles en ilustraciones y fotografías
- Reconocer los nombres de algunos autores e ilustradores y elegir favoritos
- Observar las semejanzas y diferencias entre textos del/la mismo/a autor/a o que tratan el mismo tema
- Identificar palabras y frases sensoriales en cuentos y poemas
- Comentar las características de la obra de algunos autores e ilustradores
- Observar palabras que usó la autora o el autor para que el cuento o el contenido sea interesante
- Mencionar algunos autores o ilustradores favoritos y explicar las razones de la elección
- Opinar sobre los textos y establecer los fundamentos de las opiniones (explicar por qué)
- Observar en qué se diferencian los textos entre sí (por ejemplo, ficción y no ficción)
- Reconocer y explicar las diferencias entre libros que cuentan cuentos y los que dan información
- Comprender que la ficción son cuentos que no son reales y que los textos de no ficción dan información real
- Comprender que la ficción realista son cuentos que podrían suceder en la vida real y que los cuentos fantásticos no podrían ser reales
- Comparar diferentes versiones del mismo cuento, rima o cuento tradicional
- Identificar quién cuenta el cuento en diferentes momentos del texto
- Usar vocabulario específico para hablar acerca de los textos: *autor/a, ilustrador/a, cubierta, contracubierta, portada, libro álbum sin palabras, libro álbum, personaje, problema, solución, libro informativo, no ficción, ficción*

Lectura compartida y lectura interpretativa

❑ **Seleccionar textos:** *Características de los textos para la lectura compartida y la lectura interpretativa*

GÉNEROS/FORMAS

Géneros

- Cuentos fantásticos sencillos, muchos con animales que hablan
- Textos sobre hechos (libros del alfabeto, libros rotulados, libros de conceptos, libros para contar, libros informativos muy sencillos)
- Poemas breves, rimas infantiles y canciones
- Cuentos populares tradicionales
- Memorias
- Ficción realista

Formas

- Obras de teatro sencillas y breves y guiones del teatro del lector (hacia mediados y fin de año)
- Textos creados mediante la escritura interactiva (listas, cartas, cuentos, poemas, descripciones, recuentos, instrucciones, informes)
- Poemas más extensos
- Antologías individuales de poesías
- Libros álbum más extensos

ESTRUCTURA DEL TEXTO

- Muchos libros con frases y episodios repetidos
- Textos informativos con descripciones sencillas en cada página, a veces, con patrones que se repiten
- Textos informativos que presentan una secuencia clara y sencilla
- Estructura sencilla con comienzo, sucesión de episodios y final
- Muchos cuentos tradicionales con estructuras y motivos particulares (cuentos acumulativos y circulares, uso de grupos de tres elementos)

CONTENIDO

- Juegos con palabras (rima, sinsentido, aliteración y el alfabeto)
- Temas cotidianos (animales, las familias, comida, plantas, la escuela, el transporte, la comunidad, salud y nutrición, las diferencias)
- Temas e ideas más allá de la experiencia inmediata de los niños: animales/personas exóticos/fantásticos, animales históricos, animales del zoológico en la naturaleza, medio ambiente (*océano, desierto*)
- Contenido que confirma y amplía las experiencias de los estudiantes
- Cuentos con patrones que se repiten y que aumentan en complejidad
- Sucesos cotidianos (comer, jugar, las estaciones, el clima, etc.)

TEMAS E IDEAS

- Humor obvio (situaciones tontas y juegos con palabras)
- Temas conocidos, por ejemplo, el compartir, los amigos, el pertenecer, el crecer, la responsabilidad, el comportamiento

CARACTERÍSTICAS LITERARIAS Y DEL LENGUAJE

- Lenguaje figurado que es fácil de entender
- Cuentos sencillos pero completos con comienzo, desarrollo y final
- Muchos textos con rima y ritmo
- Algunos personajes recordables
- Diálogo sencillo que puede atribuirse fácilmente a los personajes
- Acciones de los personajes que tienen consecuencias claras (recompensa por las buenas acciones y castigo por las travesuras)
- Tramas y cuentos predecibles

COMPLEJIDAD DE LAS ORACIONES

- Algunas oraciones que son largas y contienen frases y cláusulas
- Oraciones más complejas que las que los niños usan cuando conversan
- Oraciones que los niños pueden seguir fácilmente (sin estructuras de oraciones complicadas que puedan resultar difíciles de repetir)
- Cambios en el patrón y en el tiempo verbal
- Omisión ocasional del pronombre de sujeto
- Patrones de oraciones repetidos

VOCABULARIO

- Palabras nuevas de contenido relacionadas con los conceptos que los niños están aprendiendo y que son fáciles de explicar
- Palabras que guían a la lectora o al lector en la interpretación del texto
- Muchas palabras que son parte del lenguaje oral de los niños
- Palabras que despertarán el interés de los niños y que recordarán
- Adjetivos o sustantivos que cambian su terminación según el género

PALABRAS

- Plurales en contextos donde es fácil comprenderlos y usar la sintaxis
- Muchas palabras polisílabas
- Muchas palabras de uso frecuente que ayudarán a leer con fluidez
- Uso de terminaciones de diminutivo *-ito* e *-ita*
- Conjugaciones verbales y gerundios
- Variación en el orden de las palabras
- Significados de las palabras cambiados por acentos

ILUSTRACIONES

- Algunos poemas y textos de la escritura interactiva sin imágenes
- Ilustraciones grandes, claras y coloridas en distintas presentaciones
- Ilustraciones que apoyan muy bien la comprensión

CARACTERÍSTICAS DEL LIBRO Y LA LETRA IMPRESA

- La mayoría de los textos en tablas o en libros
- Texto impreso más grande para que todos los niños lo vean
- Palabras en negrilla para apoyar el uso del énfasis en la lectura
- Desde 2 líneas de texto por página al comienzo del año hasta aproximadamente 10 ó 12 líneas a fin de año
- Puntuación sencilla (puntos, comas, rayas de diálogo, dos puntos, signos de interrogación y de admiración, puntos suspensivos)
- Título en la parte superior de los poemas y otros textos
- Algunas copias individuales de obras de teatro o guiones
- Espacio amplio entre las palabras y entre las líneas
- Disposición del texto que apoya la formación de frases al presentar grupos de palabras
- Variación en la colocación de la tipografía a lo largo de un texto
- Partes de una carta (fecha, encabezado, cuerpo, despedida, P. D.)

Lectura compartida y lectura interpretativa

❏ **Seleccionar objetivos:** *Hábitos y conocimientos para observar, enseñar y apoyar*

Pensar en el texto *en sí*

- Seguir el texto de izquierda a derecha y de arriba abajo con la ayuda del puntero de la maestra o el maestro, que puede señalar las palabras, deslizarse debajo de las palabras o señalar el comienzo de una línea (cambiar durante el año)
- Reconocer y usar puntuación sencilla y reflejarla con la voz durante la lectura (puntos, signos de interrogación, signos de admiración)
- Observar que los signos de interrogación y de admiración aparecen al comienzo y al final de las oraciones
- Comprender palabras nuevas mediante la lectura repetida
- Comprender el significado de las palabras durante la lectura
- Reconocer un grupo básico de palabras de uso frecuente en texto corrido
- Participar en lecturas más complejas con partes que se alternan, y reconocer el turno para leer a través de pistas del texto
- Leer con otros textos conocidos y demostrar un alto grado de precisión
- Leer en voz alta con fluidez
- Reflejar el significado con la voz por medio de las pausas, el énfasis y la formación de frases
- Recordar y usar patrones lingüísticos que se repiten al volver a leer
- Observar y usar los espacios para definir los límites de las palabras
- Imitar la expresión de la maestra o el maestro
- Observar y hacer preguntas cuando no se entiende el significado o se interrumpe la comprensión
- Observar y usar la información de las imágenes
- Hablar sobre los personajes, los problemas y los sucesos de un cuento en una conversación acerca de cómo leer el texto

Pensar *más allá* del texto

- Hacer predicciones acerca de qué sucederá en un cuento
- Demostrar la interpretación de las intenciones o los sentimientos de un personaje por medio de la voz durante la lectura

- Demostrar anticipación con la voz durante la lectura
- Expresar relaciones con experiencias personales durante la conversación
- Establecer relaciones entre textos que se han leído, escuchado o leído al unísono con otros
- Usar los conocimientos previos y la experiencia para contribuir en la interpretación del texto
- Usar detalles de las ilustraciones para apoyar lo dicho en una conversación
- Predecir qué hará un personaje durante la preparación para la lectura
- Inferir los sentimientos o las motivaciones de un personaje durante la preparación para la lectura

Pensar *acerca* del texto

- Reconocer e identificar las partes de un cuento, como el comienzo, la sucesión de sucesos y el final
- Comprender y comentar el título, la autora o el autor y la ilustradora o el ilustrador
- Expresar opiniones sobre si el final es adecuado
- Observar de qué manera la autora o el autor usó el lenguaje y las palabras para que el texto fuera interesante o gracioso
- Reconocer cuándo un texto es realista, fantástico o netamente informativo
- Comparar diferentes versiones del mismo cuento, rima o cuento tradicional
- Observar y comprender textos basados en secuencias establecidas, como números, días de la semana, meses, estaciones del año
- Observar cómo la disposición de las imágenes o del texto afecta la manera de leer el texto (por ejemplo, texto más grande o en negrilla)
- Verificar la información del texto con las propias experiencias

Escribir sobre la lectura

❏ **Seleccionar géneros y formas:** *Los géneros y las formas para escribir sobre la lectura se muestran mediante la escritura interactiva, compartida o el modelo de escritura, por lo general, prestando atención a textos ejemplares. Los niños aprenden cómo responder a la lectura de diferentes formas y con propósitos y públicos diversos. Después de haber aprendido las formas a través de una experiencia guiada, las usan independientemente a medida que responden a los libros que leen. Durante el año, los niños de primer grado irán mejorando su capacidad para escribir mensajes significativos mediante el uso de diversos géneros para escribir sobre la lectura y también podrán dominar muchas normas.*

ESCRITURA FUNCIONAL

- Bosquejos o dibujos que reflejan el contenido de un texto
- Palabras o frases interesantes de un texto
- Oraciones cortas que responden a un texto (por ejemplo, expresar una predicción, una opinión o un aspecto interesante del texto)
- Listas para apoyar la memoria (personajes, sucesos del cuento)
- Tablas sencillas (organizadores gráficos) para mostrar una comparación o una secuencia
- Cartas a otros lectores o a los autores e ilustradores (como cartas de diálogo en un cuaderno de la escritora o el escritor)
- Rótulos de fotografías u otros tipos de ilustraciones
- Instrucciones escritas (a veces con dibujos) que muestran una secuencia de acciones sencilla basada en un texto

ESCRITURA INFORMATIVA

- Lista de datos de un texto
- Oraciones cortas y/o dibujos que brindan información interesante de un texto
- Resúmenes de la información que se aprendió con los encabezamientos que indican las secciones
- Una o dos oraciones sencillas con información sobre una autora o un autor o una ilustradora o un ilustrador
- Representaciones (mediante la escritura o dibujos) de una secuencia de acciones o de instrucciones de un texto
- Rótulos de dibujos que representan información interesante del texto

ESCRITURA NARRATIVA

- Oraciones sencillas que narran una secuencia de sucesos
- Dibujos que muestran la secuencia de sucesos de un texto (algunos con globos para indicar los diálogos)
- Representaciones gráficas de cuentos
- Oraciones sencillas que resumen un texto
- Modificaciones de textos conocidos (por ejemplo, un final nuevo o una trama similar con diferentes personajes)

 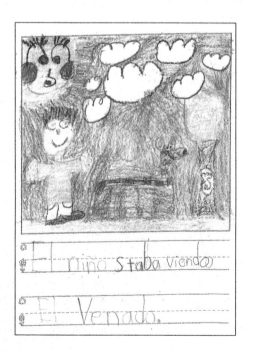

Respuesta a la lectura de un estudiante de primer grado

Escribir sobre la lectura

☐ **Seleccionar objetivos:** *Hábitos y conocimientos para observar, enseñar y apoyar*

Pensar en el texto *en sí*

- Escribir oraciones cortas que mencionen o resuman los detalles importantes de un texto
- Representar un personaje por medio de dibujos o de la escritura
- Representar una secuencia de sucesos por medio de dibujos (generalmente con rótulos o leyendas) o de la escritura
- Observar y a veces usar palabras nuevas de un texto
- Contar información importante de un cuento
- Volver a leer para comprobar la precisión de la estructura de las oraciones, el uso de las palabras y que no haya información irrelevante
- Usar el texto como un recurso para hallar palabras, frases e ideas
- Recordar información de un texto para crear listas, secuencias de acciones sencillas e instrucciones
- Usar los nombres de los autores e ilustradores

Pensar *más allá* del texto

- Reflejar conocimientos previos y conocimientos nuevos del texto
- Predecir qué sucederá en un texto o qué hará un personaje
- Inferir qué siente un personaje
- Reflejar cómo es realmente un personaje
- Expresar opiniones sobre cuentos o poemas
- Innovar sobre textos muy conocidos
- Hacer modificaciones en un texto cambiando el final, la sucesión de sucesos, los personajes o el escenario
- Hacer una lista o escribir oraciones y opiniones acerca de la información nueva que se aprendió con un texto
- Escribir o dibujar acerca de algo de la propia vida de la lectora o el lector cuando un texto lo indique

Pensar *acerca* del texto

- Crear textos que contengan algunas de las características de los textos publicados (cubierta, título, autora o autor, ilustradora o ilustrador, ilustraciones, comienzo, final, sucesos en una secuencia, página sobre la autora o el autor)
- En ocasiones, imitar el estilo o el lenguaje de una autora o un autor
- Expresar opiniones sobre un cuento o un poema
- Observar cómo está organizado un texto y a veces aplicar la organización a la escritura (por ejemplo, la secuencia de sucesos o la secuencia establecida, como números o días de la semana)
- Reconocer y usar algunos aspectos de la estructura del texto (por ejemplo, el comienzo y el final)
- Diferenciar los textos informativos de los de ficción
- Observar y a veces usar lenguaje interesante de un texto
- Crear representaciones gráficas sencillas de un cuento (por ejemplo, el mapa de un cuento o una línea cronológica)
- Usar vocabulario específico para escribir sobre los textos: *autor/a, ilustrador/a, cubierta, título, personaje, problema, sucesos*

Escribir sobre la lectura

Escritura

☐ **Seleccionar el propósito y el género:** *La mayoría de los estudiantes de primer grado comienzan el año con un repertorio de palabras conocidas y algo de experiencia expresando ideas con el dibujo y la escritura. Tal vez algunos apenas comienzan a reconocer las funciones del texto impreso. Los niños se beneficiarán con valiosas demostraciones de escritura mediante la escritura interactiva y compartida con diversos propósitos. También aprenderán en el taller de escritura con una mini-lección diaria, actividades de escritura independiente, conferencia individual con el maestro y escritura compartida con compañeros. Para fin de año, escribirán textos narrativos e informativos, textos funcionales y algunos textos poéticos. Demostrarán el uso de las normas en cuanto a líneas y espacios, muchas palabras bien escritas y muchos intentos con palabras más complejas. Las oportunidades para dibujar ampliarán su razonamiento.*

TEXTO NARRATIVO: *(Contar un cuento)*

MEMORIAS *(narración personal, autobiografía)*

Comprender el género
- Comprender cómo elaborar narraciones personales y memorias a partir de textos ejemplares
- Comprender que los escritores cuentan relatos sobre sus vidas
- Comprender que un cuento sobre experiencias personales suele escribirse en primera persona (se usa *yo*)
- Comprender que el/la autor/a puede recordar o reflexionar sobre el recuerdo o la experiencia y compartir lo que piensa y siente acerca de eso
- Comprender que lo que se cuenta debe ser importante para el/la autor/a

Escribir el género
- Pensar en temas, sucesos o experiencias de la vida real sobre los que resulte interesante escribir
- Escribir un comienzo atractivo y un final satisfactorio para los cuentos
- Comprender que un cuento puede ser un "pequeño momento" (la descripción de una experiencia breve y recordable)
- Incluir detalles descriptivos para que el cuento sea interesante
- Usar diálogos adecuadamente para contribuir al significado del cuento
- Usar palabras sencillas para el paso del tiempo (*luego, después*)
- Explicar los pensamientos o sentimientos acerca de un tema
- Desarrollar una voz como escritora o escritor al contar cuentos propios o recuerdos de la vida real
- Escribir en primera persona para obtener una voz definida
- Contar un cuento en varias páginas para desarrollar el relato o la idea
- Contar los sucesos en orden en narraciones personales

TEXTO INFORMATIVO: *(Explicar o presentar datos sobre un tema)*

TEXTO LITERARIO DE NO FICCIÓN

Comprender el género
- Comprender cómo escribir textos literarios de no ficción a partir de textos ejemplares
- Comprender que los textos literarios de no ficción atraen y entretienen a los lectores y, al mismo tiempo, les enseñan acerca de un tema
- Comprender que la escritora o el escritor trabaja para que los lectores se interesen en un tema

Escribir el género
- Escribir libros y textos breves que sean de lectura amena y que, al mismo tiempo, den información a los lectores acerca de un tema
- Usar características (encabezamientos, imágenes con rótulos, tabla de contenidos, números de página, etc.) para guiar a los lectores
- Pensar en la lectora o el lector (el público) y lo que necesita saber
- Seleccionar información interesante para incluirla en un texto

TEXTO POÉTICO: *(Expresar sentimientos, imágenes sensoriales, ideas o cuentos)*

POESÍA *(verso libre, rima)*

Comprender el género
- Comprender que una escritora o un escritor puede usar poemas conocidos como textos ejemplares
- Comprender la poesía como una manera de comunicar mediante imágenes sensoriales aspectos de la vida cotidiana
- Comprender la poesía como una manera única de comunicar y describir pensamientos y sentimientos
- Comprender cómo funciona el texto y los espacios en un poema y usar esta información al escribir poemas
- Comprender que se pueden crear poemas basados en otros textos
- Comprender la importancia de elegir palabras específicas en poesía
- Comprender que existen diferentes tipos de poemas
- Comprender que no es necesario que los poemas rimen
- Reconocer el lenguaje poético (ritmo, palabras descriptivas que evocan los sentidos, rima)

Escribir el género
- Observar con atención el mundo (animales, objetos, personas) y obtener ideas para escribir poemas
- Usar cortes de líneas y espacios en blanco al escribir poemas
- Colocar las palabras en una página para que tengan forma de poema
- Escribir poemas que transmitan sentimientos e imágenes
- Usar el lenguaje para describir aspecto, olor, sabor, textura o sonido de algo
- Escribir poemas basados en otros textos (cuentos, textos informativos)
- En ocasiones, usar palabras o frases específicas de otros textos y transformarlas en un poema

Escritura

❏ ## Seleccionar el propósito y el género: *(cont.)*

Texto funcional *(Realizar una tarea práctica)*

RÓTULOS

Comprender el género
- Comprender que los rótulos añaden información importante
- Comprender que una escritora o un escritor o una ilustradora o un ilustrador puede incluir rótulos para ayudar a la lectora o el lector

Escribir el género
- Escribir rótulos para objetos del salón de clase
- Agregar palabras a las imágenes
- Crear rótulos para las ilustraciones que acompañan los textos
- Crear libros rotulados como un tipo de libro

CARTAS INFORMALES *(notas, tarjetas, invitaciones, correo electrónico)*

Comprender el género
- Comprender cómo escribir notas, tarjetas e invitaciones a partir de la observación de ejemplos
- Comprender que la emisora o el emisor y la receptora o el receptor deben mostrarse claramente
- Comprender que las notas, las tarjetas, las invitaciones y el correo electrónico son formas de comunicación escrita entre las personas
- Comprender que las invitaciones deben incluir información específica
- Comprender que la forma de la comunicación escrita se relaciona con el propósito

Escribir el género
- Escribir notas, tarjetas, invitaciones y correos electrónicos a otros
- Escribir para un público conocido o una lectora o un lector específico
- Escribir con un propósito específico en mente
- Incluir información importante en la comunicación
- Escribir con un tono informal (lenguaje conversacional)

LISTAS Y PROCEDIMIENTOS *(manual de instrucciones)*

Comprender el género
- Comprender que las listas son una manera funcional de organizar la información
- Comprender que la forma de una lista por lo general consiste en un elemento debajo del otro y que puede estar numerada
- Comprender la escritura de procedimientos (manual de instrucciones) como una lista de instrucciones secuenciales que explica cómo se hace algo y una lista de los elementos que se necesitan
- Comprender que puede haber imágenes que acompañen el texto para que los lectores comprendan la información
- Comprender que se pueden escribir leyendas debajo de las imágenes para dar más información a los lectores

Escribir el género
- Colocar en la lista elementos adecuados según el propósito o la categoría
- Hacer listas con la forma adecuada, un elemento debajo del otro
- Usar dibujos al hacer un borrador, revisar o publicar la escritura de procedimientos
- Escribir leyendas debajo de las imágenes
- Usar listas para planificar actividades o ayudar a la memoria
- Escribir instrucciones secuenciales en libros de procedimientos o manuales de instrucciones

ESCRIBIR SOBRE LA LECTURA (TODOS LOS GÉNEROS)

(Consulte el continuo de escribir sobre la lectura, páginas 96–97).

Escritura

☐ **Seleccionar objetivos:** *Hábitos para observar, enseñar y apoyar*

ELABORACIÓN

ORGANIZACIÓN

Estructura del texto

- Incluir datos y detalles en la escritura informativa
- Reunir en un texto detalles relacionados sobre un tema
- Escribir los datos o la información en orden
- Escribir cuentos que tengan un comienzo, una sucesión de cosas que ocurren y un final
- Escribir un título y el nombre de la autora o el autor en la cubierta de un cuento o libro
- Escribir una página sobre la autora o el autor al comienzo o al final de un libro que contenga detalles sobre ella o él (imágenes, texto)
- Dedicar un cuento a alguien y escribir la dedicatoria en la parte interna de la cubierta, en la portada o la página de créditos o en una página individual
- Crear un libro álbum como un tipo de escritura

Comienzos, finales, títulos

- Usar una variedad de comienzos para atraer a la lectora o el lector
- Usar finales que sean interesantes, que dejen satisfecho a la lectora o el lector o que dejen a la lectora o el lector pensando acerca de un cuento o de un tema
- Seleccionar un título adecuado para un poema, un cuento o un libro informativo

Presentación de ideas

- Contar acerca de experiencias o temas de la misma manera en que se hablaría con otros
- Presentar ideas en una secuencia lógica
- Presentar ideas seguidas por detalles y ejemplos que brindan apoyo
- Mostrar los pasos en detalle para que la lectora o el lector pueda seguir la secuencia
- Contar una idea, una parte o un grupo de ideas en cada página de un libro
- Usar el tiempo adecuadamente como una herramienta de organización

Desarrollo de ideas

- Comunicar claramente los puntos principales que se espera que la lectora o el lector comprenda
- Incluir descripciones, detalles o ejemplos que brinden apoyo para explicar las ideas importantes

Uso del lenguaje

- Comprender que la escritora o el escritor usa el lenguaje para comunicar el significado
- Mostrar evidencia del uso del lenguaje del libro o del lenguaje de otros textos

Elección de palabras

- Aprender palabras o frases nuevas a partir de la lectura e intentar usarlas en la escritura
- Usar vocabulario adecuado para el tema
- Variar la elección de palabras para crear descripciones y diálogos interesantes

Voz

- Escribir con una perspectiva individual
- Escribir de la manera en la que se hablaría sobre la experiencia, suceso o tema
- Presentar información de una manera original o sorprendente
- Compartir los pensamientos y sentimientos acerca de un tema
- Escribir acerca de lo que se sabe y recuerda

NORMAS

DISPOSICIÓN DEL TEXTO

- Comprender que el texto y las imágenes pueden colocarse en diversos lugares de la página de un libro
- Colocar las palabras en líneas, de izquierda a derecha y de arriba abajo
- Colocar los títulos y los encabezamientos en el lugar adecuado de la página
- Subrayar o escribir en negrilla para transmitir significado
- Comprender que la disposición del texto y las ilustraciones son importantes para transmitir el significado de un texto
- Usar espacios entre las palabras

GRAMÁTICA

Estructura de oraciones

- Usar la estructura convencional de las oraciones (sustantivo + verbo)

Categorías gramaticales

- Usar la concordancia de sujeto y verbo (*Yo puedo*)
- Usar la concordancia de género y número (*la maestra, los maestros*)
- Usar frases preposicionales (*en el autobús, a la escuela*)
- Usar modificadores (*vestido rojo; caminó despacio*)

Tiempo verbal

- Escribir en tiempo pasado (*Ayer fui a casa*)
- Escribir en tiempo futuro con las formas del verbo *ir* más infinitivo (*Yo voy a jugar...*)

MAYÚSCULAS

- Demostrar conocimiento del uso de mayúsculas y minúsculas
- Demostrar conocimiento del uso de mayúsculas al comienzo de las palabras
- Comenzar la primera palabra de un título con mayúscula
- Comenzar la primera palabra de una oración con mayúscula
- Usar mayúsculas al comienzo de algunos sustantivos propios conocidos

PUNTUACIÓN

- Usar puntos y comas
- Usar signos de admiración y de interrogación al comienzo y al final de las oraciones
- Observar el uso de los signos de puntuación en libros e intentar usarlos en la escritura
- Leer la escritura propia en voz alta y pensar dónde debe ir la puntuación

Escritura

❏ **Seleccionar objetivos:** *Hábitos para observar, enseñar y apoyar (cont.)*

ORTOGRAFÍA

- Usar los signos convencionales para escribir palabras
- Escribir correctamente cien o más palabras de uso frecuente
- Decir palabras y separarlas en sílabas para deletrearlas
- Usar algunos patrones de fonogramas para generar palabras
- Intentar con palabras desconocidas mediante el análisis de los sonidos
- Decir palabras lentamente para oír cada sonido y escribir una letra que lo represente
- Escribir algunas palabras con las consonantes adecuadas según los sonidos de la palabra (iniciales y finales)
- Representar varios sonidos, incluidos los iniciales y los finales
- Usar desinencias, como *-endo*
- Deletrear palabras con relaciones regulares entre consonantes y sonidos
- Representar con letras muchos sonidos consonánticos o vocálicos
- Intentar con palabras desconocidas usando partes de palabras conocidas
- Construir ortografía fonética que sea legible
- Incluir una vocal en cada palabra
- Representar en palabras combinaciones de consonantes y dígrafos con grupos de letras
- Usar recursos sencillos para revisar la ortografía (muros de palabras, listas de palabras personales)

ESCRIBIR A MANO/EN COMPUTADORA

- Dejar el espacio adecuado entre las palabras
- Sujetar un lápiz o bolígrafo de manera satisfactoria
- Volver al margen izquierdo para comenzar una línea nueva
- Usar sistemáticamente la mano preferida para escribir
- Escribir de izquierda a derecha y en líneas
- Escribir letras y palabras que puedan leerse fácilmente
- Escribir letras en grupos para formar palabras
- Escribir correctamente mayúsculas y minúsculas en texto manuscrito
- Escribir proporcionadamente mayúsculas y minúsculas en texto manuscrito
- Tener acceso y usar programas de computadora sencillos (procesadores de texto sencillos, juegos)
- Ubicar las teclas de las letras en el teclado de una computadora para escribir mensajes sencillos

PROCESO DE ESCRITURA

ENSAYAR/PLANIFICAR

Propósito
- Pensar en el propósito para escribir cada texto
- Escribir con un propósito específico
- Considerar de qué manera el propósito influye en el tipo de texto
- Elegir el tipo de texto adecuado al propósito (por ejemplo, poema, libro sobre hechos, libro del alfabeto, libro de fotos, libro rotulado, cuento con imágenes)
- Elegir el papel que coincida con el género y la organización
- Escribir el nombre y la fecha en el texto
- Indicar si una obra escrita es un cuento o un texto informativo

Público
- Escribir comprendiendo que se escribe para que otros lean
- Pensar en las personas que leerán el texto y en lo que quieren saber
- Incluir información que los lectores necesitarán para comprender el texto

Lenguaje oral
- Generar y ampliar ideas por medio de conversaciones con los compañeros y la maestra o el maestro
- Buscar ideas y temas en experiencias personales, que se comparten en las conversaciones
- Narrar cuentos para generar y ensayar el lenguaje (que puede ser escrito más adelante)
- Contar cuentos en orden cronológico
- Volver a contar cuentos en orden cronológico

Reunir semillas/Recursos/Experimentar con la escritura
- Hacer una lista de temas para escribir
- Reunir información para escribir
- Registrar información con palabras o dibujos
- Hacer listas para planificar la escritura
- Usar dibujos para compartir o recordar el razonamiento

Contenido, tema, asunto
- Elegir temas que uno conoce o que le interesan
- Elegir temas que sean interesantes
- Seleccionar información que apoye el tema
- Observar con atención (objetos, animales, personas, lugares, acciones) antes de escribir
- Seleccionar temas para escribir un cuento o un poema
- Seleccionar temas propios para la escritura informativa e indicar cuál es la importancia del tema
- Centrarse en un tema

Escritura

❑ **Seleccionar objetivos:** *Hábitos para observar, enseñar y apoyar (cont.)*

Investigación

- Hacer preguntas y reunir información sobre un tema
- Tomar notas o hacer bosquejos como ayuda para recordar la información
- Recordar información importante acerca de un tema para poder escribir sobre el tema
- Participar activamente en experiencias y recordar detalles que contribuyan a la escritura y al dibujo
- Recordar rótulos importantes para los dibujos

Género/Forma

- Seleccionar entre diversas formas el tipo de texto adecuado para el propósito (libros con ilustraciones y texto; libros con ilustraciones únicamente; libros del alfabeto; libros rotulados; libros de poemas; libros de preguntas y respuestas)

HACER UN BORRADOR/REVISAR

Comprender el proceso

- Comprender la función de las conferencias de escritura para ayudar a los escritores
- Comprender que los escritores pueden recibir ayuda de otros escritores
- Comprender que los escritores pueden cambiar el texto como respuesta a los comentarios de los compañeros o de la maestra o el maestro

Producir un borrador

- Usar dibujos para comentar un tema o contar un cuento
- Usar palabras y dibujos para componer un cuento
- Escribir un mensaje en texto corrido sobre un tema sencillo

Volver a leer

- Volver a leer el texto todos los días (o durante la escritura en el mismo día) antes de seguir escribiendo
- Volver a leer cuentos para asegurarse de que el significado es claro
- Volver a leer el texto para asegurarse de que no faltan palabras ni información
- Repasar los dibujos para revisarlos y agregar (o eliminar) información

Agregar información

- Agregar palabras, frases u oraciones para que el texto sea más interesante o emocionante
- Agregar palabras, frases u oraciones para dar más información a los lectores
- Agregar diálogos para dar información o hacer una narración (con citas o globos de diálogo)

Eliminar información

- Eliminar palabras u oraciones que no tienen sentido
- Eliminar palabras u oraciones que estén de más
- Volver a ordenar las páginas mediante la disposición y la reorganización

Reorganizar la información

- Mover las oraciones de una parte a otra para mejorar la secuencia
- Volver a ordenar el texto separando o disponiendo las páginas
- Volver a ordenar los dibujos separando o disponiendo las páginas

Cambiar el texto

- Marcar las partes que no son claras y dar más información

Usar herramientas y técnicas

- Agregar letras, palabras, frases u oraciones con un símbolo de intercalación o una nota adhesiva
- Agregar palabras, frases u oraciones usando tiras de papel, un pedazo de papel adicional pegado, adherido o engrampado a la hoja
- Agregar páginas a un libro o cuadernillo
- Quitar páginas de un libro o cuadernillo
- Tachar palabras u oraciones con un lápiz o marcador

Escritura

❑ **Seleccionar objetivos:** *Hábitos para observar, enseñar y apoyar (cont.)*

EDITAR Y REVISAR

Comprender el proceso
- Comprender que la escritora o el escritor respeta a la lectora o el lector al aplicar lo que sabe para corregir errores
- Comprender que cuanto mejores sean la ortografía y el espacio entre las palabras, más fácil le resultará a la lectora o el lector leer el texto

Editar según las normas
- Revisar y corregir la formación y la orientación de las letras
- Editar para corregir errores de ortografía al hacer otro intento
- Editar para corregir errores de ortografía encerrando en un círculo las palabras que parecen tener errores e intentar escribirlas de otra manera
- Editar la ortografía de palabras conocidas (deben escribirse según las normas ortográficas)
- Reconocer que la maestra o el maestro debe hacer la edición final para corregir aquellas cuestiones que la escritora o el escritor todavía no había aprendido a hacer antes de la publicación

Usar herramientas
- Usar herramientas de referencia básicas (por ejemplo, muros de palabras o listas de palabras personales como ayuda para elegir palabras o revisar la ortografía)

PUBLICAR
- Crear dibujos para los textos
- Compartir la escritura al leerla para la clase
- Reunir varios cuentos o poemas
- Seleccionar un poema, un cuento o un libro informativo para publicar
- Usar rótulos o leyendas en los dibujos que se muestran

BOSQUEJAR Y DIBUJAR
- Usar dibujos para planificar, hacer un borrador, revisar o publicar el texto
- Crear dibujos que se relacionen con el texto escrito y aumenten la comprensión y la diversión de los lectores
- Usar dibujos para representar personas, lugares, cosas e ideas
- Agregar o quitar detalles de los dibujos para revisar la información

VERSE A SÍ MISMO/A COMO ESCRITOR/A
- Arriesgarse como escritora o escritor
- Verse a sí mismo/a como escritor/a
- Tener en mente una lista de temas sobre los que escribir
- Pensar en qué trabajar más adelante en la escritura
- Seleccionar los mejores textos de la propia colección
- Autoevaluar el texto propio y comentar los aspectos buenos y las técnicas que se usaron
- Producir una cantidad de texto dentro del tiempo disponible (por ejemplo, una o dos páginas por día)
- Seguir trabajando de manera independiente en vez de esperar las instrucciones de la maestra o el maestro
- Intentar resolver los propios problemas
- Incorporar la escritura independiente
- Intentar técnicas que usan otros escritores

Una estudiante de primer grado escribe acerca de sus vacaciones.

Escritura

Memorias de una estudiante de primer grado

Escritura

Ater fui al parque y
yo me tieniaa
i i my divertido
Y yo fui con mi familia
y mi familia , tenian muy
divertido.

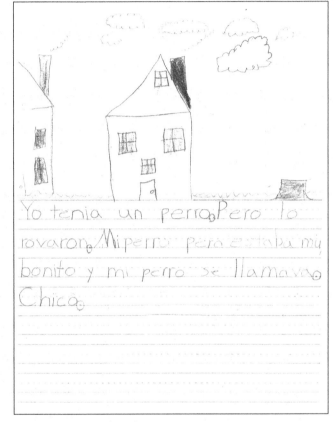

Yo tenia un perro. Pero lo
rovaron. Mi perro pero estaba my
bonito y mi perro se llamava
Chica.

Comunicación oral, visual y tecnológica

❑ **Seleccionar objetivos:** *Hábitos y conocimientos para observar, enseñar y apoyar*

ESCUCHAR Y HABLAR

ESCUCHAR Y COMPRENDER

- Escuchar con atención y comprender instrucciones (varios pasos)
- Demostrar la capacidad de recordar y seguir instrucciones sencillas
- Escuchar de manera activa a otros niños mientras leen o hablar acerca de sus textos y hacer comentarios
- Mostrar interés al escuchar y hablar acerca de cuentos, poemas o textos informativos
- Escuchar con atención y comprender la lectura oral de cuentos, poemas y textos informativos
- Comparar el conocimiento personal con lo que se escucha

INTERACCIÓN SOCIAL

- Participar en juegos creativos
- Participar en diálogos teatrales en contextos de obras de teatro o juegos de roles
- Usar normas de conversación de amabilidad (*por favor, gracias, buenos días*)
- Hablar con el volumen adecuado (no demasiado alto pero con el volumen suficiente para que todos oigan y comprendan)
- Ajustar el volumen para que sea adecuado a contextos diferentes
- Hablar con suficiente claridad en las conversaciones para que otros puedan comprender
- Comenzar una conversación adecuadamente
- Participar en las conversaciones por turnos
- Sostener una conversación con diversos públicos, incluidos los compañeros, la maestra o el maestro y la familia

DISCUSIÓN EXTENDIDA

- Seguir un tema y contribuir a la conversación
- Ampliar los enunciados de otros
- Participar de manera activa en rutinas (por ejemplo, hablar por turnos)
- Formular preguntas claras para obtener información
- Participar activamente en una conversación de toda la clase o con compañeros, en parejas o en grupos pequeños
- Usar vocabulario específico adecuado para el nivel del grado al hablar acerca de textos (título, autora o autor)

CONTENIDO

- Comenzar a verbalizar las razones de los problemas, sucesos y acciones
- Explicar las relaciones de causa y efecto
- Expresar opiniones y explicar el razonamiento (*porque. . .*)
- Predecir futuros sucesos de un cuento
- Ofrecer soluciones y explicaciones para los problemas de un cuento
- Explicar y describir personas, sucesos, lugares y objetos
- Describir semejanzas y diferencias entre personas, lugares, sucesos y objetos
- Mencionar información importante a partir de la experiencia previa o la lectura
- Hacer muchas preguntas que demuestren curiosidad
- Iniciar canciones, rimas y coros o unirse al resto
- Compartir el conocimiento de la estructura del cuento al describir el escenario, los personajes, los sucesos o el final
- Demostrar interés en el significado de las palabras
- Expresar y reflexionar acerca de los sentimientos propios y ajenos

PRESENTACIÓN

VOZ

- Hablar acerca de un tema con entusiasmo
- Hablar con seguridad
- Contar cuentos de una manera interesante

NORMAS

- Hablar a un volumen adecuado para que todos oigan
- Mirar al público al hablar
- Hablar a un ritmo adecuado para que el público comprenda
- Articular las palabras claramente

ORGANIZACIÓN

- Tener el tema o el cuento en mente antes de comenzar a hablar
- Mostrar conocimiento de la estructura del cuento
- Contar experiencias personales en una secuencia lógica
- Tener al público en mente antes de comenzar a hablar
- Tener un propósito claro
- Presentar ideas e información en una secuencia lógica

Comunicación oral, visual y tecnológica

❑ **Seleccionar objetivos:** *Hábitos y conocimientos para observar, enseñar y apoyar (cont.)*

ELECCIÓN DE PALABRAS

- Usar el lenguaje de los cuentos al volverlos a contar
- Usar palabras que describen (adjetivos y adverbios)

IDEAS Y CONTENIDO

- Recitar poemas y canciones breves
- Contar cuentos y volver a contar cuentos conocidos
- Contar experiencias personales
- Hacer informes orales breves que demuestren la comprensión de un tema

MEDIOS DE COMUNICACIÓN

- Usar objetos de utilería, ilustraciones, imágenes u otros medios digitales para ampliar el significado de una presentación
- Representar obras de teatro y espectáculos de títeres que requieran hablar como un personaje

TECNOLOGÍA

CONOCIMIENTOS DE COMPUTACIÓN

- Hallar botones e íconos en la pantalla de la computadora para usar programas sencillos que requieran interacción (por ejemplo, matemáticas, lectura, dibujo)
- Usar el ratón y el teclado eficientemente
- Usar el correo electrónico para conversar

LECTURA EN LÍNEA Y MANEJO DE LA INFORMACIÓN

- Buscar y ubicar sitios web aprobados y usarlos para entretenerse o hallar información

Comunicación oral, visual y tecnológica

Fonética, ortografía y estudio de palabras

❏ **Seleccionar objetivos:** *Hábitos y conocimientos para observar, enseñar y apoyar*

PRIMEROS CONCEPTOS DE LA LECTURA
- Ubicar la primera y última letra de palabras en texto corrido
- Reconocer su nombre cuando está aislado y en texto corrido
- Comprender que al leer se dice una palabra por cada grupo de letras
- Comprender el concepto de *oración* como un grupo de palabras con un comienzo y puntuación final
- Comprender los conceptos de *letra* y *palabra* como un caracter solo o un grupo de letras
- Comprender los conceptos de *primero* y *último* en el lenguaje escrito
- Usar la direccionalidad de izquierda a derecha del texto y volver a la izquierda al leer y escribir
- Usar su nombre para aprender sobre palabras y establecer relaciones con las palabras
- Usar espacios entre las palabras al escribir
- Emparejar una palabra hablada con una palabra escrita al leer y escribir

CONCIENCIA FONOLÓGICA
- Separar oraciones en palabras
- Escuchar y reconocer los límites de las palabras
- Escuchar, decir, relacionar y generar palabras que riman (*gato, pato, rato*)
- Escuchar y decir sílabas (*to-ma-te, dul-ce, brin-co*)
- Combinar sílabas en palabras (*ca-sa, casa*)
- Separar palabras en sílabas (*rama, ra-ma*)
- Manipular sílabas (*pato, gato, zapato*)
- Escuchar y reconocer sílabas iniciales y finales (*co-mo, to-mo; ca-sa, ca-ma*)
- Relacionar palabras según los sonidos (*mamá, mi*)
- Escuchar y decir los fonemas (sonidos) iniciales, medios y finales de las palabras (*m-á-s, más*)
- Combinar fonemas en palabras (*s-o-l, sol*)
- Manipular fonemas (*luna, una; m-a-m-á; l-u-n-a; más, das*)

CONOCIMIENTO DE LAS LETRAS
- Reconocer vocales y consonantes
- Clasificar las letras según las características: con líneas oblicuas (*v, w, x*) y líneas rectas (*p, l, b, d*); con círculos (*o, b, g, p*) o sin círculos (*k, x, w, r*); con arcos (*n, ñ, h*); con colas (*y, p, g*); sin colas (*r, s*); con puntos/sin puntos; altas/bajas; consonantes/vocales
- Distinguir las formas de las letras
- Establecer relaciones entre las palabras al reconocer las letras (*bola, bate, bota*) y la secuencia de letras
- Reconocer y nombrar la mayoría de las letras mayúsculas y minúsculas
- Identificar una palabra que comienza con el sonido de cada letra
- Reconocer las letras que están incluidas en palabras y en texto corrido
- Reconocer letras mayúsculas y minúsculas
- Comprender el orden alfabético
- Comprender los usos especiales de las letras (mayúsculas, iniciales)
- Usar movimientos eficaces y sistemáticos para formar letras al escribir
- Reconocer la diferencia entre la letra *y* y la conjunción *y*

RELACIONES ENTRE LETRAS Y SONIDOS
- Reconocer y usar los sonidos consonánticos iniciales y las letras que los representan para leer y escribir palabras
- Reconocer que los grupos de letras (dígrafos y combinación de consonantes: *ch, ll, rr, br, pr, dr, fr, tr, gr, bl, gl, cr, pl, fl, cl*) representan sonidos consonánticos
- Escuchar e identificar los sonidos vocálicos en sílabas y palabras y las letras que los representan
- Reconocer sílabas con consonantes
- Reconocer y usar sílabas con /k/ (*c, qu*), /g/ (*ga, go, gu, gue, gui, güe, güi*), /j/ (*ge, gi*) y /s/ (*ce, ci*)

PATRONES ORTOGRÁFICOS
- Reconocer y usar un gran número de fonogramas (*CV, VCV, CVCV, VC, CVC*)
- Reconocer que las palabras tienen patrones de letras que se relacionan con los sonidos (fonogramas y otros patrones de letras)
- Reconocer y usar patrones CV, VCV, CVCV, VC y CVC (*yo, ama, vaca, el, con*)

PALABRAS DE USO FRECUENTE
- Leer y escribir un grupo básico de al menos cincuenta palabras de uso frecuente (*abuela, agua, allí, amigo, así, bajo, bebé, beso, bien, boca, bonita, bueno, cada, carro, come, del, dice, ella, era, eso, este, fin, fue, gato, gran, grande, hay, jugo, las, le, los, muy, niño, otra, pan, papá, para, perro, por, rojo, se, sí, son, su, tiene, todo, un, vamos, y*)

SIGNIFICADO DE LAS PALABRAS
PALABRAS CONCEPTUALES
- Reconocer y usar palabras conceptuales (nombres de colores, palabras de números, días de la semana, meses del año)

PALABRAS COMPUESTAS
- Reconocer y usar palabras compuestas sencillas (*telaraña, sacapuntas, paraguas, girasol*)

SINÓNIMOS Y ANTÓNIMOS
- Reconocer y usar sinónimos (palabras que significan casi lo mismo: *lindo/bonito, auto/carro, brincar/saltar*)
- Reconocer y usar antónimos (palabras con significados opuestos: *frío/caliente, todo/nada, pequeño/grande, alto/bajo*)

HOMÓGRAFOS Y HOMÓFONOS
- Reconocer y usar homófonos sencillos (mismo sonido, ortografía y significado diferentes: *hola/ola, hay/¡ay!, ves/vez, tubo/tuvo*)

Fonética, ortografía y estudio de palabras

❏ **Seleccionar objetivos:** *Hábitos y conocimientos para observar, enseñar y apoyar (cont.)*

ESTRUCTURA DE LAS PALABRAS

SÍLABAS

- Comprender el concepto de sílaba y demostrar aplaudiendo (*soy, ca-ma, a-le-ta, to-ma-te, jun-tos*)
- Comprender que las vocales aparecen en las sílabas (todas las sílabas tienen una vocal)

PLURALES

- Comprender el concepto de plural y las formas del plural: *-s* (*libro/libros, niña/niñas, perrito/perritos*), *-es* (*flor/flores, cartel/carteles, camión/camiones*) y *-ces* (*lápiz/lápices, pez/peces*)

TERMINACIONES VERBALES

- Reconocer y usar terminaciones que modifican a un verbo para que concuerde con el sujeto (*corro, corres, corre, corremos, corren*)
- Reconocer y usar terminaciones que agregan *-ando* al verbo para denotar el gerundio (*jugar/jugando, saltar/saltando*)
- Reconocer y usar terminaciones que modifican a un verbo para conjugarlo en el tiempo pasado (*camino/caminé, como/comí, estoy/estaba*)

CONCORDANCIA DE GÉNERO Y NÚMERO

- Reconocer y usar la concordancia de género y número en artículos y sustantivos (*la maestra, los maestros*)

ABREVIATURAS

- Reconocer y usar abreviaturas comunes (*Dr., Srta.*)

ACCIONES PARA DESCIFRAR PALABRAS

- Usar palabras conocidas como ayuda para escribir palabras nuevas
- Establecer relaciones entre los nombres y otras palabras
- Reconocer y ubicar palabras (*nombres*)
- Reconocer y deletrear palabras conocidas rápidamente
- Usar las letras de los nombres para leer y escribir palabras (*Daniel/doy, Carmen/casa*)
- Usar palabras conocidas para verificar la lectura y la ortografía
- Usar las letras y las relaciones con los sonidos para leer y escribir palabras
- Usar palabras y partes de palabras conocidas como ayuda para la lectura y la ortografía correcta de palabras nuevas (*está, estamos*)
- Separar palabras en sílabas para leerlas o escribirlas

Fonética, ortografía y estudio de palabras

GRADO 2

Lectura interactiva en voz alta y discusión literaria

❑ **Seleccionar textos:** *Características de los textos para la lectura en voz alta y la conversación*

GÉNEROS/FORMAS

Géneros

- Poemas
- Literatura tradicional (cuentos populares, como cuentos de por qué, de animales, cuentos cíclicos, fábulas, cuentos exagerados)
- Cuentos fantásticos
- Ficción realista
- Textos informativos y textos literarios de no ficción
- Biografías sencillas de personajes conocidos
- Memorias
- Tipos especiales de géneros: misterio
- Textos híbridos o de varios géneros (un texto de un género que incluye una forma sencilla de otro género)

Formas

- Cuentos orales
- Libros álbum informativos
- Libros álbum de cuentos
- Libros por capítulos de nivel inicial
- Libros de una serie de nivel inicial

ESTRUCTURA DEL TEXTO

- Textos informativos con descripciones sencillas en cada página, a veces, con patrones que se repiten
- Textos sobre hechos que incorporan secuencias (por ejemplo, ciclos de vida y manuales de instrucciones)
- Textos sobre hechos que incluyen descripciones, secuencias temporales y comparaciones y contrastes
- Textos sobre hechos con categorías bien definidas
- Cuentos populares tradicionales y cuentos de hadas con más patrones que se repiten
- Estructura sencilla con un comienzo, una sucesión de episodios y un final
- Algunos cuentos con patrones que se repiten

CONTENIDO

- Contenido que verifica y amplía las experiencias de los estudiantes
- Algunos temas científicos y técnicos (el cuerpo humano, gran variedad de animales –muchos ajenos a las experiencias comunes de los niños–, manuales de instrucciones, tecnología)
- Muchos textos centrados en problemas relacionados con la familia, los amigos y la escuela
- Temas y contenidos que reflejan un espectro cultural muy amplio

TEMAS E IDEAS

- Humor obvio
- Temas importantes para estudiantes de segundo grado (amistad, familia, vecindario)
- La mayoría de los temas explícitos o fáciles de deducir

CARACTERÍSTICAS LITERARIAS Y DEL LENGUAJE

- Tramas más largas con más episodios
- Cuentos con varios personajes
- Personajes que evolucionan a lo largo del tiempo al aprender de sus errores y crear relaciones
- Lenguaje literario, como el uso de metáforas y símiles, y el uso de descripciones
- Algunos recursos literarios (por ejemplo, un cuento dentro de otro cuento)
- Variedad de diálogos entre más de uno o dos personajes
- Algunos textos informativos con categorías y subcategorías
- Conceptos y temas abstractos

COMPLEJIDAD DE LAS ORACIONES

- Algunas oraciones largas y complejas que requieren atención para poder seguirlas
- Variedad de estructuras de oraciones

VOCABULARIO

- Palabras nuevas que despertarán el interés de los niños y que ellos recordarán
- Muchas palabras que son parte del lenguaje oral de los niños
- Palabras de vocabulario nuevas de uso común que se explican en el texto o se muestran en las ilustraciones
- Aumento progresivo del vocabulario técnico en los textos informativos
- Algunas palabras de vocabulario complejas que se hacen comprensibles por los conocimientos previos de los estudiantes

ILUSTRACIONES

- Dibujos o fotografías con rótulos
- Imágenes con leyendas
- Elementos gráficos sencillos, con rótulos claros
- Ilustraciones más complejas que tienen detalles y añaden sentido al texto
- Libros por capítulos con solo algunas ilustraciones en blanco y negro
- Libros álbum cuyas ilustraciones reflejan el tema y el tono de la autora o el autor, y que componen una obra de arte coherente
- Ilustraciones que ayudan a la lectora o el lector a comprender la atmósfera del relato

CARACTERÍSTICAS DEL LIBRO Y LA LETRA IMPRESA

- Título, autora o autor e ilustradora o ilustrador en la cubierta y la portada
- Algunos libros por capítulos sencillos con títulos en cada capítulo
- Algunas herramientas de navegación sencillas (tabla de contenidos, títulos de los capítulos)

Lectura interactiva en voz alta y discusión literaria

❑ **Seleccionar objetivos:** *Hábitos y conocimientos para observar, enseñar y apoyar*

Pensar en el texto *en sí*

- Observar y recordar hechos, conceptos o ideas de un texto
- Proporcionar un resumen oral de un texto
- Hacer y responder preguntas sobre detalles clave de un texto (quién, qué, dónde, cuándo y por qué)
- Identificar el tema principal y la información clave de un texto de no ficción
- Volver a contar cuentos e incluir detalles clave y demostrar la comprensión del mensaje o la lección importante
- Observar y recordar los sucesos de un cuento en secuencia
- Observar y comprender el problema de un cuento y cómo se resuelve
- Describir las respuestas de los personajes a los sucesos
- Autoverificar la comprensión y hacer preguntas cuando no se entiende el significado
- Observar y deducir información a partir de imágenes
- Volver a contar cuentos conocidos, como fábulas y cuentos populares
- Determinar el mensaje central, la lección o la moraleja de las fábulas y los cuentos populares
- Al participar de actividades con frases repetidas o texto repetitivo, imitar la entonación y el énfasis de la maestra o el maestro
- Observar y responder al énfasis de las palabras y al tono de voz al escuchar y después de escuchar
- Reconocer nuevos significados de palabras conocidas usando el contexto
- Reconocer nuevas palabras de vocabulario y trabajar activamente para resolverlas
- Agregar nuevas palabras de vocabulario al vocabulario conocido y usarlas en las conversaciones y la escritura
- Hacer y responder preguntas para determinar o clarificar el significado de las palabras
- Seguir varios sucesos de un cuento para comprender la trama
- Observar y repetir lenguaje recordable

Pensar *más allá* del texto

- Aportar conocimientos previos a la comprensión de los personajes y sus problemas
- Comparar y contrastar información sobre un tema
- Establecer relaciones con los conocimientos previos
- Inferir las intenciones o los sentimientos de los personajes
- Inferir los sentimientos y las motivaciones de los personajes a partir de las descripciones, lo que hacen o dicen, y lo que los demás piensan de ellos
- Reconocer los diferentes puntos de vista de los personajes
- Interpretar las ilustraciones y comentar qué sentimientos despiertan en los lectores
- Apoyar las predicciones con pruebas del texto (*Creo que . . . ; porque . . .*)
- Apoyar el razonamiento más allá del texto con evidencia específica basada en la experiencia o los conocimientos personales, o en pruebas del texto
- Comparar y contrastar características de los personajes o escenarios
- Hacer predicciones usando información del texto
- Predecir qué sucederá después del final

- Establecer relaciones con otros textos según el tema, las ideas principales, el estilo de los autores y los géneros
- Usar pruebas o ejemplos específicos para apoyar enunciados o conclusiones
- Especificar la naturaleza de las conexiones en la conversación
- Desarrollar nuevos conceptos e ideas al escuchar y comentar textos
- Pensar en la importancia de los sucesos de un cuento e interpretarla
- Comparar y contrastar dos o más cuentos de autores diferentes o provenientes de diferentes culturas
- Relacionar las ideas importantes de un texto entre sí y con las ideas de otros textos

Pensar *acerca* del texto

- Reconocer e identificar ciertos aspectos de la estructura del texto, como el comienzo, los sucesos en orden secuencial, la parte más emocionante de un cuento y el final
- Comentar las características de la obra de algunos autores e ilustradores
- Observar detalles en ilustraciones o fotografías
- Observar el uso del lenguaje de una escritora o un escritor (por ejemplo, la elección de palabras)
- Reconocer y explicar las diferencias entre libros que cuentan cuentos o que dan información
- Observar semejanzas y diferencias entre textos del/de la mismo/a autor/a o acerca del mismo tema
- Hablar acerca de la relación entre las ilustraciones y el texto
- Reconocer cómo la escritora o el escritor o la ilustradora o el ilustrador volcaron sus ideas en el texto y en los elementos gráficos
- Formar y expresar los fundamentos de las opiniones sobre los autores, ilustradores y textos (explicar por qué)
- Comprender la ficción como cuentos que no son reales y la no ficción como textos que dan información real
- Comprender la ficción realista como cuentos que podrían ser reales, y que los cuentos fantásticos no podrían ser reales
- Identificar palabras y frases sensoriales en cuentos o poemas
- Comprender que una biografía es el relato de la vida de una persona
- Comparar diferentes versiones del mismo cuento, la misma rima o el mismo cuento tradicional
- Usar vocabulario específico para hablar acerca de los textos: *autor/a, ilustrador/a, cubierta, libro álbum sin palabras, libro álbum, personaje, problema, solución, libro de una serie, dedicatoria, guardas, sobrecubierta, portada, capítulos, resolución, personaje principal, escenario, ficción, no ficción, libro informativo, texto literario de no ficción, poesía*

Lectura compartida y lectura interpretativa

☐ **Seleccionar textos:** *Características de los textos para la lectura compartida y la lectura interpretativa*

GÉNEROS/FORMAS

Géneros
- Cuentos fantásticos sencillos (muchos con animales que hablan)
- Textos sobre hechos (libros informativos sencillos, algunos organizados como sofisticados libros del alfabeto)
- Poemas más largos de todo tipo
- Canciones y rimas tradicionales de muchas culturas
- Cuentos populares tradicionales
- Ficción realista

Formas
- Guiones del teatro del lector
- Obras de teatro
- Textos creados mediante la escritura compartida (cuentos, poemas, descripciones, recuentos, instrucciones, informes)
- Poemas más extensos
- Antologías poéticas individuales
- Libros álbum más extensos

ESTRUCTURA DEL TEXTO
- Textos informativos con descripciones, comparar/contrastar, secuencia
- Muchos cuentos tradicionales con estructuras particulares (cuentos acumulativos, cuentos circulares, el uso de grupos de tres elementos)

CONTENIDO
- Personajes sin sentido (animales y seres humanos)
- Juegos con palabras (rimas, sinsentido, aliteración)
- Muchos temas centrados en problemas relacionados con la familia, los amigos y la escuela
- Algunos temas científicos y técnicos (el cuerpo humano, gran variedad de animales –muchos ajenos a las experiencias comunes de los niños–, manuales de instrucciones, espacio y tecnología)

TEMAS E IDEAS
- Humor obvio (situaciones tontas y juegos con palabras)
- Temas importantes para estudiantes de segundo grado (hacer amigos, jugar limpio, ayudar a la familia, pertenecer)
- Casi todos los temas son explícitos o fáciles de deducir

CARACTERÍSTICAS LITERARIAS Y DEL LENGUAJE
- Lenguaje figurado y juegos con palabras
- Cuentos con varios episodios que pueden seleccionarse para el teatro del lector
- Muchos textos con rima y ritmo
- Personajes que aprenden y cambian
- Diálogo que se adapta perfectamente al teatro del lector
- Tramas y cuentos predecibles
- Conceptos y temas abstractos

COMPLEJIDAD DE LAS ORACIONES
- Algunas oraciones que son largas y contienen frases y cláusulas
- Oraciones más complejas que las que los niños usan oralmente cuando conversan
- Muy pocos patrones de oraciones repetidos

VOCABULARIO
- Nuevas palabras de contenido relacionadas con los conceptos que los niños están aprendiendo y que son fáciles de explicar
- Palabras para designar a los interlocutores de los diálogos que guían a los lectores en la interpretación del texto (*gritó, exclamó, susurró*)
- Muchos sinónimos, antónimos y homófonos
- Muchas palabras que son parte del lenguaje oral de los niños
- Palabras nuevas que despertarán el interés de los niños y que ellos recordarán

PALABRAS
- Todo tipo de plurales
- Todo tipo de palabras con desinencias y sufijos
- Muchas palabras de uso frecuente que ayudan a avanzar en la lectura del texto
- Muchas palabras polisílabas que ofrecen oportunidades de observar la estructura de las palabras
- Mayor variedad de conjugaciones verbales y gerundios
- Algunas palabras compuestas fáciles

ILUSTRACIONES
- Muchos poemas y otros textos que no tienen imágenes
- Ilustraciones que apoyan muy bien la comprensión
- Ilustraciones grandes, claras y coloridas en distintas presentaciones

CARACTERÍSTICAS DEL LIBRO Y LA LETRA IMPRESA
- La mayor parte del texto de tablas o de libros grandes con letra ampliada para que todo el grupo pueda ver
- Algunas palabras en negrilla o bastardilla para guiar en el énfasis de palabras
- Hasta 20 líneas por página
- Todo tipo de puntuación
- Título, autora o autor e ilustradora o ilustrador en la cubierta y la portada de los libros
- Título al comienzo de poemas y otras obras
- Lectura ocasional de copias individuales de obras de teatro o guiones
- Espacio amplio entre las palabras y las líneas de los textos comunes e individuales
- Variación en la disposición del texto

Lectura compartida y lectura interpretativa

❑ **Seleccionar objetivos:** *Hábitos y conocimientos para observar, enseñar y apoyar*

Pensar en el texto *en sí*

- Seguir el texto de izquierda a derecha y de arriba abajo solo con la ayuda del puntero de la maestra o el maestro
- Comprender palabras nuevas mediante la lectura repetida
- Comprender el significado de las palabras durante la lectura
- Usar palabras de uso frecuente para verificar la precisión de la lectura y leer con impulso
- Leer con un alto grado de precisión
- Leer en voz alta con fluidez
- Reflejar el significado con la voz por medio de las pausas, el énfasis y la formación de frases
- Reconocer y usar una variedad de puntuación y reflejarla con la voz al leer (punto, signos de interrogación y de admiración, coma, comillas, rayas)
- Autocorregir la entonación, la formación de frases y las pausas al leer en voz alta
- Usar diversas fuentes de información para verificar la precisión de la lectura, la pronunciación y la comprensión de las palabras
- Participar en lectura más compleja con partes alternadas, y reconocer el turno por las pistas del texto
- Recordar y enfatizar la información importante de un texto durante la lectura en voz alta
- Hablar acerca de los personajes, problemas y sucesos de un cuento durante las conversaciones sobre cómo leerlo

Pensar *más allá* del texto

- Hacer predicciones sobre lo que sucederá o lo que podrían hacer los personajes como preparación para la lectura
- Mostrar con la voz la interpretación de las intenciones o los sentimientos de un personaje durante la lectura
- Mostrar anticipación con la voz durante la lectura
- Expresar relaciones con experiencias personales durante la conversación
- Establecer relaciones entre textos que han leído o escuchado anteriormente
- Usar los conocimientos previos y la experiencia para contribuir a la interpretación del texto
- Usar detalles de las ilustraciones para contribuir a la interpretación del texto
- Inferir los sentimientos o las motivaciones de un personaje como preparación para leer con la voz de ese personaje

Pensar *acerca* del texto

- Reconocer e identificar las partes de los cuentos, como el comienzo, la sucesión de sucesos y el final
- Comprender y comentar el título, la autora o el autor y la ilustradora o el ilustrador
- Observar lenguaje que tiene potencial para la lectura compartida y la lectura interpretativa
- Reconocer cuando los textos son realistas, fantásticos, o netamente informativos, y leerlos de manera diferente según sea apropiado
- Comparar diferentes versiones del mismo cuento, la misma rima o el mismo cuento tradicional
- Comenzar a comprender los cambios sutiles de significado que una autora o un autor puede expresar mediante la elección de palabras
- Observar cuando la escritora o el escritor usó palabras con connotaciones diferentes y reflejar la comprensión con la voz
- Observar personajes que tienen características recordables y serían adecuados para la lectura interpretativa
- Observar cómo la disposición de las imágenes o del texto influye en la manera de leer el texto (por ejemplo, una fuente más grande o en negrilla)

Escribir sobre la lectura

☐ **Seleccionar géneros y formas:** *Los estudiantes aprenden diferentes maneras de compartir lo que piensan sobre la lectura en mini-lecciones explícitas. Con la escritura compartida o los modelos de escritura, la maestra o el maestro puede demostrar el proceso y animar a los estudiantes a realizar la tarea de construir el texto. A menudo, la maestra o el maestro y los estudiantes leen varios ejemplos de una forma, identifican las características e intentan producir el tipo de respuesta. Luego, los estudiantes pueden seleccionar de las diversas formas posibles cuando responden a la lectura (por lo general, en un cuaderno de la escritora o el escritor). Hacia el final del segundo grado, los estudiantes serán capaces de demostrar la ortografía convencional y la escritura sobre la lectura en una variedad de géneros.*

ESCRITURA FUNCIONAL

- Bosquejos o dibujos que ayudan a recordar un texto, interpretar un personaje o un suceso o representar el contenido de un texto
- Escritura breve para responder a un texto de una variedad de maneras (por ejemplo, una predicción, una opinión o un aspecto interesante del texto)
- Listas para apoyar la memoria (personajes, sucesos de un cuento)
- Notas para recordar algo acerca de un texto o registrar información o detalles interesantes, o registrar lenguaje o palabras interesantes
- Tablas o redes sencillas (organizadores gráficos) para mostrar comparación o secuencia
- Cuadrículas para mostrar relaciones entre diferentes clases de información
- Cartas a otros lectores o a autores e ilustradores (por ejemplo, cartas de diálogo en un cuaderno de la lectora o el lector)
- Rótulos de fotografías o cualquier tipo de dibujos
- Instrucciones escritas (a veces con dibujos) que muestran una secuencia de acciones sencilla basada en un texto
- Instrucciones o descripciones de cómo se hace algo tomadas de un texto

ESCRITURA NARRATIVA

- Dibujos que muestran la secuencia de sucesos de un texto (a veces con globos de diálogo)
- Representaciones gráficas de cuentos
- Oraciones sencillas que resumen un texto
- Modificaciones de textos conocidos (por ejemplo, nuevos finales o tramas similares con personajes diferentes)

ESCRITURA INFORMATIVA

- Listas de datos de un texto apoyados por ilustraciones
- Encabezamientos que muestran subtemas o información para seguir
- Oraciones que incluyen información interesante de un texto
- Algunas oraciones con información sobre una autora o un autor
- Algunas oraciones con información sobre una ilustradora o un ilustrador
- Representaciones (mediante escritura y dibujos) de una secuencia de acciones o instrucciones de un texto
- Rótulos de dibujos que muestran información interesante de un texto

Un estudiante de segundo grado escribe acerca de un libro que le gusta.

Escribir sobre la lectura

❏ **Seleccionar objetivos:** *Hábitos y conocimientos para observar, enseñar y apoyar*

Pensar en el texto *en sí*

- Reflejar con precisión información de un texto
- Representar información, conceptos, escenario, sucesos, personajes y problemas de un cuento por medio de dibujos o de la escritura
- Observar y a veces usar palabras nuevas de un texto
- Usar palabras del vocabulario nuevas adecuadamente para reflejar el significado
- Volver a leer para recordar lo que se ha escrito
- Volver a leer para comprobar el sentido, la precisión de la estructura de las oraciones y el uso adecuado de las palabras
- Contar la información de un texto o resumirla en pocas oraciones
- Escribir resúmenes que reflejen la comprensión literal de un texto
- Representar la información importante acerca de un texto de ficción (personajes, sucesos) o de un texto informativo
- Hacer listas con sucesos importantes de un cuento o ideas de un texto informativo
- Escribir o dibujar sobre hechos

Pensar *más allá* del texto

- Dar ejemplos específicos y pruebas del texto o de la experiencia personal
- Expresar relaciones con los conocimientos previos, otros textos y con el entorno o las experiencias personales
- Predecir qué sucederá en un texto o qué hará un personaje
- Describir o ilustrar los sentimientos y las motivaciones de los personajes, infiriéndolos del texto
- Hacer modificaciones en un texto cambiando el final, la sucesión de sucesos, los personajes o el escenario
- Tomar notas de la información y los conocimientos
- Escribir y hacer ilustraciones acerca de información nueva
- Expresar opiniones sobre nuevos conocimientos o datos interesantes
- Usar dibujos para relacionar las ideas importantes de un texto entre sí o con otros textos
- Escribir o dibujar acerca de algo de la propia vida de la lectora o el lector cuando un texto lo indique

Pensar *acerca* del texto

- Crear textos que tengan algunas de las características de los textos publicados (cubierta, título, autora o autor, ilustradora o ilustrador, ilustraciones, comienzo, final, sucesos en una secuencia, página sobre la autora o el autor)
- A veces, usar el estilo o el lenguaje de una autora o un autor
- Describir las relaciones entre las ilustraciones y el texto
- Escribir opiniones acerca de un texto y apoyarlas con información o razones específicas
- Observar cómo está organizado un texto y, a veces, aplicar la organización a la escritura (por ejemplo, la secuencia de sucesos o una secuencia establecida, como números o días de la semana)
- Demostrar conocimiento de los recursos de secuencia temporal, comparación y contraste, causa y efecto
- Identificar y registrar si un texto es de ficción o no ficción
- Observar y, a veces, usar lenguaje interesante de un texto
- Crear representaciones gráficas sencillas de un cuento (por ejemplo, mapa del cuento o línea cronológica)
- Comparar diferentes versiones del mismo relato o cuento tradicional con organizadores gráficos, dibujos u oraciones
- Usar vocabulario específico para escribir acerca de los textos: *cubierta, guardas, título, autor/a, ilustrador/a, tabla de contenidos, personaje, ficción, no ficción, biografía, textos informativos, problema y solución*

© 2014, Gay Su Pinnell e Irene C. Fountas de *Continuo de adquisición de la lectoescritura, Grados PreK–2.* Portsmouth, NH: Heinemann.

Escritura

❏ **Seleccionar el propósito y el género:** *La mayoría de los estudiantes de segundo grado habrán aprendido a crear narraciones simples y otros géneros mediante la composición y la escritura. Continuarán beneficiándose del uso de dibujos para ampliar su razonamiento y expresar sus ideas. Hacia el final del año, los estudiantes demostrarán el uso de algunos ejemplos de lenguaje literario y de la estructura de las narraciones (exposición de un problema y solución). Los textos ejemplares los ayudarán a refinar la escritura y hacerla más interesante. Los estudiantes serán capaces de escribir muchas palabras con la ortografía convencional y crear oraciones más complejas.*

TEXTO NARRATIVO: *(Contar un cuento)*

MEMORIAS *(narración personal, autobiografía)*

Comprender el género
- Comprender cómo elaborar narraciones personales y memorias a partir de textos ejemplares
- Comprender la narración personal como un relato basado en la vida de la autora o el autor, generalmente contado en primera persona
- Comprender que una memoria es una reflexión acerca de experiencias o personas recordables

Escribir el género
- Escribir un comienzo atractivo y un final satisfactorio para los cuentos
- Seleccionar "pequeños momentos" o experiencias, y compartir pensamientos y sentimientos sobre ellos
- Describir un escenario y cómo se relaciona con las experiencias de la escritora o el escritor
- Usar diálogo según sea adecuado para contribuir al significado del cuento
- Usar palabras que muestren el paso del tiempo
- Contar detalles acerca de los momentos más importantes de un cuento o de una experiencia y, al mismo tiempo, eliminar los detalles que no son importantes
- Describir a los personajes basándose en lo que hacen, dicen y piensan y lo que los demás dicen de ellos
- Usar lenguaje literario que sea diferente del lenguaje oral
- Escribir de manera que se muestre la importancia del cuento
- Por lo general, escribir en primera persona para obtener una voz definida
- Seleccionar temas significativos
- Revelar algo importante sobre la propia persona o la vida

RELATO CORTO *(cuento corto, ficción realista breve o ficción histórica)*

Comprender el género
- Comprender cómo elaborar un texto de ficción usando textos ejemplares
- Comprender la ficción como un relato corto sobre un suceso de la vida del personaje principal
- Comprender que la ficción puede ser realista o fantástica (cuentos fantásticos con animales, cuentos exagerados, fábulas)
- Comprender los elementos de la ficción, como escenario, problema, personajes y resolución del problema

Escribir el género
- Describir a los personajes según el aspecto y lo que hacen
- Describir el escenario con detalles adecuados
- Escribir cuentos de ficción sencillos (realistas o fantásticos)

TEXTO INFORMATIVO: *(Explicar o presentar datos sobre un tema)*

TEXTO LITERARIO DE NO FICCIÓN

Comprender el género
- Comprender cómo escribir textos literarios de no ficción estudiando textos ejemplares
- Comprender que un texto literario de no ficción es un texto que ayuda a la gente a aprender algo y que es una lectura interesante
- Comprender que los autores escriben textos informativos para que los lectores aprendan sobre un tema
- Comprender que la autora o el autor de un texto literario de no ficción trabaja para que los lectores se interesen en un tema
- Comprender que los textos de no ficción pueden contar un cuento y dar información
- Comprender que, para escribir un texto literario de no ficción, la escritora o el escritor necesita aprender mucho sobre el tema
- Comprender que un informe por lo general tiene varios subtemas relacionados con el tema principal

Escribir el género
- Escribir textos que sean interesantes y de lectura amena
- Usar encabezamientos, dibujos con rótulos y diagramas, tablas de contenidos u otras características del texto informativo para guiar a la lectora o el lector
- Escribir sobre un tema con el público, sus intereses y sus conocimientos en mente
- Proporcionar detalles interesantes sobre un tema
- Presentar información en categorías
- Dar detalles de apoyo en cada categoría
- Usar palabras del vocabulario específico del tema
- Dar información que enseñe a los lectores cosas sobre un tema
- Usar una estructura narrativa para que los lectores comprendan la información y se interesen en el tema

Escritura

❑ **Seleccionar el propósito y el género:** *(cont.)*

TEXTO POÉTICO: *(Expresar sentimientos, imágenes sensoriales, ideas o cuentos)*

POESÍA *(verso libre, rima)*

Comprender el género
- Comprender la poesía como una manera única de comunicar y describir sentimientos, imágenes sensoriales, ideas o historias
- Comprender cómo funciona el texto en los poemas
- Comprender que los poemas pueden tener diversas formas
- Comprender que se pueden crear poemas basados en otros textos
- Comprender la importancia de elegir palabras específicas en poesía
- Comprender que existen diferentes tipos de poemas
- Comprender que no es necesario que los poemas rimen

Escribir el género
- Escribir una variedad de poemas
- Observar y usar cortes de línea y espacios en blanco como en poesía
- Observar con atención para seleccionar temas y escribir con detalles
- Colocar las palabras en una página para que tengan forma de poema
- Quitar palabras que sobran para aclarar el significado y hacer que la escritura tenga más fuerza
- Usar el lenguaje poético para comunicar significado

TEXTO FUNCIONAL: *(Realizar una tarea práctica)*

CARTAS INFORMALES *(notas, tarjetas, invitaciones, correo electrónico)*

Comprender el género
- Comprender que la forma de la comunicación escrita se relaciona con el propósito
- Comprender que las notas, las tarjetas, las invitaciones y el correo electrónico son formas de comunicación escrita entre las personas
- Comprender cómo escribir notas, invitaciones, mensajes de correo electrónico, tarjetas y cartas informales eficaces estudiando ejemplos
- Comprender que las invitaciones deben incluir información específica sobre el tiempo y el lugar del acontecimiento
- Comprender que una carta informal es un tipo más formal de comunicación entre personas
- Comprender que una carta informal tiene partes (fecha, encabezado, despedida, firma y, a veces, P. D.)
- Comprender que las notas y las tarjetas deben incluir un saludo breve e información relevante

Escribir el género
- Escribir para un público conocido o una lectora o un lector específico
- Dirigirse al público de forma adecuada
- Escribir una tarjeta, nota, invitación o carta informal con un propósito
- Escribir notas, tarjetas, invitaciones y correos electrónicos con diversos propósitos
- Incluir información importante en la comunicación
- Escribir una carta informal que incluya todas sus partes

LISTAS Y PROCEDIMIENTOS *(manual de instrucciones)*

Comprender el género
- Comprender que las listas organizan funcionalmente la información
- Comprender que la forma de una lista o un procedimiento suele consistir en un elemento debajo del otro y pueden estar numerados
- Comprender la escritura de procedimientos (manual de instrucciones) como una lista de pasos que explican cómo se hace algo y una lista de los elementos que se necesitan
- Comprender cómo elaborar un texto de procedimientos a partir de textos ejemplares
- Comprender cómo las ilustraciones pueden ayudar a la lectora o el lector a comprender la información

Escribir el género
- Hacer listas con la forma adecuada, un elemento debajo del otro
- Usar listas para planificar actividades o ayudar a la memoria
- Usar una lista con información para la escritura (poemas o texto informativo)
- Usar palabras de números o palabras de transición
- Hacer listas con elementos adecuados para el propósito de la lista
- Escribir libros de procedimientos o manuales de instrucciones
- Escribir los pasos de un procedimiento con la secuencia adecuada y tan explícitos como sea necesario
- Incluir imágenes para ilustrar los pasos de un procedimiento

ESCRIBIR EN UNA PRUEBA *(respuesta desarrollada, respuesta breve)*

Comprender el género
- Comprender que escribir en una prueba suele requerir escribir sobre un tema asignado
- Comprender que la escritura en una prueba es un tipo particular de escritura que se usa para las pruebas
- Comprender que algunos tipos de escritura se usan con el propósito de demostrar lo que un/a escritor/a sabe o puede hacer
- Comprender que en una prueba se suele escribir sobre algo real

Escribir el género
- Analizar las indicaciones para comprender el propósito, el género y el público del texto
- Leer e interiorizar las pautas para una respuesta aceptable
- Escribir respuestas centradas en las preguntas y las indicaciones
- Escribir concisamente y orientándose a lo que se pide o se pregunta
- Desarrollar los puntos importantes
- Excluir los detalles irrelevantes
- Incorporar los propios conocimientos de escritura al responder

ESCRIBIR SOBRE LA LECTURA *(todos los géneros)*

(Consulte el continuo de escribir sobre la lectura, páginas 116–117).

Escritura

❏ **Seleccionar objetivos:** *Hábitos para observar, enseñar y apoyar*

ELABORACIÓN

ORGANIZACIÓN

Estructura del texto
- Organizar textos de diferentes maneras
- Escribir un texto narrativo que esté ordenado cronológicamente
- Comprender que un texto informativo está ordenado lógicamente (categorías, secuencias, ideas relacionadas entre sí)
- Comenzar a usar estructuras subyacentes (descripción, comparar y contrastar, secuencia, problema y solución)
- Escribir una página sobre la autora o el autor al comienzo o al final de un libro para dar información sobre ella o él
- Dedicar un cuento a alguien y escribir la dedicatoria en la parte interna de la cubierta, en la portada o la página de créditos o en una página individual
- Crear un libro álbum como un tipo de escritura

Comienzos, finales, títulos
- Usar una variedad de comienzos para atraer a la lectora o el lector
- Usar una variedad de finales para atraer y dejar satisfecha a la lectora o satisfecho al lector (por ejemplo, sorpresa, cuento circular)
- Usar una variedad de estructuras de comienzo, desarrollo y final adecuadas para el género
- Seleccionar un título adecuado para un poema, un cuento o un libro informativo

Presentación de ideas
- Contar una idea, una parte o un grupo de ideas en cada página de un libro
- Presentar las ideas claramente
- Organizar la información en categorías para las presentaciones
- Usar encabezamientos para mostrar temas importantes
- Usar encabezamientos, una tabla de contenidos y otras características para ayudar a la lectora o el lector a hallar información y a comprender cómo se relacionan los hechos
- Usar el tiempo adecuadamente como una herramienta de organización
- Mostrar pasos con suficiente detalle para que la lectora o el lector pueda seguir una secuencia
- Darle un cierre a un texto mediante un final o una oración que lo resuma
- Organizar la escritura de maneras que son características del género (narrativo o informativo)
- Usar elementos gráficos (diagramas, ilustraciones, fotos) para dar información
- Usar algunas palabras de vocabulario específicas del tema o el contenido

DESARROLLO DE IDEAS
- Comunicar claramente los puntos importantes a los lectores
- Proporcionar información o ejemplos de apoyo que sean precisos, relevantes y útiles
- Reunir y aprender información y luego escribirla con las propias palabras

USO DEL LENGUAJE
- Tomar una palabra, frase u oración de otra escritora u otro escritor
- Usar palabras o frases recordables
- Mostrar mediante el lenguaje en lugar de decir
- Usar ejemplos para aclarar el significado a los lectores

ELECCIÓN DE PALABRAS
- Demostrar la capacidad de variar el texto eligiendo palabras alternativas (por ejemplo, alternativas para *dijo*)
- Aprender palabras nuevas de la lectura e intentar usarlas en la escritura
- Usar palabras de transición para el paso del tiempo (*después, luego*)
- Usar vocabulario adecuado para el tema

VOZ
- Escribir con una perspectiva individual
- Escribir de una manera que hable directamente a la lectora o el lector
- Presentar información de una manera original o sorprendente
- Usar puntuación para hacer que el texto sea interesante y eficaz

NORMAS

DISPOSICIÓN DEL TEXTO
- Disponer el texto en la página para apoyar el significado del texto y para ayudar a la lectora o el lector a observar la información importante
- Comprender que la disposición del texto y las ilustraciones son importantes para transmitir el significado de un texto
- Comprender cómo usar la disposición, los espacios y el tamaño de letra para crear títulos, subtítulos y encabezamientos

GRAMÁTICA

Estructura de las oraciones
- Escribir oraciones completas
- Usar oraciones completas (declarativas, interrogativas, exclamativas)

Categorías gramaticales
- Usar la concordancia de sujeto y verbo en oraciones sencillas (*nosotros estábamos*)
- Usar sustantivos y pronombres que concuerden (*Miguel/él*)
- Usar artículos, sustantivos y adjetivos que concuerden (*la maestra buena, los maestros buenos*)
- Usar correctamente frases preposicionales, adjetivos y adverbios

Tiempo verbal
- Escribir en tiempo pasado (*Ayer fui a casa.*)
- Escribir en tiempo presente (*María disfruta . . .*)
- Escribir en tiempo futuro (*Mañana jugaré a . . .*)

MAYÚSCULAS
- Comenzar la primera palabra de una oración con mayúscula
- Usar mayúsculas para los nombres de personas y lugares
- Usar mayúsculas para un encabezamiento o para dar énfasis
- Comenzar la primera palabra de los títulos con mayúscula

Escritura

❑ **Seleccionar objetivos:** *Hábitos para observar, enseñar y apoyar (cont.)*

PUNTUACIÓN

- Comprender y usar puntos suspensivos para mostrar pausas o expectativa, generalmente antes de algo sorprendente
- Usar puntos suspensivos para mostrar énfasis o disminuir el paso del texto para los lectores
- Usar puntos, comas, signos de admiración y signos de interrogación
- Usar comillas para indicar citas y pensamientos
- Usar puntos en las abreviaturas
- Observar el uso de signos de puntuación en los libros e intentar usarlos en la escritura
- Usar comas para separar los elementos de una enumeración
- Usar rayas de diálogo

ORTOGRAFÍA

- Escribir con la ortografía correcta palabras de uso frecuente conocidas (50+), palabras con relaciones regulares entre letras y sonidos (se incluyen las combinaciones de consonantes, los dígrafos y los diptongos) y terminaciones comunes
- Separar en sílabas palabras polisílabas para deletrear las partes correctamente o casi correctamente
- Usar el conocimiento de sílabas abiertas y cerradas para generar palabras polisílabas (CV, VCV, CVCV, VC, CVC, VCCV)
- Deletrear plurales sencillos y algunos complejos
- Usar reglas sencillas para agregar desinencias a palabras (-ando/-iendo)
- Usar acentos ortográficos en las palabras
- Deletrear palabras que se han estudiado (palabras de ortografía)
- Escribir palabras compuestas sencillas correctamente
- Deletrear algunos homófonos correctamente

ESCRIBIR A MANO/EN COMPUTADORA

- Comenzar a desarrollar destrezas eficaces para manejar el teclado
- Escribir mayúsculas y minúsculas correcta y proporcionalmente en texto manuscrito
- Usar una computadora para planificar, hacer un borrador, revisar, editar y publicar
- Hacer cambios en la pantalla para revisar y editar y publicar documentos

PROCESO DE ESCRITURA

ENSAYAR/PLANIFICAR

Propósito

- Escribir con un propósito específico: informar, entretener, persuadir, reflejar, instruir, volver a contar, relacionarse, planificar
- Comprender cómo el propósito de escritura influye en la selección del género
- Seleccionar el género de escritura a partir del propósito
- Indicar si una obra escrita es un cuento o un texto informativo

Público

- Escribir con una lectora o un lector o un público específico en mente
- Comprender cómo la escritora o el escritor satisface las necesidades de un lector o una lectora o un público específicos

- Planificar y organizar información para el público al que se dirige el texto
- Comprender que el público se compone de todos los lectores y no solamente de la maestra o el maestro

Lenguaje oral

- Generar y ampliar ideas por medio de la conversación con compañeros y con la maestra o el maestro
- Buscar ideas y temas en las experiencias personales, que se comparten en las conversaciones
- Explorar preguntas relevantes al hablar sobre un tema
- Identificar el significado para transmitir un mensaje
- Usar la conversación y el relato de cuentos para generar y ensayar el lenguaje (que puede ser escrito más adelante)
- Usar lenguaje en cuentos que sea específico de un tema
- Contar cuentos en orden cronológico
- Volver a contar cuentos en orden cronológico

Reunir semillas/Recursos/Experimentar con la escritura

- Usar un cuaderno de la escritora o el escritor o un cuadernillo como herramienta para reunir ideas, experimentar, planificar, hacer bosquejos o borradores
- Volver a leer el cuaderno de la escritora o el escritor para seleccionar temas
- Usar bosquejos, redes, listas y escritura libre para pensar, planificar y ensayar la escritura
- Ensayar comienzos

Contenido, tema, asunto

- Observar con atención sucesos, personas y escenarios, y otros aspectos del mundo, para reunir información sobre un tema
- Obtener ideas de otros libros y escritores sobre cómo acercarse a un tema
- Elegir un tema que sea importante
- Decidir qué es lo más importante sobre un tema o un relato
- Usar recursos, como Internet, para obtener información sobre un tema
- Seleccionar temas propios para la escritura informativa e indicar cuál es la importancia del tema
- Centrarse en un tema
- Seleccionar detalles que apoyarán el tema

Investigación/Exploración

- Formular preguntas para responder sobre un tema
- Tomar notas o hacer bosquejos como ayuda para recordar o generar información
- Participar activamente en experiencias y recordar detalles que contribuyan a la escritura y al dibujo
- Seleccionar la información más importante sobre un tema o una historia
- Reunir información (con la ayuda de la maestra o el maestro) sobre un tema de libros u otro material impreso o de otro medio durante la preparación para escribir sobre ese tema

Escritura

❑ **Seleccionar objetivos:** *Hábitos para observar, enseñar y apoyar (cont.)*

Género/Forma

- Seleccionar entre diversas formas el tipo de texto adecuado para el propósito (libro con ilustraciones y texto; libro del alfabeto; libro rotulado; libro de poemas; libros de preguntas y respuestas; libro con ilustraciones y sin palabras)
- Comprender que las ilustraciones desempeñan distintas funciones en un texto (hacen disfrutar más a la lectora o el lector, agregan información, muestran secuencia)

HACER UN BORRADOR/REVISAR

Comprender el proceso

- Comprender la función de la escritora o el escritor, la maestra o el maestro o el/la compañero/a escritor/a en una conferencia
- Comprender que otros escritores pueden ayudar en el proceso
- Cambiar la escritura en respuesta a los comentarios de los compañeros o de la maestra o el maestro

Producir un borrador

- Escribir un borrador o un borrador en bruto (escribir rápido y todo lo que se pueda sobre un tema)
- Atraer a la lectora o el lector con una introducción fuerte
- Darle un cierre al texto con un final o una oración final
- En una narración, establecer un suceso inicial y seguir con una serie de sucesos
- Mantener control de la idea central a lo largo de todo el texto
- Presentar las ideas en orden lógico a lo largo de todo el texto

Volver a leer

- Reconocer y señalar la parte más importante de una obra escrita
- Volver a leer y revisar el borrador o volver a escribir una sección para aclarar el significado
- Volver a leer todos los días antes de seguir escribiendo

Agregar información

- Agregar información en el desarrollo para aclarar el significado a los lectores
- Ampliar la información agregando detalles o ejemplos
- Agregar diálogo para dar información o hacer una narración, o mostrar pensamientos y sentimientos (con citas o globos de diálogo)

Eliminar información

- Sacar palabras, frases u oraciones repetitivas, o que no agregan significado
- Eliminar palabras u oraciones que no tienen sentido
- Sacar palabras, frases u oraciones innecesarias

Reorganizar la información

- Mover las oraciones de una parte a otra para mejorar la secuencia
- Mover información de una parte del texto a otra para aclarar el texto

Cambiar el texto

- Identificar las partes que no son claras y ser más específico
- Cambiar palabras para que el texto sea más interesante

Usar herramientas y técnicas

- Agregar letras, palabras, frases u oraciones con un símbolo de intercalación o una nota adhesiva con un asterisco
- Usar tiras de papel o un pedazo de papel pegado para agregar texto
- Usar números para identificar dónde agregar información en un texto y otra hoja de papel con números para anotar la información que se agregará
- Reordenar un texto cortando o disponiendo las páginas

EDITAR Y REVISAR

Comprender el proceso

- Comprender que la escritora o el escritor respeta a la lectora o el lector al aplicar lo que sabe para corregir errores
- Comprender que cuanto mejores sean la ortografía y el espacio entre las palabras, más fácil le resultará leer el texto a la lectora o el lector
- Saber usar una lista de revisión y edición

El libro de una estudiante de segundo grado sobre cómo viajar

Escritura

❑ **Seleccionar objetivos:** *Hábitos para observar, enseñar y apoyar (cont.)*

Editar según las normas

- Revisar y corregir la formación de letras
- Editar la ortografía de las palabras importantes según la norma (para la publicación)
- Editar la ortografía de palabras conocidas (deben escribirse según las normas ortográficas)
- Editar para corregir errores de ortografía encerrando en un círculo o subrayando las palabras que parecen tener errores y escribirlas de nuevo
- Comprender que la maestra o el maestro hará la edición ortográfica final de la obra publicada (después de que la o el estudiante usó todos sus conocimientos)
- Editar las mayúsculas y la puntuación
- Editar el sentido de las oraciones

Usar herramientas

- Usar programas de corrección sencillos en la computadora
- Usar herramientas de referencia básicas (por ejemplo, muros de palabras, listas de palabras personales o tarjetas de palabras como ayuda para elegir palabras o revisar la ortografía)

PUBLICAR

- Seleccionar un poema, un cuento o un libro informativo para publicar
- Incluir gráficas o ilustraciones adecuadas para el texto
- Generar varios títulos para llegar al más apropiado e interesante
- Seleccionar un título que se ajuste al contenido de la obra lista para publicar (o con el borrador final completo)
- Compartir un texto con los compañeros leyéndolo en voz alta

- Agregar elementos al texto durante el proceso de publicación (por ejemplo, ilustraciones y otros elementos gráficos, cubierta de doble página, título, dedicatoria, tabla de contenidos, texto acerca de la autora o el autor)
- Trabajar en la disposición del texto en la publicación final
- Usar rótulos y leyendas en los dibujos que se muestran
- Comprender que la publicación es compartir una obra escrita con un público

BOSQUEJAR Y DIBUJAR

- Crear dibujos que estén relacionados con el texto escrito y que hagan que la lectora o el lector comprenda y disfrute más
- Usar bosquejos para ayudar a recordar y planificar
- Usar dibujos para capturar detalles importantes sobre un tema
- Proporcionar información importante con ilustraciones
- Usar dibujos y bosquejos para representar personas, lugares, cosas e ideas en el proceso de composición, revisión y publicación
- Agregar rótulos u oraciones a los dibujos según sea necesario para explicarlos
- Agregar detalles a los dibujos para agregar información o aumentar el interés
- Crear dibujos, con especial atención al color o al detalle

VERSE A SÍ MISMO/A COMO ESCRITOR/A

- Escribir en una variedad de géneros a lo largo del año
- Comprender la escritura como un vehículo para comunicar significado
- Arriesgarse como escritora o escritor
- Verse a uno/a mismo/a como escritor/a
- Escribir con independencia
- Escribir con iniciativa e inversión
- Producir una cantidad razonable de texto escrito dentro del tiempo disponible
- Prestar atención al lenguaje y la técnica de otros escritores para aprender más como escritora o escritor
- Demostrar la capacidad para comentar en qué se está trabajando como escritora o escritor en una conferencia
- Buscar comentarios de la escritura
- Estar dispuesto a trabajar en la escritura incorporando nuevas cosas aprendidas en la instrucción
- Seleccionar los mejores textos de la propia colección y dar razones de las elecciones
- Autoevaluar el texto propio y comentar los aspectos buenos y las técnicas que se usaron
- Comparar un texto escrito previamente con un texto revisado y observar y comentar las diferencias
- Decir qué se aprendió al escribir cada texto

Comunicación oral, visual y tecnológica

❏ **Seleccionar objetivos:** *Hábitos y conocimientos para observar, enseñar y apoyar*

ESCUCHAR Y HABLAR

ESCUCHAR Y COMPRENDER

- Escuchar para recordar y seguir instrucciones (varios pasos)
- Escuchar de manera activa a otros niños mientras leen o hablar acerca de sus textos y hacer comentarios
- Escuchar con atención durante las lecciones y responder con oraciones y preguntas
- Escuchar con atención y comprender la lectura oral de cuentos, poemas y textos informativos
- Escuchar con atención presentaciones de la maestra o el maestro o de los compañeros y ser capaz de identificar la idea principal
- Comprender e interpretar información presentada en medios visuales

INTERACCIÓN SOCIAL

- Usar normas para hablar respetuosamente
- Hablar con el volumen adecuado (no demasiado alto pero con el volumen suficiente para que todos oigan y comprendan)
- Hablar a un volumen adecuado en diferentes contextos
- Hablar con suficiente claridad en las conversaciones para que otros puedan comprender
- Participar en las conversaciones por turnos
- Usar maneras adecuadas de obtener el turno
- Participar de manera activa en las conversaciones; escuchar y mirar a la persona que habla

DISCUSIÓN EXTENDIDA

- Escuchar y ampliar lo que dicen los demás
- Participar de manera activa en rutinas (por ejemplo, hablar por turnos)
- Hacer preguntas claras durante las conversaciones en grupos pequeños o con toda la clase
- Hacer preguntas para aclarar algo u obtener más información
- Participar activamente en la discusión en grupos pequeños o con toda la clase
- Usar vocabulario específico para el nivel del grado al hablar acerca de textos (título, autora o autor)
- Relacionar o comparar los conocimientos y la experiencia propios con la información que dan otros oradores

CONTENIDO

- Describir relaciones de causa y efecto
- Proporcionar razones y argumentos para apoyar lo dicho, usando evidencia
- Predecir y recordar cuentos o sucesos
- Ofrecer soluciones y explicaciones para los problemas de un cuento
- Explicar y describir personas, sucesos, lugares y objetos
- Describir semejanzas y diferencias entre personas, lugares, sucesos y objetos
- Clasificar objetos, personas, lugares y sucesos
- Mencionar información importante a partir de la experiencia previa o la lectura

Comunicación oral, visual y tecnológica

❑ **Seleccionar objetivos:** *Hábitos y conocimientos para observar, enseñar y apoyar (cont.)*

PRESENTACIÓN

VOZ

- Mostrar entusiasmo al hablar sobre un tema
- Mostrar confianza en las presentaciones
- Variar la voz para enfatizar aspectos importantes de sucesos o personas
- Contar cuentos de una manera interesante
- Presentar hechos de manera interesante

NORMAS

- Hablar a un volumen adecuado para que todos oigan cuando se habla en grupos grandes y pequeños
- Mirar al público al hablar
- Hablar a un ritmo adecuado para que el público comprenda
- Articular las palabras claramente
- Pronunciar correctamente todas las palabras salvo algunas palabras de contenido nuevas y más complejas (con la comprensión de que habrá variaciones según el idioma o dialecto usado en el hogar de los niños)
- Usar entonación y énfasis para enfatizar ideas importantes
- Variar el lenguaje según el propósito

ORGANIZACIÓN

- Tener el tema o el cuento en mente antes de comenzar a hablar
- Tener al público en mente antes de comenzar a hablar
- Mantener un enfoque claro en las ideas principales o importantes
- Presentar ideas e información en una secuencia lógica
- Tener un comienzo y una conclusión claros
- Tener un plan o notas para apoyar la presentación

ELECCIÓN DE PALABRAS

- Usar el lenguaje de cuentos y textos informativos al volver a contar cuentos o al hacer un informe
- Usar palabras que describen (adjetivos y adverbios)
- Usar lenguaje adecuado a las presentaciones orales (en vez de usar lenguaje literario o argot)
- Usar palabras específicas de un contenido cuando sea necesario para explicar un tema

IDEAS Y CONTENIDO

- Recitar algunos poemas de memoria
- Recitar poemas o contar cuentos con el uso apropiado de la entonación y el énfasis para resaltar ideas importantes, atraer el interés de los oyentes y mostrar las características de los personajes
- Participar en juegos de roles para representar personajes o sucesos de un cuento
- Hacer informes orales breves que demuestren la comprensión de un tema
- Demostrar la comprensión de un tema proporcionando datos y detalles relevantes

MEDIOS DE COMUNICACIÓN

- Usar objetos de utilería, ilustraciones, imágenes u otros medios digitales para ampliar el significado de una presentación
- Identificar y reconocer fuentes de información incluidas en las presentaciones orales

TECNOLOGÍA

CONOCIMIENTOS DE COMPUTACIÓN

- Usar el ratón y el teclado eficientemente para moverse en la computadora y buscar información
- Usar los movimientos de teclado correctos para usar la computadora eficientemente
- Enviar y responder correo electrónico
- Comprender los controles básicos de un buscador de Internet, por ejemplo, cómo iniciar una búsqueda y marcar sitios web como favoritos
- Usar el corrector ortográfico y verificar cada sustitución sugerida

LECTURA EN LÍNEA Y MANEJO DE LA INFORMACIÓN

- Usar un motor de búsqueda sencillo para hallar información de sitios aprobados y accesibles
- Ubicar e identificar información (texto, imágenes, animación) en sitios web aprobados y accesibles
- Descargar (o copiar y pegar) información seleccionada de sitios web y documentar la fuente original del material

COMPONER Y PUBLICAR TEXTOS DIGITALES

- Usar programas de computadora sencillos para hacer un borrador y preparar algunos textos para publicar
- Incluir imágenes escaneadas o digitales en documentos escritos en computadora
- Comprender las posibilidades de los diferentes espacios para la publicación digital de textos, como *blogs, wikis* y procesadores de textos colaborativos
- Crear proyectos multimedia sencillos, como videos y grabaciones de radio digitales o presentaciones de diapositivas, que pueden incluir voz, imágenes y texto

Fonética, ortografía y estudio de palabras

❑ **Seleccionar objetivos:** *Hábitos y conocimientos para observar, enseñar y apoyar*

RELACIONES ENTRE LETRAS Y SONIDOS

- Reconocer y usar todos los sonidos de vocales y diptongos de una palabra
- Reconocer y usar todas las consonantes y las combinaciones de consonantes (*br, bl, tr, fr*) al comienzo y en el medio de las palabras
- Reconocer y usar combinaciones de letras que representan diptongos (*ai, ay, au, ei, eu, ey, ia, ie, io, iu, oi, oy, ua, ue, ui, uo, uy*)
- Reconocer y usar sílabas abiertas (CV: *pa-pá*)
- Reconocer y usar sílabas cerradas (CVC: *cam-pos*)
- Reconocer y usar hiatos (*poesía, frío, peor, héroe*)
- Reconocer y usar la "h" muda (*hamaca, hora*)

PATRONES ORTOGRÁFICOS

- Reconocer y usar un gran número de patrones con sílabas abiertas (CV, VCV, CVCV) y sílabas cerradas (VC, CVC, VCCV)

PALABRAS DE USO FRECUENTE

- Escribir y leer automáticamente al menos de 150 a 200 palabras de uso frecuente
- Usar estrategias de autoverificación para aumentar continuamente la capacidad de leer y escribir con precisión un grupo básico grande de palabras de uso frecuente (como preparación para el reconocimiento automático de las más frecuentes)

SIGNIFICADO DE LAS PALABRAS

PALABRAS COMPUESTAS

- Reconocer y usar una variedad de palabras compuestas (*telaraña, sacapuntas, paraguas, girasol, guardaespaldas, lavarropas, mediodía, abrelatas, salvavidas*)

SINÓNIMOS Y ANTÓNIMOS

- Reconocer y usar sinónimos (palabras que significan casi lo mismo: *lindo/bonito, auto/carro, brincar/saltar*)
- Reconocer y usar antónimos (palabras con significados opuestos: *frío/caliente, todo/nada, pequeño/grande, alto/bajo*)

HOMÓGRAFOS Y HOMÓFONOS

- Reconocer y usar homófonos (mismo sonido, ortografía y significado diferentes: *hola/ola, hay/¡ay!, ves/vez, tubo/tuvo*)
- Reconocer y usar homógrafos (misma ortografía y diferente significado: *llama/llama, coma/coma, cerca/cerca*)
- Reconocer y usar palabras de varios significados (*pata, muñeca, listo*)

Fonética, ortografía y estudio de palabras

❑ **Seleccionar objetivos:** *Hábitos y conocimientos para observar, enseñar y apoyar (cont.)*

ESTRUCTURA DE LAS PALABRAS

SÍLABAS

- Comprender que las vocales aparecen en las sílabas (todas las sílabas tienen una vocal)
- Reconocer y usar sílabas acentuadas en palabras (*papa, papá*)

PLURALES

- Comprender el concepto de plural y las formas del plural: agregar *-s* (*libro/libros, niña/niñas, perrito/perritos*), *-es* (*flor/flores, cartel/carteles, camión/camiones*) y reemplazar *-z* con *-ces* (*lápiz/lápices, pez/peces*)

TERMINACIONES VERBALES

- Reconocer y formar los tiempos pasado y presente usando terminaciones que modifican verbos (*correr/corro/corrí/corría*); formar el gerundio agregando *-ando/-iendo* (*jugando, poniendo*)
- Reconocer la variación en la ortografía del gerundio *-iendo/-yendo* (*leer/leyendo*)
- Reconocer y usar la concordancia correcta entre sujeto y verbo de los verbos con sustantivos singulares y plurales (*la niña corre/las niñas corren; Juan vino/Juan y Carla vinieron*)

CONCORDANCIA DE GÉNERO Y NÚMERO

- Reconocer y usar la concordancia de género y número en artículos y sustantivos (*la maestra, los maestros*)

PALABRAS BASE

- Eliminar la terminación de una palabra base para formar una palabra nueva (*panadero, pan*)

SUFIJOS

- Reconocer y usar sufijos comunes (*-ito, -ita, -ado, -ada, -oso, -osa, -ando, -ote*)

ACCIONES PARA DESCIFRAR PALABRAS

- Usar palabras conocidas para verificar la lectura y la ortografía
- Usar letras y relacionarlas con sonidos para leer y escribir palabras
- Separar palabras en sílabas y escribirlas o leerlas
- Agregar, eliminar y cambiar letras (*ato/rato, pan/plan*), combinaciones de letras (*ata/plata, ama/llama*) y partes de palabras para formar palabras nuevas
- Descomponer palabras compuestas o unir palabras para formar palabras compuestas (*salva-vidas/salvavidas, lava-platos/lavaplatos*)
- Usar el conocimiento de letras y sonidos para verificar la precisión en la lectura y la ortografía
- Usar las partes de palabras compuestas para descifrar una palabra y deducir el significado
- Usar palabras y partes de palabras conocidas (comienzos y rimas) como ayuda para la lectura y la ortografía correcta de palabras nuevas (*gato/pato, casa/masa*)
- Observar patrones y clasificar las palabras de uso frecuente como ayuda para aprenderlas rápidamente
- Reconocer palabras base y eliminar prefijos y sufijos para separarlas y descifrarlas

Lectura guiada

- ❑ **Nivel Pre-A**

- ❑ **Nivel A**

- ❑ **Nivel B**

- ❑ **Nivel C**

- ❑ **Nivel D**

- ❑ **Nivel E**

- ❑ **Nivel F**

- ❑ **Nivel G**

- ❑ **Nivel H**

- ❑ **Nivel I**

- ❑ **Nivel J**

- ❑ **Nivel K**

- ❑ **Nivel L**

- ❑ **Nivel M**

- ❑ **Nivel N**

Lectores del **Nivel Pre-A:**

Generalmente, los niños de este nivel se encuentran en pre-kindergarten o kindergarten. Están comenzando a observar aspectos del texto escrito en el medio ambiente y en libros. Los maestros de apoyo los animan a practicar la lectura compartida y la escritura grupal de textos más extensos que leyeron con la ayuda de la maestra o el maestro. Los maestros señalan la direccionalidad, la formación de palabras, los espacios, las palabras y los aspectos del lenguaje. Por lo general, los maestros piden a los estudiantes que ubiquen palabras que comiencen con una letra determinada, por ejemplo, palabras que comiencen igual que sus nombres. Los estudiantes participan a diario en el dibujo y en la escritura inicial para comenzar a producir formas similares a letras, letras particulares e incluso palabras, y compartir gran parte de su razonamiento mediante el dibujo.

Después de la lectura compartida de un poema u otro tipo de texto, los niños pueden usar un puntero y leer el texto por su cuenta o con una compañera o un compañero. Si hay disponibles versiones más breves del texto compartido, algunos niños podrán señalarlas y leerlas. En todo este proceso de lectura, los niños dependen de la información de las imágenes, de su memoria y de su conocimiento lingüístico; pero también aprenden el reconocimiento de letreros visuales, especialmente en las lecciones acerca de letras y sonidos y cuando escriben.

Algunos niños pasarán de la lectura a coro asistida de textos sencillos a la lectura de libros de nivel A. Si bien no recomendamos el uso de lecciones de lectura guiada formal en pre-kindergarten, puede sentarse cinco minutos con algunos niños o con grupos muy pequeños que muestren interés, y guiarlos en la lectura compartida (a coro) de un texto de nivel A, mientras observa cómo señalan el texto cuidadosamente.

Las características del texto que son adecuadas para la lectura de los niños con ayuda de la maestra o el maestro son las mismas que se enumeran para el nivel A.

Niños de pre-kindergarten

La mayoría de los niños de pre-kindergarten estarán en el nivel pre-A. No proporcionamos objetivos curriculares para la lectura guiada en niños de pre-kindergarten, pero querrá observar y alentar importantes hábitos de lectura emergentes como los que se enumeran bajo Primeros hábitos de lectura, en el Continuo de fonética y estudio de palabras. Si trabaja con un grupo de pre-kindergarten que está dentro del nivel A de lectura, consulte el Continuo de Nivel A para conocer los comportamientos que se deben observar, enseñar y apoyar, pero no tenemos en cuenta estos objetivos para el final de pre-kindergarten. Es más importante construir una base sólida del lenguaje oral, animar a los estudiantes a familiarizarse con una amplia variedad de textos excelentes para la lectura en voz alta y proporcionar diversas oportunidades para explorar la escritura y el dibujo.

© 2014, Gay Su Pinnell e Irene C. Fountas de *Continuo de adquisición de la lectoescritura, Grados PreK–2*. Portsmouth, NH: Heinemann.

Lectores del **Nivel A:**

En el Nivel A, los lectores están comenzando a aprender cómo funciona el texto escrito y a construir el *principio alfabético* (comprender que existen relaciones entre los sonidos y las letras). Al señalar con el dedo, aprenden a mirar las palabras y una línea de texto de izquierda a derecha. Están aprendiendo a buscar y usar información a partir de imágenes y a usar estructuras lingüísticas sencillas para aprender sobre el texto escrito. Diferencian el texto escrito de las imágenes y comienzan a observar las características distintivas de las letras al agregarles nombres. Están aprendiendo a leer oraciones de una línea con palabras sencillas y sobre temas conocidos. Están aprendiendo a emparejar una palabra hablada con una palabra impresa. A medida que leen, comienzan a aprender algunas palabras de uso frecuente sencillas, a observar y usar los letreros visuales de algunas palabras y a reconocer las discordancias. Usan lo que saben (por ejemplo, un sonido y su letra correspondiente) para comenzar a autoverificar la lectura. Leer y volver a leer estos textos muy sencillos les servirá para obtener un control gradual de cómo observar y trabajar con el texto escrito.

Seleccionar textos: Características de los textos de este nivel

GÉNERO/FORMAS

Género
- Algunos textos sencillos sobre hechos
- Cuentos fantásticos sencillos con animales
- Ficción realista

Formas
- Libros álbum

ESTRUCTURA DEL TEXTO

Ficción
- Narraciones muy sencillas con cuentos relatados con imágenes

No ficción
- Centrado en una sola idea o un tema sencillo
- Estructura textual subyacente (descripción)
- Presentación de una categoría sencilla de información
- Textos con información secuencial

CONTENIDO
- Contenido fácil y conocido (familia, juegos, mascotas, escuela, hogar)
- Todos los conceptos se complementan con imágenes

TEMAS E IDEAS
- Temas e ideas muy conocidos

CARACTERÍSTICAS LITERARIAS Y DEL LENGUAJE
- Por lo general, personajes planos y sin nombre
- Patrones lingüísticos que se repiten (entre cuatro y seis palabras sencillas en cada página)
- Textos con escenarios conocidos y cercanos a la experiencia de los niños
- Algunos elementos fantásticos sencillos (por ejemplo, animales que hablan)

COMPLEJIDAD DE LAS ORACIONES
- Oraciones cortas, predecibles y cercanas al lenguaje oral
- Oraciones sencillas (sin frases ni cláusulas)
- Sujeto que precede al verbo en la mayoría de las oraciones
- Oraciones sencillas (sujeto y predicado)
- Estructuras sintácticas naturales
- Una oración por cada doble página, entre cuatro y seis palabras por oración
- Patrón de oraciones sencillo con uno o dos cambios de palabra

VOCABULARIO
- Casi todo el vocabulario es conocido por los niños y es posible que ellos lo usen oralmente
- Significados de las palabras ilustrados con imágenes

Mira la casa.

4

5

PALABRAS

- Por lo general, palabras de una y dos sílabas con patrón silábico básico (CV-CV)
- Ocasionalmente, palabras de tres sílabas que designen objetos conocidos y contengan un patrón silábico básico (*muñeca, pelota*)
- Plurales sencillos (agregar **-s** a un sustantivo que termina en vocal, por ej., **los osos, los monos**)
- Uso repetitivo de algunas palabras de uso frecuente sencillas (**la, esa, mira, yo**)
- Muchas palabras con relaciones entre letras y sonidos sencillas y predecibles (decodificables)
- Palabras con patrones ortográficos fáciles
- Palabras que suelen ser más cortas al comienzo de la oración
- Uso de terminaciones de diminutivo **-ito** e **-ita** (**osito, monito**)

ILUSTRACIONES

General

- Ilustraciones que coinciden detalladamente con el texto
- Ilustraciones claras que complementan el significado totalmente
- Ilustraciones que apoyan cada página del texto
- Ilustraciones muy sencillas sin detalles que distraigan la atención
- Disposición uniforme de las ilustraciones y el texto

CARACTERÍSTICAS DEL LIBRO Y LA LETRA IMPRESA

Longitud

- Una línea de texto en cada página
- Muy cortos; por lo general, ocho páginas con texto e ilustraciones

Texto impreso y disposición

- Espacio amplio entre las palabras

- Texto impreso en fuente grande y sencilla
- Texto separado claramente de las imágenes
- Ubicación uniforme del texto (disposición)

Puntuación

- Puntos como único signo de puntuación en la mayoría de los textos

Seleccionar objetivos: Hábitos y conocimientos para observar, enseñar y apoyar

Pensar en el texto *en sí*

Descifrar palabras

- Reconocer rápidamente la mayoría de las palabras con el apoyo del significado y la estructura lingüística
- Decir una palabra y predecir su primera letra antes de ubicarla
- Decir una palabra lentamente para oír e identificar el primer sonido y conectarlo con una letra
- Reconocer algunas palabras de uso frecuente sencillas, por ejemplo: **la, a, mi, es, por**
- Ubicar palabras de uso frecuente sencillas en un texto
- Ubicar palabras de uso frecuente sencillas y conocidas al observar cualquier aspecto de la palabra
- Hablar más lentamente para apoyar la concordancia entre voz y texto

Verificar y corregir

- Volver a leer la oración para resolver problemas, autocorregirse o confirmar
- Volver a leer para buscar o usar información que parte del lenguaje o el significado
- Autoverificar y autocorregirse a partir de la estructura lingüística
- Usar la concordancia entre voz y texto para autoverificar y autocorregirse
- Mostrar evidencia de que se presta atención al texto
- Usar palabras conocidas para autoverificar y corregirse

Buscar y usar información

- Leer de izquierda a derecha una línea de texto
- Emparejar una palabra hablada con una palabra impresa
- Buscar información en el texto y en las imágenes o fotografías
- Usar el lenguaje oral mientras se señala el texto, emparejando la voz con las palabras de la página (se indica al señalar con seguridad)
- Volver a leer para buscar información
- Usar la estructura lingüística y el significado para aprender sobre el texto

Resumir

- Recordar de qué trata el cuento durante la lectura
- Recordar información para comprender mejor el final de un cuento
- Recordar información importante sobre el tema

Mantener la fluidez

- Señalar con seguridad y leer a un ritmo constante, lo suficientemente lento para que haya concordancia entre voz y texto pero que no haya pausas largas
- Observar y usar la puntuación final y reflejarla con la voz

Ajustar

- Leer más lentamente para resolver problemas con las palabras y retomar la lectura con impulso

Planificar el trabajo con las palabras después de la lectura guiada

Se pueden desarrollar la fluidez y la flexibilidad en el procesamiento visual con demostraciones de uno a tres minutos y una participación activa de la o el estudiante por medio de un tablero o caballete, un pizarrón, letras magnéticas o papel y lápiz. Planee trabajo explícito para áreas procesamiento visual específicas que necesitan apoyo.

Ejemplos:

- Reconocer rápidamente algunas palabras de uso frecuente sencillas (por ejemplo: *a, yo, la, tu*)
- Reconocer rápidamente algunas palabras sencillas con los patrones CV y CVCV (*mi, mamá*)
- Formar algunas palabras sencillas con los patrones CV y CVCV
- Formar algunas palabras de uso frecuente sencillas (*el, la, yo, mamá*)
- Escribir algunas palabras sencillas con los patrones CV y CVCV (*mi, yo, mamá, casa*)

- Escribir algunas palabras de uso frecuente sencillas (*la, mamá*)
- Emparejar o clasificar imágenes según el sonido inicial/final y las sílabas (*oso, osa; casa, mesa*)
- Emparejar o clasificar imágenes según el sonido que rima al final (*pato, gato*)
- Emparejar o clasificar letras según diversas características (mayúscula o minúscula; altas o bajas; con o sin trazos rectos, círculos, colas, puntos, arcos)

- Emparejar letras minúsculas con velocidad
- Aplaudir las sílabas en palabras de una y dos sílabas (a partir de imágenes)
- Buscar y ubicar rápidamente letras por el nombre
- Usar tarjetas del alfabeto o un cartel del alfabeto y leerlo según el nombre de las letras, las imágenes y las palabras y de distintas maneras (todas vocales, todas consonantes, solo letras, de atrás para adelante, cada dos letras)

Pensar *más allá* del texto

Predecir
- Usar lo que se sabe sobre la estructura lingüística para anticipar el texto
- Hacer predicciones a partir de la información de las imágenes
- Predecir el final de un cuento a partir de la lectura del comienzo y el desarrollo
- Hacer predicciones a partir de experiencias y conocimientos personales

Establecer relaciones
- Hablar acerca de experiencias y conocimientos personales en relación con el texto
- Establecer relaciones entre textos que tratan el mismo tema o que tienen el mismo contenido
- Identificar personajes o escenarios recurrentes cuando se aplique

Sintetizar
- Hablar sobre lo que ya sabe la lectora o el lector respecto de la información en el texto
- Identificar información nueva en el texto o en las imágenes

Inferir
- Hablar acerca de los sentimientos de los personajes
- Hablar acerca de las imágenes y demostrar la interpretación de un problema o de los sentimientos de los personajes

Pensar *acerca* del texto

Analizar
- Comprender cómo las ideas de un libro se relacionan entre sí
- Comprender cómo las ideas de un libro se relacionan con el título

Criticar
- Compartir opiniones sobre un texto
- Compartir opiniones sobre las ilustraciones

Lectores del **Nivel B:**

En el Nivel B, los lectores aprenden cómo funciona el texto escrito, especialmente desarrollan los conceptos de direccionalidad de izquierda a derecha a lo largo de las palabras y de las líneas de texto. Afianzan la concordancia entre voz y texto durante la lectura de textos de dos o más líneas. Los lectores pueden reconocer patrones lingüísticos que se repiten en textos con cuentos muy sencillos y centrados en una sola idea y aprenden más acerca de las características distintivas de las letras y las relaciones entre los sonidos y las letras. Es muy importante que comiencen a autoverificar su lectura y a intentar autocorregirse al observar las discordancias y verificar una fuente de información con otra. Comienzan a observar y usar letreros visuales y a ampliar el grupo básico de palabras de uso frecuente sencillas.

Seleccionar textos: Características de los textos de este nivel

GÉNERO/FORMAS

Género
- Algunos textos sencillos sobre hechos
- Cuentos fantásticos sencillos con animales
- Ficción realista

Formas
- Libros álbum

ESTRUCTURA DEL TEXTO

Ficción
- Narraciones muy sencillas con cuentos relatados con imágenes

No ficción
- Centrado en una sola idea o un tema sencillo
- Estructura textual subyacente (descripción)
- Presentación de una categoría sencilla de información
- Textos con información secuencial

CONTENIDO

- Contenido fácil y conocido (familia, juegos, mascotas, escuela, hogar)
- Todos los conceptos se complementan con imágenes

TEMAS E IDEAS

- Temas e ideas muy conocidos

CARACTERÍSTICAS LITERARIAS Y DEL LENGUAJE

- Por lo general, personajes planos y sin nombre
- Patrones lingüísticos que se repiten (entre cuatro y ocho palabras sencillas en una oración) con leves variaciones de longitud
- Textos con escenarios conocidos y cercanos a la experiencia de los niños
- Algunos elementos fantásticos sencillos (por ejemplo, animales que hablan)
- Diálogo sencillo
- Dos patrones de oraciones alternados: un patrón repetitivo sin cambios y un patrón repetitivo con dos cambios de palabras

COMPLEJIDAD DE LAS ORACIONES

- Oraciones más largas pero predecibles y cercanas al lenguaje oral
- Por lo general, oraciones sencillas (pero algunas con frases preposicionales y adjetivos)
- Sujeto que precede al verbo en la mayoría de las oraciones (excepto en los incisos del narrador)
- Oraciones sencillas (sujeto y predicado y, por lo general, con frases al final)
- Presentación del diálogo con los incisos del narrador
- Variación de los artículos y de los tiempos verbales

VOCABULARIO

- Casi todo el vocabulario es conocido por los niños y es posible que ellos lo usen oralmente
- Significados de las palabras ilustrado con imágenes

A mi hermanita le gusta correr como yo.

4   5

PALABRAS

- Plurales sencillos (agregar **-s** a un sustantivo que termina en vocal, por ej., *los osos, los monos*)
- Uso repetitivo de algunas palabras de uso frecuente sencillas (*mi, mamá, yo, como, con*)
- Muchas palabras con relaciones entre letras y sonidos sencillas y predecibles (decodificables)
- Por lo general, palabras con patrones ortográficos fáciles
- Por lo general, palabras con una y dos sílabas con patrones silábicos básicos CV-CV y CVC-CV (*como, gusta*)
- Ocasionalmente, palabras de tres y cuatro sílabas que designen objetos conocidos y contengan un patrón silábico básico (*muñeca, pelota*) y que se complementen con ilustraciones (*elefante, amarillo*)
- Uso de terminaciones de diminutivo -ito e -ita (*osito, monito, hermanita*)

ILUSTRACIONES

General
- Ilustraciones que coinciden detalladamente con el texto
- Ilustraciones claras que complementan el significado totalmente
- Ilustraciones que apoyan cada página del texto
- Ilustraciones muy sencillas con pocos detalles que distraigan la atención
- Disposición uniforme de las ilustraciones y el texto

CARACTERÍSTICAS DEL LIBRO Y LA LETRA IMPRESA

Longitud
- Muy cortos; por lo general, ocho páginas con texto e ilustraciones
- Dos o más líneas de texto en cada página

Texto impreso y disposición
- Espacio amplio entre las palabras y las líneas
- Texto impreso en fuente grande y sencilla
- Las oraciones continúan en una o más líneas

- Texto separado claramente de las imágenes
- Ubicación uniforme del texto y las ilustraciones (disposición) excepto en la última página
- Los cortes de las líneas coinciden con el final de frases y oraciones
- Uso de negrilla en la última página

Puntuación
- Por lo general, puntos y algunas comas ocasionales
- Signos de admiración de apertura y de cierre: ¡ y !
- Estilo de diálogo del español con rayas de diálogo: —

Seleccionar objetivos: Hábitos y conocimientos para observar, enseñar y apoyar

Pensar en el texto *en sí*

Descifrar palabras
- Reconocer rápidamente la mayoría de las palabras con el apoyo del significado y la estructura lingüística
- Usar la primera letra de una palabra según su significado o sintaxis para descifrarla
- Ubicar palabras desconocidas al identificar la primera letra
- Decir una palabra lentamente para oír e identificar el primer sonido y conectarlo con una letra
- Reconocer algunas palabras de uso frecuente sencillas, por ejemplo: **le, yo, allí, con, ir, del, casa, mamá, era, los, muy, al**
- Ubicar palabras de uso frecuente en un texto
- Usar lo que se sabe sobre las sílabas para apoyar la concordancia entre voz y texto
- Hablar más lentamente para apoyar la concordancia entre voz y texto

Verificar y corregir
- Volver a leer la oración para resolver problemas, autocorregirse o confirmar
- Usar las primeras letras de las palabras (y los sonidos relacionados) para verificar y autocorregirse
- Usar los conocimientos previos para verificar y autocorregirse
- Autoverificar y autocorregirse a partir de la estructura lingüística
- Comenzar a verificar un tipo de información con otra para verificar y autocorregir la lectura (por ejemplo, el significado con la información visual)
- Autoverificar y autocorregirse a partir del significado en el texto y las imágenes
- Usar la concordancia entre voz y texto para autoverificar y autocorregirse
- Mostrar evidencia de que se presta atención al texto
- Usar palabras conocidas para autoverificar y autocorregirse

Buscar y usar información
- Leer de izquierda a derecha más de una línea de texto
- Volver a la izquierda para leer la línea siguiente
- Emparejar una palabra hablada con una palabra impresa (la concordancia entre voz y texto se indica al señalar con seguridad debajo de cada palabra)
- Buscar y usar información en el texto (letras y sonidos, palabras conocidas)
- Hacer preguntas para aclarar el significado u obtener información
- Buscar y usar información en las imágenes y en el lenguaje
- Volver a leer para buscar y usar información a partir de imágenes y del lenguaje
- Recordar y usar patrones lingüísticos como ayuda para leer un texto

Resumir
- Recordar de qué trata el cuento durante la lectura
- Recordar detalles durante la lectura
- Recordar información para comprender mejor el final de un cuento
- Comentar el texto después de la lectura al recordar información o detalles importantes del cuento

Mantener la fluidez
- Señalar y leer a un ritmo constante, lo suficientemente lento para que haya concordancia pero que no haya pausas largas
- Observar y usar la puntuación y reflejarla con la voz

Ajustar
- Leer más lentamente para resolver problemas con las palabras y retomar la lectura con impulso

Planificar el trabajo con las palabras después de la lectura guiada

Se pueden desarrollar la fluidez y la flexibilidad en el procesamiento visual con demostraciones de uno a tres minutos y una participación activa de la o el estudiante por medio de un tablero o caballete, un pizarrón, letras magnéticas o papel y lápiz. Planee trabajo explícito para áreas de procesamiento visual específicas que necesitan apoyo.

Ejemplos:
- Reconocer rápidamente algunas palabras de uso frecuente sencillas (por ejemplo: *yo, casa, como*)
- Reconocer vocales en sílabas con *m* y *p* (*mamá, papá, mapa, puma*)
- Reconocer y formar sílabas abiertas y cerradas y algunas palabras sencillas con los patrones VC y CVC (*el, sus, es*)
- Escribir algunas palabras con los patrones VC y CVC (*por, en, al*)
- Escribir algunas palabras de uso frecuente sencillas (por ejemplo: *yo, es, como, esa*)

- Emparejar o clasificar imágenes según el sonido inicial (*carrito, camión, correr*)
- Emparejar o clasificar imágenes según el sonido final (*pan, van*)
- Emparejar o clasificar rápidamente letras según diversas características (mayúscula o minúscula; altas o bajas; con o sin trazos rectos, círculos, colas, puntos, arcos)

- Emparejar o clasificar imágenes según los sonidos que riman (*camión, avión*)
- Emparejar o clasificar rápidamente mayúsculas y minúsculas (*Aa, Dd*)
- Aplaudir las sílabas en palabras de una, dos y tres sílabas
- Reconocer las por el nombre y ubicarlas rápidamente en las palabras
- Usar tarjetas del alfabeto o un cartel del alfabeto y leerlo de distintas maneras (cantar, leer consonantes, leer el nombre de las letras, leer imágenes, orden inverso, cada dos letras)

Pensar *más allá* del texto

Predecir
- Usar lo que se sabe sobre la estructura lingüística para anticipar el texto
- Hacer predicciones a partir de la estructura lingüística
- Hacer predicciones a partir de la información de las imágenes
- Predecir el final de un cuento a partir de la lectura del comienzo y el desarrollo
- Hacer predicciones a partir de experiencias y conocimientos personales

Establecer relaciones
- Hablar acerca de experiencias y conocimientos personales en relación con el texto
- Establecer relaciones entre textos que tratan el mismo tema o que tienen el mismo contenido
- Identificar personajes o escenarios recurrentes cuando se aplique

Sintetizar
- Identificar lo que ya sabe la lectora o el lector respecto de la información en el texto, antes de la lectura
- Identificar información nueva en el texto o en las imágenes o fotografías

Inferir
- Comprender los sentimientos de los personajes y demostrarlo mediante la conversación o el dibujo
- Comprender que las imágenes muestran la interpretación de un problema o de los sentimientos de los personajes

Pensar *acerca* del texto

Analizar
- Observar y apreciar el humor (y demostrarlo mediante métodos verbales y no verbales)
- Reconocer que los cuentos tienen un comienzo y un final
- Comprender cómo las ideas de un libro se relacionan entre sí
- Comprender cómo las ideas de un libro se relacionan con el título

Criticar
- Compartir opiniones sobre los libros
- Compartir opiniones sobre las ilustraciones

© 2014, Gay Su Pinnell e Irene C. Fountas de *Continuo de adquisición de la lectoescritura, Grados PreK–2.* Portsmouth, NH: Heinemann.

Lectores del **Nivel C:**

En el Nivel C, los lectores encuentran cuentos sencillos y temas conocidos en textos que, por lo general, tienen entre dos y cuatro líneas de texto en cada página. Se desplazan de izquierda a derecha a lo largo de las palabras y de las líneas de texto de manera natural y automática, vuelven al margen izquierdo en cada línea nueva y leen el texto en las páginas de la derecha y de la izquierda. La lectura se vuelve fluida, permite la expresión, y los ojos asumen el proceso de emparejar la palabra hablada con la palabra impresa. Los lectores comienzan a no necesitar señalar y demuestran una lectura con frases bien formadas. Los lectores reconocen las rayas de diálogo y reflejan los diálogos con la voz. Desarrollan un grupo básico más extenso de palabras de uso frecuente que reconocen fácil y rápidamente. En este nivel, los lectores verifican uniformemente la lectura y verifican una fuente de información con otra. La autocorrección explícita revela un incremento del dominio por parte de los lectores de la capacidad de procesar texto.

Seleccionar textos: Características de los textos de este nivel

GÉNERO/FORMAS

Género
- Algunos textos sencillos sobre hechos
- Cuentos fantásticos sencillos con animales
- Ficción realista

Formas
- Libros álbum

ESTRUCTURA DEL TEXTO

Ficción
- Narraciones sencillas con varios episodios (por lo general, similares o repetitivos)

No ficción
- Centrado en una sola idea o en un tema sencillo
- Estructura textual subyacente (descripción)
- Presentación de una categoría sencilla de información
- Textos con información secuencial

CONTENIDO
- Contenido fácil y conocido (familia, juegos, mascotas, escuela)
- Todos los conceptos se complementan con imágenes

TEMAS E IDEAS
- Temas e ideas conocidos

CARACTERÍSTICAS LITERARIAS Y DEL LENGUAJE
- Personajes unidimensionales divertidos
- Patrones lingüísticos naturales que se repiten
- Textos con escenarios conocidos y cercanos a la experiencia de los niños
- Diálogo sencillo (designado por *dijo* en la mayoría de los textos)
- Algunos elementos fantásticos sencillos (por ejemplo, animales que hablan)

COMPLEJIDAD DE LAS ORACIONES
- Estructura de oraciones sencilla y predecible, pero con patrones variados
- Oraciones que son preguntas
- Muchas oraciones con frases preposicionales y adjetivos
- Sujeto que precede al verbo en la mayoría de las oraciones
- Estructuras sintácticas de mayor dificultad
- Algunos patrones y repetición
- Por lo general, un cambio sencillo de patrón al final de un cuento o en el texto en sí
- O un argumento sencillo sin repeticiones
- Cambio de patrón y tiempo verbal en la última página

VOCABULARIO
- Casi todo el vocabulario es conocido por los niños y es posible que ellos lo usen oralmente
- Significados de las palabras ilustrados con imágenes
- Variación en las palabras usadas para designar diálogos (por lo general, *dijo*)
- Adjetivos o sustantivos que cambian su terminación según el género (*Papá está despierto. Mamá está despierta.*)

Elena dijo:

—¡Ya sé dónde está Tita!

14   15

PALABRAS

- Mayoría de palabras de dos y tres sílabas
- Plurales sencillos y gerundios terminados en **-iendo (durmiendo)**
- Mayor variedad de palabras de uso frecuente sencillas
- Muchas palabras con relaciones entre letras y sonidos sencillas y predecibles (decodificables)
- Palabras con patrones ortográficos fáciles
- Variación en el orden de palabras para designar diálogos (variación en el orden sustantivo/verbo: **Mamá dijo:** frente a **—dijo mamá**)
- Cambios en los tiempos verbales apoyados por el lenguaje oral
- Significados de las palabras cambiados por terminaciones verbales y acentos

ILUSTRACIONES

General

- Ilustraciones que coinciden detalladamente con el texto
- Más significado transmitido con el texto y menos con el apoyo de imágenes
- Ilustraciones en cada página o cada dos páginas
- Ilustraciones muy sencillas con pocos detalles que distraigan la atención
- Disposición uniforme de las ilustraciones y el texto

CARACTERÍSTICAS DEL LIBRO Y LA LETRA IMPRESA

Longitud

- Muy cortos; por lo general, ocho páginas con texto
- Entre dos y cinco líneas de texto en cada página

Texto impreso y disposición

- Espacio amplio entre las palabras y las líneas
- Texto impreso en fuente grande y sencilla
- Palabras en negrilla o una fuente más grande para expresar énfasis
- Las oraciones continúan en una o más líneas
- Texto separado claramente de las imágenes
- Ubicación uniforme del texto (disposición)
- Los cortes de las líneas coinciden con el final de frases y oraciones

Puntuación

- Puntos suspensivos en algunos textos para crear expectativa
- Puntos, comas, signos de admiración y rayas de diálogo
- Dos puntos con el inciso del narrador
- Signos de interrogación de apertura y de cierre: ¿ y ?

Seleccionar objetivos Hábitos y conocimientos para observar, enseñar y apoyar

Pensar en el texto *en sí*

Descifrar palabras

- Reconocer sin dificultad palabras de uso frecuente sencillas y palabras comunes sencillas con el apoyo del significado y la estructura lingüística
- Ubicar la primera y última letra de palabras en texto corrido
- Observar la letra inicial de una palabra, conectarla con un sonido y decir el primer sonido de una palabra
- Usar información entre letras y sonidos junto con el significado y la estructura lingüística para descifrar palabras
- Decir palabras lentamente para identificar el primer sonido, conectarlo con la letra y ubicar la palabra en un texto
- Reconocer diez o más palabras de uso frecuente dentro de un texto corrido, por ejemplo: *la, el, mira, casa, dijo, esa, gusta*
- Establecer relaciones entre las palabras según las letras, los sonidos o los patrones ortográficos
- Usar palabras conocidas para establecer relaciones y descifrar palabras

Verificar y corregir

- Volver a leer la oración para resolver problemas, autocorregirse o confirmar
- Autoverificar y autocorregir la lectura a partir de las letras iniciales y las relaciones con los sonidos
- Autoverificar y autocorregirse a partir de la estructura lingüística
- Verificar un tipo de información con otra para verificar y autocorregir la lectura (por ejemplo, el significado con la información visual)
- Autoverificar y autocorregirse a partir del significado en el texto y las imágenes
- Usar palabras conocidas para autoverificar y autocorregirse

Buscar y usar información

- Leer de izquierda a derecha más de una línea de texto y volver a la izquierda para leer la siguiente línea de texto
- Buscar y usar información en el texto (letras y sonidos, palabras conocidas)
- Buscar y usar información de las imágenes y fotografías
- Procesar textos con diálogos sencillos en los que se designa a los interlocutores
- Volver a leer para buscar y usar información a partir del lenguaje o el significado
- Recordar y usar patrones lingüísticos como ayuda para leer un texto

Resumir

- Recordar información para comprender mejor el final de un cuento
- Recordar y usar detalles al comentar un cuento después de la lectura
- Comprender e identificar una secuencia de sucesos sencilla en un cuento
- Recordar información importante sobre un tema

Mantener la fluidez

- Reflejar la sintaxis al unir palabras en frases
- Observar y usar la puntuación y reflejarla con la voz
- Reflejar la comprensión de palabras en negrilla al decir la palabra más fuerte (en textos de ficción)
- Observar y usar las rayas de diálogo y reflejar el diálogo con la voz
- Demostrar el énfasis adecuado en las palabras de una oración

Ajustar

- Leer más lentamente para resolver problemas con las palabras y retomar la lectura con impulso

---

Planificar el trabajo con las palabras después de la lectura guiada

Se pueden desarrollar la fluidez y la flexibilidad en el procesamiento visual con demostraciones de uno a tres minutos y una participación activa de la o el estudiante por medio de un tablero o un caballete, un pizarrón, letras magnéticas o lápiz y papel. Planee trabajo explícito para áreas de procesamiento visual específicas que necesitan apoyo.

Ejemplos:

- Reconocer algunas palabras de uso frecuente sencillas (por ejemplo: *yo, no, es, las, casa, esa*)
- Escribir varias palabras con los patrones VC y CVC (*un, pan*)
- Reconocer vocales en sílabas abiertas y cerradas (*me, mes; va, van; sí, sin*)
- Reconocer sílabas con *ca, co, cu* y *ga, go, gu* (*cama, como, cuna, gato, gota*)

- Reconocer palabras sencillas con el patrón CVCV (*gato, mamá, pelo, mapa*)
- Escribir o formar varias palabras de uso frecuente sencillas
- Clasificar rápidamente letras según diversas características (mayúsculas o minúsculas; altas o bajas; con o sin trazos rectos, círculos, colas, puntos, arcos)

- Emparejar o clasificar palabras con rimas (a partir de imágenes)
- Unir imágenes con letras usando sonidos iniciales o finales
- Decir y aplaudir las sílabas en palabras de una, dos o tres sílabas (a partir de imágenes)
- Ubicar palabras rápidamente usando la primera letra y los sonidos relacionados
- Decir palabras lentamente y escribir letras relacionadas con los sonidos

---

Pensar *más allá* del texto

Predecir
- Usar lo que se sabe sobre la estructura lingüística para anticipar el texto
- Hacer predicciones a partir de la información de las imágenes o fotografías
- Predecir el final de un cuento a partir de la lectura del comienzo y el desarrollo
- Hacer predicciones a partir de experiencias y conocimientos personales
- Hacer predicciones a partir de la información obtenida de la lectura

Establecer relaciones
- Hacer y comentar relaciones entre los textos y las experiencias y conocimientos personales de la lectora o el lector
- Establecer relaciones entre textos que se parecen en algún aspecto (tema, final, personajes)

Sintetizar
- Identificar lo que ya sabe la lectora o el lector respecto de la información en el texto
- Identificar información nueva en el texto o en las imágenes o fotografías
- Recordar información nueva para usarla en una conversación
- Hablar sobre lo que ya sabe la lectora o el lector sobre un tema o un personaje antes y después de la lectura

Inferir
- Hablar sobre los sentimientos y las motivaciones de los personajes
- Apoyar inferencias con pruebas tomadas del texto o las imágenes

Pensar *acerca* del texto

Analizar
- Observar y señalar relaciones entre el texto y las imágenes o las fotografías
- Reconocer que los cuentos tienen un comienzo y un final
- Comprender cómo las ideas de un libro se relacionan con el título

Criticar
- Compartir opiniones sobre el texto en general (comienzo, personajes, final)
- Compartir opiniones sobre las ilustraciones o las fotografías

© 2014, Gay Su Pinnell e Irene C. Fountas de *Continuo de adquisición de la lectoescritura, Grados PreK–2*. Portsmouth, NH: Heinemann.

Lectores del **Nivel D:**

En el Nivel D, los lectores siguen cuentos de ficción y fantásticos sencillos y textos informativos fáciles. Pueden seguir texto con los ojos (sin señalar) de entre dos y seis líneas en cada página y procesar textos con patrones lingüísticos más variados (y esos patrones existentes son más complejos). Observan y usan una variedad de signos de puntuación y leen diálogos reflejando el significado por medio de la formación de frases. Los lectores pueden descifrar muchas palabras comunes y sencillas de dos y tres sílabas. La concordancia entre voz y texto es uniforme y automática, y rara vez resulta necesario señalar (solo en casos difíciles). El grupo básico de palabras de uso frecuente se amplía. Los lectores verifican uniformemente su lectura y verifican una fuente de información con otra.

Seleccionar textos: Características de los textos de este nivel

GÉNERO/FORMAS

Género
- Algunos textos sencillos sobre hechos
- Cuentos fantásticos sencillos con animales
- Ficción realista
- Recuentos muy sencillos de cuentos tradicionales

Formas
- Libros álbum

ESTRUCTURA DEL TEXTO

Ficción
- Narraciones sencillas con varios episodios (por lo general, similares o repetitivos)

No ficción
- Centrado en una sola idea o en un tema sencillo
- Estructura textual subyacente (descripción)
- Presentación de una categoría sencilla de información
- Textos con información secuencial

CONTENIDO
- Contenido fácil y conocido (familia, juegos, mascotas, escuela)
- La mayoría de los conceptos se complementan con imágenes

TEMAS E IDEAS
- Temas e ideas conocidos

CARACTERÍSTICAS LITERARIAS Y DEL LENGUAJE
- Personajes unidimensionales divertidos o atractivos
- Patrones lingüísticos más complejos que se repiten
- Mayor variedad de estructuras lingüísticas
- Textos con escenarios conocidos y cercanos a la experiencia de los niños
- Diálogo simple y algo de diálogo dividido
- Diálogos sencillos en los que se designa al interlocutor
- Variedad en la designación al interlocutor (*dijo, gritó*)
- Secuencia de sucesos sencilla (por lo general, repetida)
- Algunos elementos fantásticos sencillos (por ejemplo, animales que hablan)

COMPLEJIDAD DE LAS ORACIONES
- Oraciones más largas (más de diez palabras)
- Oraciones que son preguntas
- Muchas oraciones con frases preposicionales y adjetivos
- Algunas oraciones que comienzan con frases
- Estructuras de las oraciones con mayor complejidad
- Presentación de cláusulas subordinadas, algunas pueden continuar en páginas contiguas
- Todavía puede haber patrones habituales, pero con cláusulas que cambian
- Omisión ocasional del pronombre de sujeto (*Está debajo de la silla.*)

VOCABULARIO
- Casi todo el vocabulario es conocido por los niños y es posible que ellos lo usen oralmente
- Significados de las palabras ilustrados con imágenes
- Variación en las palabras usadas para designar diálogos

PALABRAS
- Muchas palabras de uso frecuente
- Muchas palabras con relaciones entre letras y sonidos sencillas y predecibles (decodificables)
- Por lo general, patrones ortográficos sencillos
- Mayoría de palabras de dos y tres sílabas, con ocasionales palabras de cuatro sílabas (**ayúdenme**)
- Cambios en los tiempos verbales apoyados por el lenguaje oral
- Significados de las palabras cambiados por terminaciones verbales y acentos
- Mayor variedad de conjugaciones verbales, especialmente en la tercera persona del singular/plural (*buscó, buscaron*)
- Más plurales y gerundios terminados en *-iendo (durmiendo)*
- Uso del orden de palabras para designar cambios de diálogo con mayor frecuencia (variación en el orden sustantivo/verbo: *Mamá dijo:* frente a *—dijo mamá*)

La vaca llegó
muy contenta al río.
—¡Quiero cantar
una canción!
—la vaca dijo.

ILUSTRACIONES

General

- Ilustraciones que brindan un muy buen apoyo y que suelen coincidir con el texto
- Ilustraciones en cada página o cada dos páginas
- Más detalles en las ilustraciones

CARACTERÍSTICAS DEL LIBRO Y LA LETRA IMPRESA

Longitud

- Muy cortos; por lo general, ocho páginas con texto
- Por lo general, entre dos y seis líneas de texto en cada página (pero puede variar)

Texto impreso y disposición

- Espacio amplio entre las palabras y las líneas
- Texto impreso en fuente grande y sencilla
- Palabras en negrilla o una fuente más grande para expresar énfasis
- Las oraciones continúan en una o más líneas
- Oraciones que comienzan a la izquierda en la mayoría de los textos
- Texto separado claramente de las imágenes
- Los cortes de las líneas coinciden con el final de frases y oraciones

Puntuación

- Puntos suspensivos en algunos textos para crear expectativa
- Puntos, comas, signos de admiración y rayas de diálogo
- Dos puntos con el inciso del narrador

Seleccionar objetivos: Hábitos y conocimientos para observar, enseñar y apoyar

Pensar en el texto *en sí*

Descifrar palabras

- Reconocer rápidamente una gran cantidad de palabras sencillas de uso frecuente y palabras comunes con el apoyo del significado y la estructura lingüística
- Ubicar la primera y última letra de palabras en texto corrido
- Decir palabras lentamente para identificar el primer sonido, conectarlo con la letra y ubicar la palabra en un texto
- Descomponer palabras usando los sonidos de las letras individuales en palabras con patrones CV, VCV, CVCV, VC y CVC
- Reconocer rápidamente veinte o más palabras de uso frecuente dentro de un texto corrido
- Establecer relaciones entre las palabras según las letras, los sonidos o los patrones ortográficos

Verificar y corregir

- Volver a leer la oración para resolver problemas, autocorregirse o confirmar
- Autoverificar la precisión y autocorregirse usando palabras conocidas, información entre letras y sonidos y partes de palabras
- Verificar un tipo de información con otra para verificar y autocorregir la lectura (por ejemplo, el significado con la información visual)
- Usar dos o más fuentes de información (significado, estructura lingüística, información visual) para autoverificar o autocorregir la lectura
- Usar palabras conocidas para autoverificar y autocorregirse

Buscar y usar información

- Observar detalles en imágenes o fotografías y usar esta información para comprender el texto
- Procesar textos con diálogos sencillos en los que se designa a los interlocutores
- Volver a leer para buscar y usar información
- Observar, buscar, recordar y comentar información esencial para la comprensión
- Usar el significado del texto y la estructura lingüística para descifrar nuevas palabras

Resumir

- Recordar información para comprender mejor el final de un cuento
- Recordar y volver a contar la información importante del texto o sucesos del texto
- Comprender y comentar una secuencia sencilla de sucesos o pasos

Mantener la fluidez

- Identificar y leer frases como grupos de palabras
- Reflejar palabras en negrilla con la voz
- Observar y usar las rayas de diálogo y reflejar el diálogo con la voz
- Reflejar la puntuación por medio de la entonación y las pausas adecuadas durante la lectura oral
- Demostrar el énfasis adecuado en las palabras de una oración

Ajustar

- Leer más lentamente para resolver problemas y retomar un buen ritmo de lectura
- Anticipar y usar patrones lingüísticos cuando estén disponibles pero sin depender de ellos

---

Planificar el trabajo con las palabras después de la lectura guiada

Se pueden desarrollar la fluidez y la flexibilidad en el procesamiento visual con demostraciones de uno a tres minutos y una participación activa de la o el estudiante por medio de un tablero o un caballete, un pizarrón, letras magnéticas o lápiz y papel. Planee trabajo explícito para áreas de procesamiento visual específicas que necesitan apoyo.

Ejemplos:

- Reconocer rápidamente algunas palabras de uso frecuente sencillas (*agua, allí, era, este, fue, gato, muy, son, vamos*)
- Repasar palabras de uso frecuente de niveles anteriores
- Escribir o formar rápidamente varias palabras de uso frecuente
- Agregar *-s* a las palabras para formar plurales y leerlas (*libro/libros*)
- Reconocer las sílabas *que, qui* (*que, queso, quita*)
- Reconocer la sílaba *gui* (*guitarra, guiso*)
- Reconocer diptongos comunes (*piano, reina, fui, muy, canción*)

- Reconocer fácil y rápidamente varias palabras con los patrones CV, VC, VCV, CVCV y CVC (*si, un, esa, cosa, ven*)
- Formar rápidamente varias palabras con los patrones CV, VC, VCV, CVCV y CVC (*me, el, ojo, casa, sol*)
- Descomponer palabras con los patrones CV, VCV, CVCV, VC y CVC (*t-os, s-u, l-a, a-ño*)
- Escribir rápidamente varias palabras con los patrones CV, VCV, CVCV, VC y CVC
- Clasificar rápidamente letras según diversas características (mayúsculas o minúsculas; altas o bajas; con o sin trazos rectos, círculos, colas, puntos, arcos)
- Unir imágenes con letras usando sonidos iniciales

- Cambiar la sílaba inicial para formar una palabra diferente (*casa/masa*)
- Cambiar la letra inicial para formar una palabra de una sílaba (*con/son*)
- Cambiar letras finales para formar una nueva palabra de una sílaba (*mis/mil*)
- Decir y aplaudir las sílabas en palabras de una, dos, tres y cuatro sílabas (a partir de imágenes)
- Usar tarjetas del alfabeto o un cartel del alfabeto y leerlo de distintas maneras (cantar, leer nombres de letras, leer palabras, leer imágenes, leer cada dos letras)

Pensar *más allá* del texto

Predecir

- Usar lo que se sabe sobre la estructura lingüística para anticipar el texto
- Hacer predicciones a partir de la información de las imágenes
- Predecir el final de un cuento a partir de la lectura del comienzo y el desarrollo
- Hacer predicciones a partir de experiencias y conocimientos personales
- Hacer predicciones a partir de la información obtenida de la lectura

Establecer relaciones

- Hacer y comentar relaciones entre los textos y las experiencias y conocimientos personales de la lectora o el lector
- Establecer relaciones entre textos que se parecen en algún aspecto (tema, final, personajes)
- Reconocer y aplicar atributos de personajes recurrentes donde sea relevante

Sintetizar

- Identificar lo que ya sabe la lectora o el lector respecto de la información en el texto
- Identificar información nueva en el texto o en las imágenes
- Adquirir y mencionar información nueva del texto
- Hablar sobre lo que ya sabe la lectora o el lector sobre un tema o un personaje antes de la lectura
- Apoyar nuevas ideas o información con pruebas tomadas del texto

Inferir

- Inferir y hablar sobre los sentimientos, las motivaciones y los atributos de los personajes
- Apoyar inferencias con pruebas tomadas del texto, las imágenes o las fotografías

Pensar *acerca* del texto

Analizar

- Observar cómo hizo la autora o el autor para que un cuento fuera gracioso o sorpresivo
- Identificar y apreciar el humor en un texto
- Observar y comentar las relaciones entre el texto y las imágenes
- Comprender que un cuento tiene un comienzo, una sucesión de sucesos y un final
- Comprender y comentar cómo los autores usan situaciones y personajes interesantes

Criticar

- Compartir opiniones sobre el texto en general (comienzo, personajes, final)
- Compartir opiniones sobre las ilustraciones o las fotografías
- Identificar el tipo textual como de ficción o informativo

Lectores del **Nivel E:**

En el Nivel E, los lectores encuentran textos que suelen tener entre tres y ocho líneas en cada página. Tienen la flexibilidad suficiente para procesar textos con diversas ubicaciones y con todos los signos de puntuación. Los textos tienen ideas más sutiles y relatos más complejos que requieren una mayor atención para comprenderlos, pero otros procesos se están volviendo automáticos para los lectores. Descomponen palabras más largas con desinencias y leen oraciones que tienen dos o tres líneas y algunas que continúan en la página siguiente. Los lectores se apoyan mucho más en el texto a medida que encuentran textos con menos ilustraciones que brindan buen apoyo. La direccionalidad de izquierda a derecha y la concordancia entre voz y texto son automáticas y no requieren esfuerzo, y la lectura oral demuestra fluidez y formación de frases con el énfasis adecuado en las palabras. Leen sin señalar, usando el dedo solo de forma ocasional cuando tienen dificultades. Reconocen muchas palabras de uso frecuente y descifran rápidamente palabras con relaciones comunes entre letras y sonidos y algunas palabras irregulares.

Seleccionar textos: Características de los textos de este nivel

GÉNERO/FORMAS

Género
- Variedad de textos informativos sobre temas fáciles
- Cuentos fantásticos sencillos con animales
- Ficción realista
- Recuentos muy sencillos de cuentos tradicionales

Formas
- Libros álbum
- Obras de teatro sencillas

ESTRUCTURA DEL TEXTO

Ficción
- Narraciones con un comienzo, una secuencia de sucesos y un final claros

No ficción
- Centrado en una sola idea o en un tema sencillo
- Estructura textual subyacente (descripción)
- Presentación de una categoría sencilla de información
- Textos con información secuencial

CONTENIDO
- Contenido conocido que va más allá del hogar, el vecindario y la escuela
- La mayoría de los conceptos se complementan con imágenes

TEMAS E IDEAS
- Temas relacionados con experiencias típicas de los niños
- Muchos cuentos humorísticos y superficiales, típicos de las experiencias infantiles
- Ideas concretas y fáciles de comprender

CARACTERÍSTICAS LITERARIAS Y DEL LENGUAJE
- Personajes unidimensionales divertidos o atractivos
- Cuentos y lenguaje más literarios
- Textos con escenarios conocidos y cercanos a la experiencia de los niños
- Tanto diálogo simple como dividido, en los que por lo general se designa a la interlocutora o el interlocutor
- Secciones de diálogo más largas
- Secuencia de sucesos sencilla (por lo general, repetida)
- Algunos elementos fantásticos sencillos (por ejemplo, animales que hablan)

COMPLEJIDAD DE LAS ORACIONES
- Oraciones más largas (algunas con más de diez palabras)
- Oraciones que son preguntas
- Oraciones complejas con variedad en el orden de las cláusulas
- Uso de comas para diferenciar palabras (destinatario en el diálogo, calificadores, etc.)
- Estructuras gramaticales que requieren mayor atención a la información visual
- Oraciones simples con verbos compuestos unidas por *y* donde el sujeto se sobreentiende en la segunda cláusula y se omite (**Yo atrapo la pelota y corro**).
- Omisión ocasional del pronombre subjetivo en combinación (**La veo jugar en la escuela**).
- Puede incluir secciones más largas de patrones lingüísticos que se repiten

VOCABULARIO
- Casi todo el vocabulario es conocido por los niños y es posible que ellos lo usen oralmente
- Significados de las palabras ilustrados con imágenes
- Variación en el uso de las palabras usadas para designar a los interlocutores en algunos diálogos (**dijo, gritó**)

En el bosque
hay ranas.

Las ranas viven en el
suelo del bosque.
Comen moscas
que pasan volando.

8

9

PALABRAS

- Muchas palabras de uso frecuente
- Mayoría de palabras con relaciones entre letras y sonidos y patrones ortográficos fáciles y predecibles (decodificables)
- Variedad de patrones ortográficos fáciles
- Mayoría de palabras de dos y tres sílabas, con ocasionales palabras de cuatro sílabas
- Cambios en los tiempos verbales apoyados por el lenguaje oral
- Significados de las palabras cambiados por terminaciones verbales y acentos
- Mayor variedad de conjugaciones verbales, especialmente en la tercera persona del singular/plural (*buscó, buscaron*)
- Más plurales (*árbol, árboles, nuez, nueces*)
- Uso del gerundio *-iendo* (*durmiendo, lloviendo*)
- Cambios más frecuentes en el orden de las palabras utilizadas para designar interlocutores del diálogo (variación en el orden del sustantivo/verbo: *Mamá dijo:* frente a *—dijo mamá*).

ILUSTRACIONES

General

- Ilustraciones que brindan un muy buen apoyo y que suelen coincidir con el texto
- Ilustraciones en cada página o cada dos páginas
- Más detalles en las ilustraciones

CARACTERÍSTICAS DEL LIBRO Y LA LETRA IMPRESA

Longitud

- Cortos; entre ocho y dieciséis páginas con texto
- La mayoría de los textos ocupa entre dos y ocho líneas por página

Texto impreso y disposición

- Espacio amplio entre las palabras y las líneas
- Texto impreso en fuente grande y sencilla
- Palabras en negrilla o una fuente más grande para expresar énfasis
- Las oraciones continúan en la otra línea
- Oraciones que comienzan a la izquierda en la mayoría de los textos
- Oraciones que ocupan dos o tres líneas y algunas que continúan en la página siguiente
- Texto separado claramente de las imágenes en la mayoría de los textos
- Los cortes de las líneas coinciden con el final de frases y oraciones
- Variación limitada en la ubicación del texto

Puntuación

- Puntos suspensivos en algunos textos para crear expectativa
- Puntos, comas, signos de admiración y rayas de diálogo
- Dos puntos con el inciso del narrador
- Signos de interrogación de apertura y de cierre: ¿ y ?

Seleccionar objetivos: Hábitos y conocimientos para observar, enseñar y apoyar

Pensar en el texto *en sí*

Descifrar palabras

- Reconocer rápida y fácilmente muchas palabras comunes y de uso frecuente
- Usar el comienzo y el final de las palabras para descifrarlas
- Usar sonidos relacionados con las vocales para descifrar palabras
- Usar sonidos relacionados con las consonantes y los grupos consonánticos para descifrar palabras
- Reconocer y usar partes de palabras para descifrar palabras durante la lectura
- Establecer relaciones entre las palabras según las letras, los sonidos o los patrones ortográficos
- Usar la información conocida sobre una palabra para descifrar una palabra desconocida durante la lectura
- Descomponer muchas palabras nuevas "sobre la marcha"
- Descomponer palabras compuestas para descifrarlas

Verificar y corregir

- Volver a leer la oración o el comienzo de una frase para resolver problemas, autocorregirse o confirmar
- Usar sonidos relacionados con las consonantes y los grupos consonánticos para verificar y corregir la lectura
- Usar el significado, la estructura lingüística y la información visual para verificar y autocorregir la lectura
- Usar palabras conocidas para autoverificar y autocorregirse

Buscar y usar información

- Observar detalles en imágenes o fotografías y usar esta información para comprender el texto
- Procesar textos con diálogos sencillos y pronombres en los que se designa a los interlocutores
- Volver a leer para buscar y usar información que parte de la estructura lingüística o el significado
- Combinar todas las fuentes de información para descifrar palabras al leer
- Observar, buscar, recordar y comentar información esencial para la comprensión

Resumir

- Recordar información para comprender mejor el final de un cuento o tema
- Recordar los detalles importantes al leer un texto
- Observar una sucesión de sucesos para relacionarlos
- Comprender una secuencia de sucesos o pasos sencilla
- Recordar la información nueva e importante sobre un tema

Mantener la fluidez

- Demostrar una lectura oral fluida y con frases bien formadas
- Reflejar la sintaxis y el significado por medio de la expresión y la formación de frases
- Reflejar la puntuación por medio de la entonación y las pausas adecuadas durante la lectura oral
- Demostrar el énfasis adecuado en las palabras de una oración

Ajustar

- Leer más lentamente para resolver problemas y retomar un buen ritmo de lectura
- Tener expectativas para la lectura de textos de ficción y de no ficción
- Volver a leer para descifrar palabras o pensar acerca de ideas y retomar un buen ritmo de lectura

Planificar el trabajo con las palabras después de la lectura guiada

Se pueden desarrollar la fluidez y la flexibilidad en el procesamiento visual con demostraciones de uno a tres minutos y una participación activa de la o el estudiante por medio de un tablero o un caballete, un pizarrón, letras magnéticas o lápiz y papel. Planee trabajo explícito para áreas de procesamiento visual específicas que necesitan apoyo.

Ejemplos:

- Reconocer muchas palabras de uso frecuente (por ejemplo: *agua, bueno, era, gato, hay, muy, niño, por, sé, todo, vamos*)
- Escribir o formar muchas palabras de uso frecuente (por ejemplo: *era, este, gato, mira, ella*)
- Repasar palabras de uso frecuente de niveles previos
- Agregar -*s* o -*es* a las palabras para formar plurales (*rana/ranas, flor/flores*)
- Formar palabras usando los patrones CV (*de*), VCV (*ala*), CVCV (*mesa*), VC (*es*) y CVC (*mes*)

- Separar palabras de una sílaba que comienzan con consonantes o grupos consonánticos (*p-an, tr-en, s-ol, fl-an*)
- Usar partes de palabras conocidas para leer palabras nuevas (*debajo*)
- Leer palabras compuestas sencillas (*telaraña, sacapuntas*)
- Con patrones de fonogramas, formar palabras nuevas al cambiar la primera y la última letra (*pan/par/paz*)
- Formar palabras rápidamente con letras magnéticas

- Cambiar el comienzo, el medio o el final de una palabra para formar una palabra nueva (*luna/cuna, rima/cima, flan/pan*)
- Usar la información conocida sobre las palabras para leer palabras nuevas (*doy, soy; si, mi*)
- Decir las palabras lentamente para escribirlas letra por letra
- Leer tarjetas o un cartel con grupos consonánticos de diferentes maneras (todas las palabras, cada dos recuadros, en orden inverso)

Pensar *más allá* del texto

Predecir
- Usar lo que se sabe sobre la estructura lingüística para anticipar el texto
- Predecir el final de un cuento a partir de la lectura del comienzo y el desarrollo
- Hacer predicciones a partir de experiencias y conocimientos personales
- Hacer predicciones a partir de la información obtenida de la lectura

Establecer relaciones
- Hacer y comentar relaciones entre los textos y las experiencias personales de la lectora o el lector
- Establecer relaciones entre el texto y otros textos que se han leído o escuchado
- Reconocer y aplicar atributos de personajes recurrentes donde sea relevante

Sintetizar
- Identificar lo que ya sabe la lectora o el lector respecto de la información en el texto
- Identificar información nueva en el texto o en las imágenes
- Adquirir información nueva al leer un texto
- Hablar sobre lo que ya sabe la lectora o el lector sobre un tema o un personaje antes de la lectura
- Mostrar evidencia en el texto de ideas o información nuevas
- Comprender el mensaje central de un cuento

Inferir
- Inferir y hablar sobre los sentimientos, las motivaciones y los atributos de los personajes
- Inferir y hablar sobre las causas de los sentimientos, las motivaciones o las acciones
- Observar cambios en los personajes a través del tiempo, y elaborar razones posibles para el desarrollo
- Apoyar inferencias con pruebas tomadas del texto o las imágenes
- Inferir causas y efectos implícitos en el texto

Pensar *acerca* del texto

Analizar
- Reconocer de qué manera los autores o los ilustradores crearon humor
- Reconocer si un texto es de ficción o de no ficción
- Comentar la diferencia entre las fotografías y los dibujos
- Reconocer y comentar cómo la disposición o las características del texto se usan para transmitir significado (por ejemplo, palabras grandes o en negrilla)
- Comprender que un cuento tiene un comienzo, una sucesión de sucesos y un final
- Reconocer cuándo la escritora o el escritor está presentando una secuencia de sucesos, un conjunto de instrucciones o información sobre hechos sencilla
- Comprender cómo los escritores usan personajes y situaciones interesantes
- Identificar quién cuenta la historia

Criticar
- Compartir opiniones sobre el texto en general (comienzo, personajes, final, tema)
- Expresar opiniones acerca de la calidad de las ilustraciones o fotografías
- Expresar opiniones acerca de la información de un texto
- Emitir opiniones sobre los personajes o sucesos de un texto

© 2014, Gay Su Pinnell e Irene C. Fountas de *Continuo de adquisición de la lectoescritura, Grados PreK–2.* Portsmouth, NH: Heinemann.

Lectores del **Nivel F:**

En el Nivel F, los lectores comienzan a adquirir conocimientos sobre las características de diferentes géneros de textos. Pueden leer secciones tanto de diálogo simple como dividido. Reconocen rápida y automáticamente un gran número de palabras de uso frecuente y usan información sobre letras y sonidos para descomponer palabras sencillas y comunes, así como también palabras polisílabas durante la lectura. Reconocen y usan desinencias, plurales y concordancia entre género y número. También pueden procesar y comprender la sintaxis que refleja patrones específicos del lenguaje escrito, cuentos con varios episodios. En ficción, comienzan a conocer personajes más desarrollados y el lenguaje literario. En los textos informativos, aprenden más datos nuevos sobre temas. Leen sin señalar y con el ritmo, la formación de frases, la entonación y el énfasis adecuados.

Seleccionar textos: Características de los textos de este nivel

GÉNERO/FORMAS

Género
- Variedad de textos informativos sobre temas fáciles
- Cuentos fantásticos sencillos con animales
- Ficción realista
- Recuentos muy sencillos de cuentos tradicionales

Formas
- Libros álbum
- Obras de teatro sencillas

ESTRUCTURA DEL TEXTO

Ficción
- Narraciones con un comienzo, una secuencia de sucesos y un final claros

No ficción
- Centrado en una sola idea o en un tema sencillo
- Estructura textual subyacente (descripción, comparación y contraste)
- Presentación de una categoría sencilla de información
- Textos con información secuencial

CONTENIDO
- Contenido conocido que va más allá del hogar, el vecindario y la escuela
- Conceptos accesibles mediante el texto y las ilustraciones

TEMAS E IDEAS
- Temas relacionados con experiencias típicas de los niños
- Muchos cuentos humorísticos y superficiales, típicos de las experiencias infantiles
- Ideas concretas y fáciles de comprender

CARACTERÍSTICAS LITERARIAS Y DEL LENGUAJE
- Personajes unidimensionales divertidos o atractivos
- Cuentos y lenguaje más literarios
- Textos con escenarios conocidos y cercanos a la experiencia de los niños
- Tanto diálogo simple como dividido, en los que por lo general se designa al interlocutor
- Secciones de diálogo más largas
- Secuencia de sucesos sencilla (por lo general, repetida)
- Algunos elementos fantásticos sencillos (por ejemplo, animales que hablan)

COMPLEJIDAD DE LAS ORACIONES
- Oraciones largas (de más de diez palabras) con frases preposicionales, adjetivos y cláusulas
- Oraciones que son preguntas en oraciones simples y en diálogo
- Algunas oraciones complejas con variedad en el orden de las cláusulas
- Muchas oraciones con frases preposicionales y adjetivos
- Variación en la ubicación del sujeto, el verbo, los adjetivos y los adverbios
- Uso de comas para diferenciar palabras (destinatario en el diálogo, calificadores, etc.)
- Oraciones compuestas coordinadas con *y*

VOCABULARIO
- Casi todo el vocabulario es conocido por los niños y es posible que ellos lo usen oralmente
- Variación en el uso de las palabras usadas para designar a los interlocutores (*dijo, gritó*)

PALABRAS
- Mayoría de palabras de dos y tres sílabas, con ocasionales palabras de cuatro sílabas
- Mayor variedad de conjugaciones verbales, especialmente en la tercera persona del singular/plural (*buscó, buscaron*)
- Más plurales y gerundios terminados en *-iendo* (*durmiendo, lloviendo*)
- Cambios frecuentes en el orden de las palabras utilizadas para designar interlocutores del diálogo (variación en el orden del sustantivo/verbo: *Mamá dijo:* frente a *—dijo mamá*)
- Plurales y concordancia de género y número
- Muchas palabras de uso frecuente
- Muchas palabras con desinencias
- Mayoría de palabras con relaciones entre letras y sonidos y patrones ortográficos predecibles (decodificables)
- Relaciones complejas entre letras y sonidos
- Variedad de patrones ortográficos fáciles

—¡Ay! ¿Dónde están las cebollas? —dijo Maribel—. No las encuentro.

—No te preocupes —dijo Paco sonriendo—. Yo te voy a ayudar.

ILUSTRACIONES

General

- Ilustraciones que brindan un muy buen apoyo y que suelen coincidir con el texto
- Ilustraciones que apoyan el texto pero no incluyen todos los aspectos importantes del sentido
- Ilustraciones en cada página o cada dos páginas
- Más detalles en las ilustraciones

CARACTERÍSTICAS DEL LIBRO Y LA LETRA IMPRESA

Longitud

- Cortos; entre ocho y dieciséis páginas con texto
- La mayoría de los textos ocupa entre tres y ocho líneas por página

Texto impreso y disposición

- Espacio amplio entre las palabras y las líneas
- Texto impreso en fuente grande y sencilla
- Palabras en negrilla o una fuente más grande para expresar énfasis
- Las oraciones continúan en la otra línea
- Oraciones que ocupan dos o tres líneas y algunas que continúan en la página siguiente
- Oraciones más largas que comienzan en el margen izquierdo
- Oraciones cortas que comienzan en medio de una línea
- Texto separado claramente de las imágenes en la mayoría de los textos
- Muchos textos con disposición que ayuda a la formación de frases
- Variación limitada en la ubicación del texto

Puntuación

- Puntos, comas, rayas de diálogo, signos de exclamación, signos de interrogación, dos puntos y puntos suspensivos

Seleccionar objetivos: Hábitos y conocimientos para observar, enseñar y apoyar

Pensar en el texto *en sí*

Descifrar palabras

- Reconocer la mayoría de las palabras rápidamente
- Quitar el final de las palabras base para descifrar palabras nuevas
- Usar el análisis de letras y sonidos de izquierda a derecha para leer una palabra nueva
- Usar sonidos relacionados con las vocales para descifrar palabras
- Usar sonidos relacionados con las consonantes y los grupos consonánticos para descifrar palabras
- Reconocer automáticamente cincuenta o más palabras de uso frecuente en texto corrido
- Usar partes de palabras para descomponer eficazmente palabras cuando se lee en busca de significado
- Establecer relaciones entre las palabras según las letras, los sonidos o los patrones ortográficos
- Usar la estructura lingüística, el significado y la información visual de forma coordinada para descifrar palabras
- Descomponer muchas palabras nuevas fáciles "sobre la marcha" mientras se lee en busca de significado
- Descomponer palabras compuestas para descifrarlas

Verificar y corregir

- Autocorregirse más cerca del momento de cometer un error
- Volver a leer una frase para resolver problemas, autocorregirse o confirmar
- Usar las relaciones entre letras y sonidos y las partes de las palabras para verificar y autocorregir la lectura
- Usar el significado, la estructura lingüística y la información visual para verificar y autocorregir la lectura
- Usar palabras conocidas para autoverificar y autocorregirse

Buscar y usar información

- Volver a leer para buscar y usar información o confirmar la lectura
- Combinar todas las fuentes de información para descifrar palabras al leer
- Usar características de organización sencillas (títulos y encabezamientos)
- Observar y usar herramientas del lector, por ejemplo, tabla de contenidos
- Procesar textos con diálogos sencillos y pronombres en los que se designa a los interlocutores
- Buscar datos específicos en textos informativos
- Observar, buscar, recordar y comentar información esencial para la comprensión

Resumir

- Recordar información para comprender mejor el final de un cuento
- Observar una sucesión de sucesos para relacionarlos
- Comprender una secuencia de sucesos o pasos sencilla
- Hacer un resumen oral con detalles en secuencia adecuados
- Identificar y hablar sobre la información importante de un tema o un cuento

Mantener la fluidez

- Demostrar una lectura oral fluida y con frases bien formadas
- Reflejar la sintaxis y el significado con expresión y formación de frases
- Reflejar la puntuación por medio de la entonación y las pausas adecuadas durante la lectura en voz alta
- Demostrar el énfasis adecuado en las palabras de una oración

Ajustar

- Leer más lentamente o repetir para pensar en el significado del texto y retomar un buen ritmo de lectura
- Tener expectativas para leer ficción realista, cuentos fantásticos sencillos con animales, cuentos tradicionales sencillos y libros informativos sencillos
- Volver a leer para descifrar palabras o pensar acerca de ideas y retomar un buen ritmo de lectura

---

Planificar el trabajo con las palabras después de la lectura guiada

Se pueden desarrollar la fluidez y la flexibilidad en el procesamiento visual con demostraciones de uno a tres minutos y una participación activa de la o el estudiante por medio de un tablero o un caballete, un pizarrón, letras magnéticas o lápiz y papel. Planee trabajo explícito para áreas de procesamiento visual específicas que necesitan apoyo.

Ejemplos:

- Reconocer muchas palabras de uso frecuente sencillas (*abuela, come, dijo, hay, las, muy, niño, grande, papa, rojo, son, tiene, vamos*)
- Escribir rápidamente palabras de uso frecuente
- Repasar palabras de uso frecuente de niveles previos
- Reconocer y escribir sílabas y palabras con *h* (*hoy, hago, hace, hacemos*)
- Modificar palabras para añadir desinencias sencillas (*caminar: camino, camine, caminando*)
- Modificar palabras añadiendo **-es** para formar plurales (*color/colores, árbol/árboles*)

- Reconocer palabras que tienen patrones de sílabas abiertas CV, VCV y CVCV (*yo, ama, vaca*) y patrones de sílabas cerradas VC y CVC (*el, con*)
- Reconocer, formar o escribir palabras con diferentes fonogramas (CV, VCV, CVCV, VC, CVC) y sílabas con /k/ (*ca-sa, que-so*)
- Descomponer palabras compuestas (*paraguas, girasol*)
- Modificar sílabas para formar palabras nuevas (*calle, capa; luna, rana*)
- Usar la información conocida sobre las palabras para leer o escribir palabras nuevas (*ven, ves; en, un*)

- Reconocer palabras que comienzan con dígrafos de consonantes (*chico, llave*)
- Descomponer palabras que comienzan con consonantes, grupos consonánticos y dígrafos de consonantes (*p-ato, r-ato, ch-ato, pl-ato*)
- Leer, escribir u ordenar palabras con grupos consonánticos de dos sonidos (*trato, blusa*)
- Reconocer y utilizar la concordancia de género y número en artículos y sustantivos (*la maestra, los maestros*)
- Leer tarjetas o un cartel con grupos consonánticos de diferentes maneras

Pensar *más allá* del texto

Predecir
- Usar lo que se sabe sobre la estructura lingüística para anticipar el texto
- Predecir el final de un cuento a partir de la lectura del comienzo y el desarrollo
- Hacer predicciones a partir de experiencias y conocimientos personales
- Hacer predicciones a partir de la información obtenida de la lectura
- Hacer predicciones a partir del conocimiento de los personajes o del tipo de cuento

Establecer relaciones
- Hacer y comentar relaciones entre los textos y las experiencias personales de la lectora o el lector
- Establecer relaciones entre el texto y otros textos que se han leído o escuchado
- Reconocer y aplicar atributos de los personajes recurrentes donde sea relevante
- Usar ejemplos específicos para apoyar el razonamiento

Sintetizar
- Comentar el conocimiento previo del contenido antes de leer
- Identificar información nueva en el texto o las imágenes
- Observar y adquirir información nueva al leer un texto
- Mostrar evidencia en el texto de ideas o información nuevas

Inferir
- Inferir y hablar sobre los sentimientos, las motivaciones y los atributos de los personajes
- Interpretar las causas de los sentimientos, las motivaciones o las acciones
- Mostrar empatía por los personajes e inferir sus sentimientos y motivaciones
- Apoyar inferencias con pruebas tomadas del texto o las imágenes
- Inferir causas y efectos implícitos en el texto

Pensar *acerca* del texto

Analizar
- Comprender lo que hizo la autora o el autor para que el texto fuera sorprendente, gracioso o interesante
- Reconocer si un texto es de ficción o de no ficción
- Reconocer si un texto es de ficción realista o fantástico
- Reconocer un texto informal por sus características
- Reconocer y comentar cómo la disposición del texto impreso o las características del texto se usan para transmitir significado (por ejemplo: palabras grandes o en negrilla)
- Comprender que un cuento tiene un comienzo, una sucesión de sucesos y un final
- Identificar secuencias cronológicas donde corresponda
- Observar cómo la escritora o el escritor ha seleccionado información interesante para textos informativos

Criticar
- Compartir opiniones sobre el texto en general (comienzo, personajes, final)
- Expresar opiniones acerca de un texto y presentar razones
- Expresar opiniones acerca de la calidad de las ilustraciones
- Expresar opiniones acerca de la información de un texto
- Emitir opiniones sobre los personajes o sucesos de un texto

Lectores del **Nivel G:**

En el Nivel G, los lectores encuentran una mayor variedad de textos y siguen internalizando conocimiento sobre géneros diferentes. Siguen leyendo textos que tienen entre tres y ocho líneas en cada página, pero el tamaño de la letra es un poco menor y hay más palabras en cada hoja. Como ya dominan los primeros hábitos de lectura y reconocen rápida y automáticamente un gran número de palabras de uso frecuente, pueden prestar atención a tramas e ideas un poco más complejas. Pueden usar diversas estrategias para descifrar palabras (información sobre el sonido de las letras, establecer relaciones entre las palabras y usar partes de la palabra) mientras leen y prestan atención al significado. Leen textos con palabras de contenido específico, pero la mayoría de los textos tienen pocas palabras de mayor dificultad. En la lectura oral, demuestran (sin señalar) el ritmo, la formación de frases, la entonación y el énfasis adecuados en las palabras.

Seleccionar textos: Características de los textos de este nivel

GÉNERO/FORMAS

Género
- Variedad de textos informativos sobre temas fáciles
- Cuentos fantásticos sencillos con animales
- Ficción realista
- Literatura tradicional (por lo general, cuentos tradicionales)

Formas
- Libros álbum
- Obras de teatro sencillas

ESTRUCTURA DEL TEXTO

Ficción
- Narraciones con estructura sencilla (comienzo, sucesión de episodios, final), pero con más episodios incluidos

No ficción
- Centrado en una sola idea o tema o en una sucesión de ideas o temas relacionados
- Incluye estructuras textuales subyacentes (descripción, comparación y contraste)
- Centrado mayormente en una categoría de información
- Textos más largos con patrones más largos y complejos que se repiten
- Formatos especiales, como cartas o preguntas seguidas de respuestas

CONTENIDO
- Contenido accesible que va más allá del hogar, el vecindario y la escuela
- Conceptos accesibles mediante el texto y las ilustraciones

TEMAS E IDEAS
- Temas relacionados con experiencias típicas de niños
- Muchos cuentos humorísticos y superficiales, típicos de las experiencias infantiles
- Ideas concretas y fáciles de comprender

CARACTERÍSTICAS LITERARIAS Y DEL LENGUAJE
- Personajes unidimensionales divertidos o atractivos
- Cuentos y lenguaje más literarios
- Textos con escenarios conocidos y cercanos a la experiencia de los niños
- Variedad en la presentación del diálogo (simple con pronombres, dividido, directo, más largo)
- Secuencia de sucesos sencilla (por lo general, repetida)
- Algunos elementos fantásticos sencillos (por ejemplo, animales que hablan)

COMPLEJIDAD DE LAS ORACIONES
- Oraciones largas (de más de diez palabras) con frases preposicionales, adjetivos y cláusulas
- Oraciones que son preguntas en oraciones simples y en diálogo
- Oraciones con cláusulas y frases, algunas introductorias
- Algunas oraciones complejas con variedad en el orden de las cláusulas, frases, sujeto, verbo y objeto
- Muchas oraciones con frases preposicionales y adjetivos
- Variación en la ubicación del sujeto, el verbo, los adjetivos y los adverbios

VOCABULARIO
- Casi todo el vocabulario es conocido por los niños y es posible que ellos lo usen oralmente
- Algunas palabras de contenido específico introducidas, explicadas e ilustradas en el texto
- Variación en el uso de las palabras usadas para designar a los interlocutores (*preguntó, dijo, gritó*)
- Lenguaje técnico o sofisticado (*cables, electricidad*)

—Y ahora, ¿dónde está Bruno?
—preguntó Gloria.

—Detrás de la planta —dijo Jorge—.
Vamos, Bruno, ven. —dijo.

Pero Bruno **no** quería salir.
—Le daremos su juguete favorito
—dijo Gloria.

Bruno salió corriendo
y tumbó la planta.
Le cayó toda la tierra encima.

—¡Bruno! ¡Bruno! —gritó Gloria.

10

11

PALABRAS

- Mayoría de palabras de dos o tres sílabas, con ocasionales palabras de cuatro sílabas
- Muchas palabras de uso frecuente
- Muchas palabras con desinencias
- Algunas relaciones complejas entre sonidos y letras en las palabras
- Amplia variedad de patrones ortográficos fáciles
- Mayor variedad de conjugaciones verbales, especialmente en la tercera persona del singular/plural (*buscó, buscaron*)
- Orden de las palabras para designar cambios de diálogo con más frecuencia (variación en el orden sustantivo/verbo: *Mamá dijo:* frente a *—dijo mamá*)

ILUSTRACIONES

General

- Ilustraciones que apoyan y extienden el significado, pero que no llevan toda la información importante del texto
- Ilustraciones en cada página o en casi todas las páginas en la mayoría de los textos
- Ilustraciones complejas que muestran diversas ideas

CARACTERÍSTICAS DEL LIBRO Y LA LETRA IMPRESA

Longitud

- Corto, entre ocho y dieciséis páginas con texto
- La mayoría de los textos tienen entre tres y ocho líneas de texto en cada página

Texto impreso y disposición

- Espacio amplio entre las palabras y las líneas
- Textos con fuente más pequeña
- Palabras en negrilla o una fuente más grande para expresar énfasis
- Oraciones que ocupan dos o tres líneas y algunas de más de dos páginas
- Oraciones más largas que comienzan en el margen izquierdo
- Oraciones cortas que comienzan en medio de una línea
- Texto separado claramente de las imágenes en la mayoría de los textos

- Muchos textos con disposición que apoya la formación de frases
- Variación limitada en la ubicación del texto

Puntuación

- Puntos, comas, rayas de diálogo, signos de admiración, signos de interrogación, punto y coma y puntos suspensivos

Seleccionar objetivos: Hábitos y conocimientos para observar, enseñar y apoyar

Pensar en el texto *en sí*

Descifrar palabras

- Reconocer la mayoría de las palabras rápida y fácilmente
- Quitar el final de las palabras base para descifrar palabras nuevas
- Usar grupos de letras (combinaciones y dígrafos) para descifrar palabras
- Usar el análisis de letras y sonidos de izquierda a derecha para leer una palabra nueva
- Usar las relaciones entre el sonido y las consonantes y vocales para descifrar palabras
- Reconocer rápida y automáticamente setenta y cinco palabras de uso frecuente o más dentro del texto
- Usar palabras y partes de palabras conocidas para descifrar palabras desconocidas
- Establecer relaciones entre las palabras según las letras, los sonidos o los patrones ortográficos
- Relacionar palabras que significan lo mismo o casi lo mismo para deducir el significado a partir del texto
- Usar el contexto y las ilustraciones para deducir el significado del vocabulario desconocido
- Descifrar rápidamente palabras nuevas fáciles
- Descomponer palabras compuestas para descifrarlas

Verificar y corregir

- Autocorregirse más cerca del momento de cometer un error (volver a leer una frase o una palabra)
- Volver a leer para resolver problemas, autocorregirse o confirmar el reconocimiento de una palabra, la estructura lingüística y el significado
- Usar las relaciones entre sonidos y letras, grupos de letras y gran parte de las palabras para verificar la precisión de la lectura
- Usar el significado, la estructura lingüística y la información visual para verificar y autocorregir la lectura
- Reconocer cuando se requiere más información para comprender un texto
- Usar palabras conocidas para autoverificar y autocorregirse

Buscar y usar información

- Buscar y usar todas las fuentes de información en el texto
- Combinar todas las fuentes de información para descifrar palabras nuevas
- Observar y usar rótulos para las imágenes
- Usar características de organización sencillas (títulos y encabezamientos)
- Observar y usar herramientas del lector, por ejemplo, tabla de contenidos
- Procesar textos con diálogo dividido en los que se designa a los interlocutores
- Buscar datos específicos en textos informativos
- Observar, buscar, recordar y comentar información esencial para la comprensión

Resumir

- Recordar información para comprender mejor el final de un cuento
- Identificar y recordar la información importante de un texto sobre hechos
- Comprender y hablar sobre una secuencia de sucesos o pasos sencilla
- Seguir y reflejar en la conversación los sucesos de un cuento
- Hacer un resumen oral con detalles en secuencia después de la lectura

Mantener la fluidez

- Demostrar una lectura oral correcta y fluida
- Reflejar la sintaxis y el significado por medio de la expresión y la formación de frases
- Reflejar la puntuación por medio de la entonación y las pausas adecuadas durante la lectura en voz alta
- Demostrar el énfasis adecuado en las palabras para reflejar el significado

Ajustar

- Leer más lentamente o repetir para pensar en el significado del texto y retomar un buen ritmo de lectura
- Tener expectativas para leer ficción realista, cuentos fantásticos sencillos con animales, cuentos tradicionales sencillos y libros informativos sencillos
- Volver a leer para descifrar palabras o pensar acerca de ideas y retomar un buen ritmo de lectura

---

Planificar el trabajo con las palabras después de la lectura guiada

Se pueden desarrollar la fluidez y la flexibilidad en el procesamiento visual con demostraciones de uno a tres minutos y una participación activa de la o el estudiante por medio de un tablero o un caballete, un pizarrón, letras magnéticas o lápiz y papel. Planee trabajo explícito para áreas de procesamiento visual específicas que necesitan apoyo.

Ejemplos:

- Reconocer muchas palabras de uso frecuente, por ejemplo: (*abuela, bebé, come, este, grande, hay, las, nido, otra, pan, son, sí, su, todo*)
- Repasar palabras de uso frecuente de niveles previos
- Cambiar los verbos para que concuerden con el sujeto *corro, corre, corremos, corren*
- Cambiar palabras para hacer plurales con *-es* y *-ces* (*cartel/carteles, pez/peces*)

- Descomponer y leer palabras con diferentes fonogramas (CV, VCV, CVCV, VC, CVC) y sílabas con /j/ (*gi-ra-sol, ge-ne-ral, ju-gar*)
- Leer, escribir o formar palabras que tengan sílabas con /s/ (*silla, saco, cielo, ceja, solo, sueco*)
- Separar palabras compuestas (*lava-platos*)
- Cambiar sílabas para crear palabras nuevas (*coma, goma; mapa, capa*)
- Usar la información conocida sobre las palabras para leer palabras nuevas (*pato, gato; ala, pala*)

- Reconocer palabras que comienzan con dígrafos de consonantes (*chico, llama*)
- Descifrar palabras analizando el sonido de las letras de izquierda a derecha (*b-l-a-n-c-o*)
- Descomponer o formar palabras que comiencen con consonantes, grupos de consonantes y dígrafos consonánticos (*n-udo, gl-obo, ll-uvia, r-ojo, l-ápiz*)
- Leer tarjetas o un cartel con grupos consonánticos de diferentes maneras

Pensar *más allá* del texto

Predecir
- Usar lo que se sabe sobre la estructura lingüística para anticipar el texto
- Predecir el final de un cuento a partir de la lectura del comienzo y el desarrollo
- Hacer predicciones a partir de experiencias y conocimientos personales
- Hacer predicciones a partir de la información obtenida de la lectura
- Hacer predicciones a partir del conocimiento de los personajes o del tipo de cuento
- Apoyar las predicciones con la evidencia del texto o la experiencia y el conocimiento personal

Establecer relaciones
- Hacer y comentar relaciones entre los textos y las experiencias y conocimientos personales de la lectora o el lector
- Establecer relaciones entre el texto y otros textos que se han leído o escuchado
- Reconocer y aplicar atributos de los personajes recurrentes donde sea relevante

Sintetizar
- Relacionar el contenido del texto con lo que ya se sabe
- Identificar información nueva en el texto o en las imágenes (o en las fotografías)
- Identificar información nueva de textos informativos sencillos e incorporarla al conocimiento personal

Inferir
- Inferir e interpretar los sentimientos, las motivaciones y los atributos de los personajes
- Inferir las causas de los sentimientos, las motivaciones o las acciones
- Mostrar empatía por los personajes
- Usar e interpretar información de las ilustraciones o fotografías sin depender de ellas para construir significado
- Inferir causas y efectos como se implica en el texto
- Justificar inferencias con pruebas del texto

Pensar *acerca* del texto

Analizar
- Identificar lo que hizo la autora o el autor para que el texto fuera sorpresivo, gracioso o interesante
- Reconocer si un texto es de ficción o de no ficción
- Identificar las características de los géneros (cuentos fantásticos sencillos con animales, textos informativos sencillos, ficción realista, literatura tradicional, obras de teatro)
- Observar cómo los autores o ilustradores usan la disposición o las características del texto para dar énfasis
- Identificar las partes de un texto (comienzo, sucesión de episodios, final)
- Observar que la autora o el autor usa palabras específicas para expresar el significado (por ejemplo, *gritó, exclamó*)
- Identificar un punto del cuento en el que se resuelve un problema
- Comentar si un cuento (ficción) puede ser real y explicar por qué

Criticar
- Compartir opiniones sobre el texto en general (comienzo, personajes, final)
- Expresar opiniones acerca de la calidad de un texto
- Expresar opiniones acerca de la calidad de las ilustraciones o fotografías
- Estar de acuerdo o en desacuerdo con las ideas de un texto
- Emitir opiniones sobre los personajes o sucesos en un texto

Lectores del **Nivel H:**

En el Nivel H, los lectores encuentran desafíos similares a los del Nivel G; pero el lenguaje y el vocabulario son aún más complejos, los cuentos son más largos y más literarios y hay menos repeticiones en la estructura de los episodios. Procesan gran cantidad de diálogo y lo reflejan mediante el énfasis en las palabras y la formación de frases adecuados durante la lectura oral. Los lectores verán que las tramas y los personajes son más elaborados, pero siguen siendo sencillos y directos. Descifran una gran cantidad de palabras polisílabas (muchas palabras con desinencias), plurales y concordancia de género y número. Los lectores leen automáticamente un gran número de palabras de uso frecuente para cumplir con los requisitos de un razonamiento más profundo y también para descifrar palabras con patrones ortográficos complejos. Para lograr un procesamiento eficaz y fluido, los lectores comenzarán a leer más textos nuevos en silencio. En la lectura oral, demuestran (sin señalar) el ritmo, la formación de frases, la entonación y el énfasis en las palabras adecuados.

Seleccionar textos: Características de los textos de este nivel

GÉNERO/FORMAS

Género
- Textos informativos
- Cuentos fantásticos sencillos con animales
- Ficción realista
- Literatura tradicional (por lo general, cuentos tradicionales)

Formas
- Libros álbum
- Obras de teatro sencillas

ESTRUCTURA DEL TEXTO

Ficción
- Narraciones organizadas de maneras predecibles (comienzo, sucesión de episodios repetidos, final)
- Narraciones con más episodios y menos repetición

No ficción
- Centrado en una sola idea o tema o en una sucesión de ideas o temas relacionados
- Incluye claramente estructuras de texto subyacentes (descripción, comparación y contraste, secuencia temporal, problema y solución)
- Centrado mayormente en una categoría de información
- Textos más largos con patrones más largos y complejos que se repiten
- Formatos especiales, como cartas o preguntas seguidas de respuestas

CONTENIDO
- Contenido accesible que va más allá del hogar, el vecindario y la escuela
- Conceptos accesibles mediante el texto y las ilustraciones

TEMAS E IDEAS
- Muchos cuentos humorísticos y superficiales, típicos de las experiencias infantiles
- Gran variedad de temas (que van más allá de los sucesos cotidianos)

CARACTERÍSTICAS LITERARIAS Y DEL LENGUAJE
- Personajes unidimensionales divertidos o atractivos
- Lenguaje descriptivo
- Textos con escenarios que no son típicos de la experiencia de muchos niños
- En casi todos los diálogos se designa a los interlocutores
- Presentación de todos los tipos de diálogo (sencillo, sencillo con pronombres, dividido, directo)
- Uso del diálogo para obras teatrales
- Varios episodios que transcurren en el tiempo
- Elementos fantásticos sencillos y tradicionales

COMPLEJIDAD DE LAS ORACIONES
- Oraciones largas (de más de diez palabras) con frases preposicionales, adjetivos y cláusulas
- Oraciones que son preguntas en oraciones simples y en diálogo
- Algunas oraciones complejas con variedad en el orden de las cláusulas, frases, sujeto, verbo y objeto
- Variación en la ubicación del sujeto, el verbo, los adjetivos y los adverbios
- Estructuras lingüísticas del texto no repetitivas

VOCABULARIO
- Casi todo el vocabulario es conocido por los niños a través del lenguaje oral o la lectura
- Algunas palabras de contenido específico introducidas, explicadas e ilustradas en el texto
- Amplia variedad de palabras usadas para designar a los interlocutores en el diálogo
- Mayor variedad de vocabulario y palabras polisílabas
- Gran cantidad de palabras de uso frecuente
- Se requiere descifrar palabras complejas

Este trabajador es
un panadero.
El panadero trabaja
haciendo pan, ricos pasteles
y galletas.
Las personas le compran pan
para sus familias.

12

13

PALABRAS

- Mayoría de palabras de dos o tres sílabas, con un uso más frecuente de palabras de cuatro sílabas (*cumpleaños, mujercita, vendedora*)
- Amplia variedad de palabras de uso frecuente
- Muchas palabras con desinencias
- Algunas relaciones complejas entre sonidos y letras en las palabras
- Algunos patrones ortográficos complejos
- Palabras polisílabas que suelen ser fáciles de descomponer o decodificar
- Algunas palabras compuestas complejas
- Mayor variedad de conjugaciones verbales, especialmente en la tercera persona del singular/plural (*buscó, buscaron*)
- Más plurales (*pastel, pasteles; panadero, panaderos*)
- Más gerundios (*construyendo*)
- Cambios más frecuentes en el orden

de las palabras para asignar diálogo (variación en el orden sustantivo/verbo: *Mamá dijo:* frente a *—dijo mamá*)

ILUSTRACIONES

General
- Ilustraciones complejas que muestran varias ideas
- Ilustraciones en todas las páginas o en casi todas las páginas en la mayoría de los textos

Ficción
- Textos con cantidad mínima de ilustraciones
- Ilustraciones que apoyan la interpretación, realzan la apreciación, establecen el tono, pero que no son necesarias para la comprensión

No ficción
- Un tipo de elemento gráfico en una página
- Elementos gráficos sencillos (ilustraciones con rótulos)

CARACTERÍSTICAS DEL LIBRO Y LA LETRA IMPRESA

Longitud
- Corto, de ocho a dieciséis páginas de texto
- La mayoría de los textos tienen de tres a ocho líneas de texto por página
- Algunos capítulos fáciles con más páginas

Texto y disposición del texto
- Espacio amplio entre las palabras y las líneas
- Bastardilla para indicar el pensamiento no expresado
- Textos con fuente más pequeña
- Palabras que son importantes para el significado y el énfasis resaltadas en negrilla o bastardilla
- Oraciones que ocupan dos o tres líneas y algunas de más de dos páginas
- Oraciones más largas que comienzan en el margen izquierdo

- Oraciones cortas que comienzan en medio de una línea
- Texto separado claramente de las imágenes en la mayoría de los textos
- Muchos textos con disposición que apoya la formación de frases
- Variación limitada en la ubicación del texto

Puntuación
- Puntos, comas, rayas de diálogo, signos de admiración, signos de interrogación, punto y coma y puntos suspensivos en algunos textos

Seleccionar objetivos: Hábitos y conocimientos para observar, enseñar y apoyar

Pensar en el texto *en sí*

Descifrar palabras

- Usar las relaciones entre letras y sonidos en secuencia para descifrar palabras nuevas más complejas
- Usar las relaciones entre el sonido y las consonantes y vocales para descifrar palabras
- Reconocer rápida y automáticamente cien palabras de uso frecuente o más dentro del texto
- Usar palabras y partes de palabras conocidas para descifrar palabras desconocidas
- Establecer relaciones entre las palabras según las letras, los sonidos o los patrones ortográficos
- Relacionar palabras que significan lo mismo o casi lo mismo para deducir el significado a partir del texto
- Demostrar conocimiento de maneras flexibles para descifrar palabras (descomponerlas, usar el significado, etc.)
- Separar una palabra más larga en sílabas para decodificar unidades manejables
- Usar el contexto y las ilustraciones para deducir el significado del vocabulario desconocido
- Usar el contexto para deducir el significado de palabras nuevas
- Descomponer palabras compuestas para descifrarlas
- Demostrar cómo se descifran palabras de manera competente y activa mientras se lee a buen ritmo (resolución de problemas menos explícita)

Verificar y corregir

- Autocorregirse más cerca del momento de cometer un error
- Volver a leer (la frase o la palabra) para descifrar problemas, autocorregirse o confirmar cuando sea necesario, pero con menos frecuencia que en los niveles anteriores
- Usar varias fuentes de información para verificar y autocorregirse (estructura lingüística, significado e información sobre la letra y el sonido)
- Reconocer cuando se requiere más información para comprender un texto
- Usar palabras conocidas para autoverificar y autocorregirse

Buscar y usar información

- Combinar varias fuentes de información para descifrar palabras
- Usar elementos gráficos sencillos, imágenes con rótulos, que agreguen información al texto
- Usar una tabla de contenidos para ubicar información en un texto
- Usar encabezamientos sencillos para comprender sobre qué tratará una sección
- Procesar textos con diálogo dividido en los que se designa a los interlocutores
- Observar, buscar, recordar y comentar información esencial para la comprensión

Resumir

- Recordar información para comprender mejor el final de un cuento
- Demostrar la comprensión de una secuencia al resumir un texto
- Identificar y comprender un conjunto de ideas relacionadas en un texto
- Resumir narraciones con varios episodios como parte de la misma trama
- Hacer un resumen oral con detalles en secuencia después de la lectura
- Relatar la información importante de un texto

Planificar el trabajo con las palabras después de la lectura guiada

Se pueden desarrollar la fluidez y la flexibilidad en el procesamiento visual con demostraciones de uno a tres minutos y una participación activa de la o el estudiante por medio de un tablero o un caballete, un pizarrón, letras magnéticas o lápiz y papel. Planee trabajo explícito para áreas de procesamiento visual específicas que necesitan apoyo.

Ejemplos:

- Reconocer y escribir muchas palabras de uso frecuente, por ejemplo: (*abajo, allí, bueno, dentro, feliz, gato, hizo, leche, nombre, papel, salió, señora, sí, tiempo, voy*)
- Repasar las palabras de uso frecuente de niveles previos
- Cambiar los verbos para señalar el gerundio (*jugar/jugando, saltar/saltando*)
- Cambiar palabras para formar plurales con *-es* y *-ces* (*camión, camiones; lápiz, lápices*)
- Formar o descomponer palabras con fonogramas con patrones ortográficos diferentes (CV, VCV, CVCV, VC y CVC)

- Escribir palabras con desinencias, plurales, concordancia de género y número, etc.
- Leer, formar o descomponer palabras que tengan sílabas con *gue, gui,* y *güe* and *güi* (*sigue, guinda, lengüeta, pingüino*)
- Descomponer palabras compuestas (*medio-día*)
- Producir frases con concordancia de género y número en artículos y sustantivos (*la niña, los niños*)
- Descifrar palabras a partir del análisis de izquierda a derecha del sonido de las letras (*s-u-e-ñ-o*)

- Usar lo que se sabe sobre las palabras para leer palabras nuevas (*son, sonido; dos, codos*)
- Descomponer palabras que comiencen con consonantes, grupos consonánticos y dígrafos consonánticos (*ch-ocolate, pl-aya, ll-evan, fl-ores*)
- Descomponer palabras que empiezan con grupos consonánticos, ya sean combinaciones o dígrafos (*chaleco, br-azo*)
- Leer tarjetas o un cartel con grupos consonánticos de diferentes maneras

Mantener la fluidez

- Demostrar una lectura oral correcta y fluida
- Reflejar la sintaxis y el significado por medio de la expresión y la formación de frases (incluso en el diálogo)
- Demostrar conocimiento de la función de todos los signos de puntuación
- Demostrar el énfasis adecuado en las palabras para reflejar el significado
- Usar varias fuentes de información (estructura del lenguaje, significado, rápido reconocimiento de las palabras) para apoyar la fluidez y la formación de frases

Ajustar

- Leer más lentamente o repetir para pensar en el significado del texto y retomar un buen ritmo de lectura
- Tener expectativas para leer ficción realista, cuentos fantásticos sencillos con animales, cuentos tradicionales sencillos y libros informativos sencillos
- Volver a leer para descifrar palabras o pensar acerca de ideas y retomar un buen ritmo de lectura

Pensar *más allá* del texto

Predecir

- Usar lo que se sabe sobre la estructura lingüística para anticipar el texto
- Usar el conocimiento de la estructura del texto para hacer predicciones sobre lo que sucederá
- Hacer predicciones a partir del conocimiento de los personajes o del tipo de cuento
- Hacer predicciones a partir de experiencias y conocimientos personales y de la información del texto
- Apoyar las predicciones con la evidencia del texto o la experiencia y el conocimiento personal

Establecer relaciones

- Aportar conocimientos obtenidos en experiencias personales a la interpretación de los personajes y los sucesos
- Aportar conocimientos previos a la comprensión de un texto antes y después de leer, y durante la lectura
- Establecer relaciones entre el texto y otros textos que se han leído o escuchado
- Reconocer y aplicar atributos de los personajes recurrentes donde sea relevante

Sintetizar

- Diferenciar la información nueva de la conocida
- Identificar información nueva e incorporarla al conocimiento personal
- Demostrar el aprendizaje de contenido nuevo a partir de la lectura

Inferir

- Mostrar empatía por los personajes e inferir sus sentimientos y motivaciones
- Interpretar y hablar sobre las causas de los sentimientos, las motivaciones o las acciones
- Usar e interpretar información de las imágenes sin depender de ellas para construir el significado que se obtiene a partir de la lectura de las palabras
- Inferir causas y efectos como se implica en el texto
- Justificar inferencias con pruebas del texto

Pensar *acerca* del texto

Analizar

- Identificar lo que hizo la autora o el autor para que el texto fuera sorpresivo, gracioso o interesante
- Comentar las características de los géneros (cuentos fantásticos sencillos con animales, textos informativos sencillos, ficción realista, literatura tradicional, obras de teatro)
- Diferenciar los textos de ficción de los informativos
- Comprender, hablar, escribir o dibujar cuándo la autora o el autor usó una descripción o la estrategia de comparar y contrastar
- Observar cómo los autores o ilustradores usan la disposición o las características del texto para dar énfasis
- Identificar las partes de un texto (comienzo, sucesión de episodios, final)
- Observar que la autora o el autor usa palabras específicas para expresar el significado (por ejemplo: *gritó, exclamó*)
- Identificar un punto del cuento en el que se resuelva un problema
- Comentar si un cuento (ficción) puede ser real y explicar por qué

Criticar

- Compartir opiniones sobre el texto en general (comienzo, personajes, final)
- Expresar opiniones acerca de la calidad de un texto
- Expresar opiniones acerca de la calidad de las ilustraciones o fotografías
- Observar de qué manera las ilustraciones y fotografías concuerdan (o no) con el significado y ampliar el significado
- Estar de acuerdo o en desacuerdo con las ideas de un texto
- Emitir opiniones sobre los personajes, sucesos o ideas en un texto

© 2014, Gay Su Pinnell e Irene C. Fountas de *Continuo de adquisición de la lectoescritura, Grados PreK–2*. Portsmouth, NH: Heinemann.

Lectores del **Nivel I:**

Los lectores del Nivel I procesarán textos en su mayoría breves (entre ocho y dieciséis páginas), además de algunos libros por capítulos ilustrados sencillos (entre cuarenta y sesenta páginas) que los obligarán a mantener la atención y la memoria a través del tiempo. Hallarán algunas oraciones largas de más de diez palabras con frases preposicionales, adjetivos y cláusulas. También hallarán oraciones compuestas. Pueden procesar eficazmente oraciones complejas cuando el texto así lo requiere. Además de reconocer automáticamente un gran número de palabras, usan estrategias para descifrar palabras con patrones ortográficos complejos, palabras polisílabas y palabras con desinencias, en plural y con concordancia de género y número. Leen muchos textos en silencio siguiéndolos con la vista y sin señalar. Durante la lectura oral, demuestran el ritmo, el énfasis, la entonación, la formación de frases y las pausas adecuados.

Seleccionar textos: Características de los textos de este nivel

GÉNERO/FORMAS

Género
- Textos informativos
- Cuentos fantásticos sencillos con animales
- Ficción realista
- Literatura tradicional (por lo general, cuentos tradicionales)

Formas
- Libros álbum
- Obras de teatro sencillas

ESTRUCTURA DEL TEXTO

Ficción
- Narraciones con varios episodios y escasa repetición de episodios similares
- Narraciones con episodios más elaborados
- Algunos libros por capítulos muy breves con personajes que aparecen en todos los capítulos

No ficción
- Centrado en una sola idea o tema o en una sucesión de ideas o temas relacionados
- Estructuras subyacentes usadas y presentadas claramente (descripción, comparación y contraste, secuencia cronológica, problema y solución)
- Textos organizados en pocas categorías sencillas
- Textos más largos con patrones más largos y complejos que se repiten
- Formatos especiales, como cartas o preguntas seguidas de respuestas

CONTENIDO
- Contenido conocido y algo de contenido nuevo que los niños generalmente no conocen
- Conceptos accesibles mediante el texto y las ilustraciones

TEMAS E IDEAS
- Muchos cuentos humorísticos y superficiales, típicos de las experiencias infantiles
- Algunas ideas que son nuevas para la mayoría de los niños
- Temas accesibles dadas las experiencias típicas de los niños
- Algunas ideas abstractas que tienen un muy buen apoyo en el texto y las ilustraciones

CARACTERÍSTICAS LITERARIAS Y DEL LENGUAJE
- Personajes unidimensionales divertidos o atractivos
- Descripciones más elaboradas de los atributos de los personajes
- Lenguaje característico de la literatura tradicional en algunos textos
- Textos con escenarios que no son típicos de la experiencia de muchos niños
- Diálogos variados (entre más de dos personajes en muchos textos)
- Varios episodios que se suceden en el tiempo
- Elementos fantásticos tradicionales sencillos

- Mayoría de textos contados desde un punto de vista único y algunos textos que incluyen más de uno

COMPLEJIDAD DE LAS ORACIONES
- Oraciones largas (de más de diez palabras) con frases preposicionales, adjetivos y cláusulas
- Muchas oraciones que contienen cláusulas y frases
- Variación en la ubicación del sujeto, el verbo, los adjetivos y los adverbios
- Uso de comas para diferenciar palabras (destinatario en el diálogo, calificadores, etc.)
- Oraciones con enumeraciones de sustantivos, verbos, adjetivos y adverbios separados por comas
- Muchas oraciones compuestas

VOCABULARIO
- Casi todo el vocabulario es conocido por los niños a través del lenguaje oral o la lectura
- Algunas palabras de contenido específico presentadas, explicadas e ilustradas en el texto
- Amplia variedad de palabras para designar a los interlocutores en el diálogo (*dijo, gritó, contestó, rió, sonrió*)
- Se requiere descifrar palabras complejas
- Palabras polisílabas incorporadas en oraciones más largas, párrafos

PALABRAS
- Amplia variedad de palabras de uso frecuente
- Muchas palabras con desinencias
- Algunas relaciones complejas entre letras y sonidos en las palabras
- Algunos patrones ortográficos complejos
- Palabras polisílabas que suelen ser fáciles de descomponer o decodificar
- Algunas palabras compuestas sencillas
- Mayoría de palabras de dos y tres sílabas, con uso más frecuente de palabras de cuatro sílabas (*avaricia, generación, importantes*)
- Mayor variedad de conjugaciones verbales, especialmente en la tercera persona del singular/plural (*buscó, buscaron*)
- Más plurales y gerundios terminados en *-iendo* (*durmiendo*)
- Cambios más frecuentes en el orden de las palabras utilizadas para designar interlocutores del diálogo (variación en el orden del sustantivo/verbo: *Mamá dijo:* frente a *—dijo mamá*)

A los armadillos les gusta el agua.
Cuando tienen calor, descansan
en el agua.
Los armadillos pueden nadar
muy bien.
También pueden caminar
por debajo del agua.

Estos armadillos son bebés.
Nacen en grupos de cuatro.
Los bebés son muy suaves
y no tienen caparazón.
La mamá tiene que cuidarlos
y protegerlos.

10

11

ILUSTRACIONES

General
- Dos o más tipos de elementos gráficos en una página
- Ilustraciones complejas con muchas ideas

Ficción
- Algunos textos sin ilustraciones, cantidad mínima de ilustraciones en blanco y negro o ilustraciones simbólicas
- Algunos textos que requieren que los lectores infieran el cuento a partir de imágenes con una cantidad mínima de texto o con diálogo solamente
- Ilustraciones que apoyan la interpretación, realzan la apreciación y establecen el tono, pero no son necesarias para la comprensión

No ficción
- Uno o dos tipos de elementos gráficos en una página
- Elementos gráficos sencillos (ilustraciones con rótulos)

CARACTERÍSTICAS DEL LIBRO Y LA LETRA IMPRESA

Longitud
- Cortos; entre ocho y dieciséis páginas con texto
- La mayoría de los textos ocupa entre dos y ocho líneas por página
- Algunos libros por capítulos sencillos e ilustrados de entre cincuenta y sesenta páginas

Texto impreso y disposición
- Espacio amplio entre las palabras y las líneas
- Texto impreso en fuente grande y sencilla
- Bastardilla para indicar el pensamiento no expresado
- Textos en fuente más pequeña
- Palabras importantes para el significado y el énfasis resaltadas en negrilla y cursiva
- Oraciones que ocupan dos o tres líneas y algunas que continúan en la página siguiente
- Oraciones más largas que comienzan en el margen izquierdo
- Oraciones cortas que comienzan en medio de una línea
- Texto separado claramente de las imágenes en la mayoría de los textos
- Variación limitada en la ubicación del texto

Puntuación
- Puntos, comas, rayas de diálogo, signos de admiración y de interrogación, dos puntos y puntos suspensivos

Herramientas
- Algunos textos informativos con una tabla de contenidos
- Algunos textos informativos con un glosario sencillo

© 2014, Gay Su Pinnell e Irene C. Fountas de *Continuo de adquisición de la lectoescritura, Grados PreK–2*. Portsmouth, NH: Heinemann.

Seleccionar objetivos: Hábitos y conocimientos para observar, enseñar y apoyar

Pensar en el texto *en sí*

Descifrar palabras

- Usar relaciones entre letras y sonidos en secuencia para descifrar palabras nuevas más complejas
- Usar relaciones entre letras y sonidos de consonantes y de vocales para descifrar palabras
- Reconocer automática y rápidamente cien o más palabras de uso frecuente en texto corrido
- Usar palabras o partes de palabras conocidas para descifrar palabras desconocidas
- Establecer relaciones entre las palabras según las letras, los sonidos o los patrones ortográficos
- Relacionar palabras que significan lo mismo o casi lo mismo para comprender un texto y adquirir vocabulario nuevo
- Demostrar conocimiento de maneras flexibles para descifrar palabras (descomponerlas, usar el significado, usar la secuencia de letras, etc.)
- Separar una palabra más larga en sílabas para decodificar unidades manejables
- Usar el contexto y las imágenes para deducir el significado del vocabulario desconocido
- Usar el contexto para deducir el significado de palabras nuevas
- Descomponer palabras compuestas para descifrarlas
- Usar el significado, la estructura y la información visual para descifrar palabras
- Demostrar cómo se descifran palabras de manera competente y activa mientras se lee a buen ritmo (resolución de problemas menos explícita)

Verificar y corregir

- Autocorregirse en el momento en que se comete un error (o antes de cometerlo)
- Usar varias fuentes de información para verificar y autocorregirse (estructura lingüística, significado, información de letras y sonidos)
- Reconocer cuando se requiere más información para comprender un texto
- Volver a leer y consultar otras fuentes de información para constatar el significado de una palabra descifrada
- Usar palabras conocidas para autoverificar y autocorregirse

Buscar y usar información

- Usar varias fuentes de información para descifrar palabras
- Observar y usar elementos gráficos, como rótulos y leyendas, para las imágenes y los diagramas sencillos
- Usar herramientas de la lectora o el lector sencillas (tabla de contenidos, encabezamientos, glosario sencillo) para hallar información en un texto
- Procesar textos que incluyen algunos diálogos divididos con los interlocutores designados
- Observar, buscar, recordar y comentar información esencial para la comprensión
- Hacer y responder preguntas sobre los detalles clave de un texto

Resumir

- Seguir y recordar la sucesión de sucesos en un texto más largo para poder comprender el final
- Mencionar los episodios de un texto en el orden en que sucedieron
- Identificar y comprender una serie de ideas relacionadas en un texto
- Resumir una narración más larga con varios episodios
- Identificar las ideas importantes de un texto y mencionarlas de manera organizada, tanto de manera oral como escrita
- Comprender el problema de un cuento y su solución

Planificar el trabajo con las palabras después de la lectura guiada

Se pueden desarrollar la fluidez y la flexibilidad en el procesamiento visual con demostraciones de uno a tres minutos y una participación activa de la o el estudiante por medio de un tablero o un caballete, un pizarrón, letras magnéticas o lápiz y papel. Planee trabajo explícito para áreas de procesamiento visual específicas que necesitan apoyo.

Ejemplos:

- Reconocer una cantidad cada vez mayor de palabras de uso frecuente (selecciónelas de la lista de cien palabras de uso frecuente)
- Repasar las palabras de uso frecuente de los niveles previos
- Modificar los verbos para formar el tiempo pasado (*estudio/estudié*) o el gerundio (*estudiar/estudiando*)
- Modificar palabras añadiendo *-es* y *-ces* para formar plurales (*crayón/crayones, luz/ luces*)
- Reconocer homófonos (igual pronunciación, diferentes ortografía y significado) (*hola/ola*)
- Descomponer palabras con combinaciones de consonantes (*gr-is, cl-aro, fr-ío, pl-uma*)

- Descomponer palabras compuestas (*rompe-cabezas*)
- Descomponer y formar palabras monosílabas con diversos patrones de fonogramas (*tr-en, pl-an*)
- Descomponer o separar en sílabas palabras bisílabas (*dra-gón, li-món*)
- Crear frases con concordancia de género y número entre los artículos y los sustantivos (*la niña, los niños*)
- Usar lo que se conoce sobre las palabras para leer palabras nuevas (*media, noche, medianoche; ola, sola, bola*)

- Descomponer, formar o escribir palabras con grupos de consonantes o dígrafos iniciales (*ll-eno, tr-ueno*)
- Leer palabras con sílabas con /k/, /g/, /j/ y /s/ (*quiero, guitarra, agente, celeste*)
- Leer, escribir o formar palabras con grupos consonánticos, combinaciones y dígrafos (*noche, arroz, pollo, fresco, crecer, hablo*)
- Leer, escribir o formar palabras con grupos consonánticos que combinan dos sonidos consonánticos (*abrir, prueba*)

Mantener la fluidez
- Demostrar una lectura oral fluida y con frases bien formadas
- Leer diálogos con expresión y formación de frases adecuados para demostrar la comprensión de los personajes y sucesos
- Demostrar conocimiento de la función de todos los signos de puntuación
- Demostrar el énfasis adecuado en las palabras para reflejar el significado
- Usar varias fuentes de información (estructura lingüística, significado, reconocimiento rápido de palabras) para apoyar la fluidez y la formación de frases
- Descifrar la mayoría de las palabras del texto de manera veloz y automática para apoyar la fluidez
- Leer en silencio a buen ritmo

Ajustar
- Leer más lentamente para buscar información y retomar un ritmo de lectura normal
- Demostrar diferentes maneras de leer diversos textos de ficción y de no ficción
- Volver a leer para descifrar palabras o pensar acerca de ideas y retomar un buen ritmo de lectura

Pensar *más allá* del texto

Predecir
- Usar lo que se sabe sobre la estructura lingüística para anticipar el texto
- Usar la estructura del texto para predecir el resultado de una narración
- Hacer predicciones a partir del conocimiento de los personajes o del tipo de cuento
- Hacer predicciones sobre la solución al problema del cuento
- Hacer predicciones a partir de experiencias personales y el conocimiento del contenido y de textos similares
- Buscar y usar información para corroborar o rectificar las predicciones
- Justificar las predicciones a partir de las pruebas

Establecer relaciones
- Aportar conocimientos obtenidos en experiencias personales a la interpretación de los personajes y los sucesos
- Aportar conocimientos previos a la comprensión de un texto antes y después de leer, y durante la lectura
- Establecer relaciones entre el texto y otros textos que se han leído o escuchado
- Reconocer y aplicar atributos de los personajes recurrentes donde sea relevante
- Comparar y contrastar las experiencias de los personajes del cuento

Sintetizar
- Diferenciar la información nueva de la conocida
- Demostrar el aprendizaje de contenido nuevo a partir de la lectura
- Manifestar cambios en las ideas después de leer un texto
- Identificar el mensaje o la moraleja del cuento

Inferir
- Inferir y comentar los sentimientos y las motivaciones de los personajes a partir de la lectura de los diálogos
- Demostrar comprensión de los personajes y usar pruebas del texto para apoyar las afirmaciones
- Inferir las causas y los efectos que influyen en los sentimientos o motivaciones subyacentes de los personajes
- Inferir las causas de los problemas o los resultados en textos de ficción y de no ficción

Pensar *acerca* del texto

Analizar
- Observar algunas características del género (por ejemplo, el lenguaje tradicional, el lenguaje literario, el lenguaje descriptivo)
- Identificar y diferenciar entre textos informativos y de ficción
- Comprender y comentar los casos en que la escritora o el escritor emplea estructuras subyacentes (describir, comparar y contrastar, secuencia cronológica, problema y solución)
- Observar la relación entre las imágenes y el texto
- Observar cómo los autores o ilustradores usan la disposición o las características del texto para dar énfasis
- Observar y especular por qué la escritora o el escritor seleccionó información para presentarla de manera determinada (fotografías, leyendas, recuadros, imágenes)
- Identificar el punto del cuento en el que se resuelve el problema
- Comentar si un cuento (ficción) puede ser real y explicar por qué

Criticar
- Expresar opiniones acerca de la calidad de un texto o las ilustraciones
- Observar si las ilustraciones son coherentes con el significado del texto y amplían el significado
- Comentar la calidad de las ilustraciones o los elementos gráficos
- Estar de acuerdo o en desacuerdo con las ideas de un texto y justificarlo
- Formular hipótesis sobre comportamientos alternativos de los personajes
- Juzgar si el texto es interesante, gracioso o emocionante y explicar por qué

Lectores del **Nivel J:**

Los lectores del Nivel J procesan diversos textos, entre ellos textos informativos breves sobre temas conocidos, textos de ficción breves y narraciones ilustradas más largas divididas en capítulos breves. Ajustan sus estrategias de lectura para procesar no solamente ficción realista y textos informativos, sino también para leer biografías muy sencillas. En una ficción, los personajes generalmente no cambian, ya que las tramas suelen ser relativamente sencillas y los textos no son largos. Los lectores procesan un número cada vez mayor de oraciones más largas y más complejas (aquellas de más de diez palabras que contienen frases preposicionales, cláusulas adjetivas y muchas oraciones compuestas). Los lectores son capaces de reconocer automáticamente un gran número de palabras y pueden aplicar rápidamente estrategias para descifrar palabras polisílabas con desinencias y sufijos. Pueden leer un amplio espectro de palabras en plural y con concordancia de género y número. Durante la lectura oral, demuestran el ritmo, el énfasis, la entonación, la formación de frases y las pausas adecuados (reconocer y usar todos los signos de puntuación). Leen en silencio durante la lectura independiente y durante la lectura individual de la lectura guiada.

Seleccionar textos: Características de los textos de este nivel

GÉNERO/FORMAS

Género
- Textos informativos
- Cuentos fantásticos sencillos con animales
- Ficción realista
- Literatura tradicional (por lo general, cuentos tradicionales)
- Algunas biografías sencillas sobre temas conocidos

Formas
- Libros álbum
- Obras de teatro
- Libros por capítulos de nivel inicial con ilustraciones
- Algunos libros de una serie
- Algunos textos gráficos

ESTRUCTURA DEL TEXTO

Ficción
- Narraciones con escasa repetición de episodios similares
- Narraciones con episodios más elaborados
- Algunos libros por capítulos de nivel inicial con capítulos breves
- Capítulos conectados por un personaje
- Capítulos generalmente conectados a una trama más larga

No ficción
- Centrado en una sola idea o tema o en una sucesión de ideas o temas relacionados
- Estructuras subyacentes usadas y presentadas claramente (descripción, comparación y contraste, secuencia cronológica, problema y solución)
- Textos organizados en pocas categorías de información sencillas
- Algunos textos más largos con patrones más largos y complejos que se repiten
- Formatos especiales, como cartas o preguntas seguidas de respuestas

CONTENIDO
- Contenido conocido y algo de contenido nuevo que los niños generalmente no conocen
- Contenido nuevo accesible mediante el texto y las ilustraciones

TEMAS E IDEAS
- Muchos cuentos humorísticos y superficiales, típicos de las experiencias infantiles
- Algunas ideas que son nuevas para la mayoría de los niños
- Temas accesibles dadas las experiencias típicas de los niños
- Algunas ideas abstractas que tienen un muy buen apoyo en el texto y las ilustraciones
- Algunos textos (novelas gráficas) que requieren que los lectores infieran el cuento a partir de imágenes con una cantidad mínima de texto o con diálogo solamente

CARACTERÍSTICAS LITERARIAS Y DEL LENGUAJE
- Personajes divertidos o atractivos, algunos de los cuales tienen más de una dimensión
- Descripción elaborada de los atributos de los personajes
- Lenguaje característico de la literatura tradicional en algunos textos
- Algunos textos con escenarios que no son típicos de la experiencia de muchos niños
- Diálogos variados (pueden ser entre más de dos personajes en muchos textos)
- Varios episodios que se suceden en el tiempo
- Elementos fantásticos tradicionales sencillos
- Mayoría de textos contados desde un punto de vista único y algunos textos que incluyen más de uno

COMPLEJIDAD DE LAS ORACIONES
- Muchas oraciones más largas (de más de quince palabras), más oraciones complejas (con frases preposicionales, cláusulas introductorias, enumeraciones de sustantivos, verbos o adjetivos)
- Muchas oraciones que tienen cláusulas y frases
- Uso ocasional de material parentético integrado en las oraciones
- Oraciones con enumeraciones de sustantivos, verbos, adjetivos y adverbios separados por comas
- Variación en la ubicación del sujeto, el verbo, los adjetivos y los adverbios
- Muchas oraciones compuestas

VOCABULARIO
- Casi todo el vocabulario es conocido por los niños a través del lenguaje oral o la lectura
- Palabras de contenido ilustradas con imágenes u otros elementos gráficos
- Presentación de vocabulario nuevo y palabras específicas del contenido que se explican e ilustran en el texto

---

Entrenamiento en la escuela de perros guía

Al año y medio de edad,
el perro tiene que pasar
una prueba para ir
a la escuela de perros guía.

Delante de varias personas,
el perro tiene que demostrar
que sabe portarse muy bien.
El perro va a estar
seis meses en la escuela.

10 · 11

- Amplia variedad de palabras usadas para designar a los interlocutores en algunos diálogos (*dijo, gritó, contestó, rió, sonrió*) y adjetivos para describir el diálogo (*dijo la vaca, quejándose también*)

PALABRAS
- Mayor variedad de conjugaciones verbales
- Palabras de cuatro y cinco sílabas
- Algunas palabras compuestas sencillas
- Amplia variedad de palabras de uso frecuente
- Muchas palabras con desinencias
- Muchas palabras con relaciones entre letras y sonidos complejas
- Algunos patrones ortográficos complejos
- Palabras polisílabas que suelen ser fáciles de descomponer o decodificar
- Algunas palabras compuestas sencillas

ILUSTRACIONES

General
- Dos o más tipos de elementos gráficos en una página
- Algunas ilustraciones complejas con muchas ideas

Ficción
- Muchos textos con una cantidad mínima de ilustraciones y algunos sin ilustraciones
- Algunas ilustraciones artísticas complejas que comunican un significado que es coherente con el texto o lo amplía
- Ilustraciones que apoyan la interpretación, realzan la apreciación y establecen el tono, pero no son necesarias para la comprensión

No ficción
- Más de un tipo de elemento gráfico en una página
- Muchos elementos gráficos sencillos (ilustraciones con rótulos)

CARACTERÍSTICAS DEL LIBRO Y DEL TEXTO IMPRESO

Longitud
- Libros por capítulos (la mayoría de entre cuarenta y setenta y cinco páginas)
- Muchas líneas de texto en cada página (aproximadamente entre tres y doce líneas)
- Textos más breves (la mayoría de aproximadamente veinticuatro a treinta y seis páginas de texto) sobre un tema único (generalmente de no ficción)

Texto impreso y disposición
- Espacio amplio entre las líneas
- Bastardilla para indicar el pensamiento no expresado
- Algunos textos en fuente más pequeña
- Palabras importantes para el significado y el énfasis resaltadas en negrilla y bastardilla

- Oraciones que ocupan dos o tres líneas y algunas que continúan en la página siguiente
- Oraciones más largas que comienzan en el margen izquierdo en la mayoría de los textos
- Algunas oraciones que comienzan en el medio de una línea
- Texto separado claramente de las imágenes en la mayoría de los textos ilustrados
- Variación en la ubicación del texto que refleja diferentes géneros

Puntuación
- Puntos, comas, rayas de diálogo, comillas, signos de admiración y de interrogación, dos puntos y puntos suspensivos

Herramientas
- Algunos textos con tabla de contenidos
- Algunos textos con un glosario sencillo
- Capítulos con títulos en algunos libros
- Algunos textos con encabezamientos en negrilla para señalar las secciones

Seleccionar objetivos: Hábitos y conocimientos para observar, enseñar y apoyar

Pensar *dentro* del texto

Descifrar palabras

- Usar relaciones entre letras y sonidos en secuencia para descifrar palabras más complejas
- Reconocer automática y rápidamente muchas palabras de uso frecuente en texto corrido
- Usar palabras o partes de palabras (incluyendo comienzos y terminaciones) conocidas para descifrar palabras desconocidas
- Establecer relaciones entre las palabras según las letras, los sonidos o los patrones ortográficos
- Combinar diversas fuentes de información para descifrar palabras
- Relacionar palabras que significan lo mismo o casi lo mismo para comprender un texto y adquirir vocabulario nuevo
- Demostrar conocimiento de maneras flexibles de descifrar palabras (observar las partes de palabras, terminaciones y sufijos)
- Separar una palabra más larga en sílabas para decodificar unidades manejables
- Descifrar palabras de dos o tres sílabas, muchas palabras con desinencias y relaciones entre letras y sonidos complejas
- Usar palabras conocidas para descifrar palabras nuevas
- Usar el contexto para deducir el significado de palabras nuevas
- Demostrar cómo se descifran palabras de manera competente y activa mientras se lee a buen ritmo (resolución de problemas menos explícita)

Verificar y corregir

- Autocorregirse en el momento en que se comete un error (o antes de cometerlo)
- Durante la lectura en voz alta, autocorregir la información si no refleja el significado
- Usar varias fuentes de información para verificar y autocorregirse (estructura lingüística, significado, información de letras y sonidos)

- Reconocer cuando se requiere más información para comprender un texto
- Volver a leer y consultar otras fuentes de información para constatar el significado de una palabra descifrada
- Usar palabras conocidas para autoverificar y autocorregirse

Buscar y usar información

- Usar varias fuentes de información para descifrar palabras
- Observar y usar elementos gráficos, como rótulos y leyendas, para las imágenes y los diagramas sencillos
- Usar títulos de capítulos o encabezamientos para predecir el contenido
- Usar herramientas de la lectora o el lector sencillas (tabla de contenidos, encabezamientos, glosario) para hallar información
- Procesar oraciones largas (de diez o más palabras) con muchas cláusulas o frases integradas
- Procesar textos que incluyen varios diálogos con los interlocutores designados
- Comprender cómo usar imágenes y símbolos para construir significado en textos gráficos

Resumir

- Seguir y recordar la sucesión de sucesos en un texto más largo para poder comprender el final
- Mencionar los episodios de un texto en el orden en que sucedieron
- Resumir las ideas de un texto e indicar cómo se relacionan
- Resumir una narración más larga con varios episodios
- Identificar las ideas importantes de un texto y mencionarlas de manera organizada, tanto de manera oral como escrita
- Comprender el problema de un cuento y su solución
- Identificar y hablar sobre la información clave de un texto (quién, qué, dónde, cuándo, por qué) para responder preguntas

Planificar el trabajo con las palabras después de la lectura guiada

Se pueden desarrollar la fluidez y la flexibilidad en el procesamiento visual con demostraciones de uno a tres minutos y una participación activa de la o el estudiante por medio de un tablero o un caballete, un pizarrón, letras magnéticas o lápiz y papel. Planee trabajo explícito para áreas de procesamiento visual específicas que necesitan apoyo.

Ejemplos:

- Reconocer o escribir muchas palabras de uso frecuente (selecciónelas de la lista de cien palabras de uso frecuente)
- Modificar palabras para agregar desinencias y formar los tiempos presente y pasado (*comer/como/comí/comía*)
- Modificar palabras cambiando la **z** a **c** y añadiendo **-es** para formar plurales (*pez/peces*)
- Escribir una amplia variedad de palabras en

- plural y en singular (*carros, flores, lápices*)
- Modificar palabras agregando sufijos sencillos (*grandote, cariñoso*)
- Reconocer y relacionar homófonos (igual pronunciación, diferentes ortografía y significado) (*casa/caza*)
- Leer o escribir palabras con diptongos (*agua, escuela*)
- Descomponer palabras compuestas (*abre-latas*)

- Descomponer y formar palabras de cuatro sílabas (*tra-ba-ja-dor*)
- Descomponer palabras monosílabas y bisílabas con diversos patrones de fonogramas
- Descifrar palabras analizando el sonido de las letras de izquierda a derecha (*s-a-l-t-o*)
- Usar lo que se conoce sobre las palabras para leer palabras nuevas (*pero, ropero*)
- Reconocer y crear frases con concordancia de género y número entre los artículos y los sustantivos (*la maestra, los maestros*)

Mantener la fluidez
- Demostrar una lectura oral fluida y con frases bien formadas
- Leer diálogos con expresión y formación de frases adecuados para demostrar comprensión de los personajes y sucesos
- Demostrar conocimiento de la función de todos los signos de puntuación
- Demostrar el uso adecuado del énfasis en las palabras, las pausas, la formación de frases, la entonación y la puntuación
- Usar diversas fuentes de información (estructura lingüística, significado, reconocimiento rápido de palabras) para apoyar la fluidez y la formación de frases
- Descifrar la mayoría de las palabras del texto rápida y automáticamente para apoyar la fluidez
- Leer en silencio a buen ritmo

Ajustar
- Leer más lentamente para buscar información y retomar un buen ritmo de lectura
- Demostrar diferentes maneras de leer textos de ficción y de no ficción
- Demostrar cómo realizar ajustes para leer biografías sencillas
- Volver a leer para descifrar palabras o pensar acerca de ideas y retomar un buen ritmo de lectura

Pensar *más allá* del texto

Predecir
- Usar la estructura del texto para predecir el resultado de una narración
- Hacer predicciones sobre la solución al problema del cuento
- Hacer predicciones a partir de experiencias personales y el conocimiento del contenido y de textos similares
- Buscar y usar información para corroborar o rectificar las predicciones
- Justificar las predicciones a partir de las pruebas específicas
- Predecir lo que harán los personajes a partir de las características reveladas por la escritora o el escritor

Establecer relaciones
- Aportar conocimientos obtenidos en experiencias personales a la interpretación de los personajes y los sucesos
- Aportar conocimientos previos a la comprensión de un texto antes y después de leer, y durante la lectura
- Establecer relaciones entre el texto y otros textos que se han leído o escuchado
- Especificar la naturaleza de las relaciones (tema, contenido, tipo de cuento, escritora o escritor)

Sintetizar
- Diferenciar la información nueva de la conocida
- Demostrar el aprendizaje de contenido nuevo a partir de la lectura
- Manifestar cambios en las ideas después de leer un texto

Inferir
- Demostrar comprensión de los personajes y usar pruebas del texto para apoyar las afirmaciones
- Inferir los sentimientos y las motivaciones de los personajes a partir de la lectura de los diálogos
- Inferir y comentar la comprensión de los sentimientos y las motivaciones de los personajes
- Inferir causas y efectos que influyen en los sentimientos o motivaciones subyacentes de los personajes
- Inferir y comentar cómo son los personajes a partir de lo que dicen o hacen
- Inferir causas de los problemas o resultados en textos de ficción y de no ficción

Pensar *acerca* del texto

Analizar
- Observar características de los géneros (ficción, no ficción, cuentos realistas, literatura tradicional y fantástica)
- Comprender y comentar los casos en que la escritora o el escritor emplea estructuras subyacentes (describir, comparar y contrastar, secuencia cronológica, problema y solución)
- Observar cómo se usan las imágenes para comunicar el sentido en los textos ilustrados
- Observar cómo la escritora o el escritor designa a quienes participarán en los diálogos
- Observar aspectos del estilo de la escritora o el escritor tras leer varios textos de la misma autora o el mismo autor
- Observar técnicas de escritura específicas (por ejemplo: el formato de preguntas y respuestas)
- Observar el lenguaje descriptivo y comentar cómo maximiza la apreciación o la comprensión
- Identificar el punto del cuento en el que se resuelve el problema
- Observar y comentar cómo el autor de una novela gráfica comunica el sentido a través de las ilustraciones y el texto

Criticar
- Expresar opiniones sobre la calidad de un texto o las ilustraciones
- Observar si las ilustraciones son coherentes con el significado del texto y amplían el significado
- Comentar la calidad de las ilustraciones o los elementos gráficos
- Estar de acuerdo o en desacuerdo con la información o las ideas del texto
- Formular hipótesis sobre comportamientos alternativos de los personajes
- Juzgar si el texto es interesante, gracioso o emocionante y explicar por qué

Lectores del **Nivel K:**

En el Nivel K, los lectores procesan una amplia variedad de géneros (ficción realista, cuentos fantásticos con animales, literatura tradicional, algunas biografías sencillas y más textos informativos). Leen muchos libros ilustrados por capítulos (incluidos algunos libros de una serie). La mayoría de los textos de ficción tienen varios episodios relacionados con una única trama pero la exigencia de la memoria de la lectora o el lector es más alta que en los niveles previos. Leen sobre personajes que cambian muy poco pero que, al mismo tiempo, son más complejos; los textos tienen varios personajes. Los lectores procesan una gran cantidad de diálogos, en algunos de los cuales no se designan a los interlocutores, y se los anima a leer cuentos basados en conceptos que son lejanos en tiempo y espacio y reflejan diversas culturas. Los lectores descifran muchas palabras específicas de los temas y algunas palabras técnicas en textos informativos. Reconocen de forma automática un gran número de palabras y aplican rápidamente estrategias para descifrar palabras polisílabas con desinencias y palabras con sufijos. Pueden leer una gran variedad de plurales y concordancias de género y número. Leen en silencio durante la lectura independiente, pero demuestran todos los aspectos de la lectura fluida durante la lectura oral.

Seleccionar textos: Características de los textos de este nivel

GÉNERO/FORMAS

Género
- Textos informativos
- Cuentos fantásticos sencillos con animales
- Ficción realista
- Literatura tradicional (por lo general, cuentos tradicionales)
- Algunas biografías sencillas sobre personas conocidas

Formas
- Libros álbum
- Obras de teatro
- Libros por capítulos de nivel inicial con ilustraciones
- Libros de una serie
- Algunos textos gráficos

ESTRUCTURA DEL TEXTO

Ficción
- Narraciones con varios episodios
- Algunos libros por capítulos de nivel inicial con capítulos breves
- Capítulos conectados por los personajes o un tema amplio
- Capítulos generalmente conectados a una trama más larga
- Tramas sencillas y directas

No ficción
- Presentación de varios temas
- Estructuras subyacentes (descripción, comparación y contraste, secuencia temporal, problema y solución, causa y efecto)
- Textos organizados en pocas categorías sencillas
- Variedad en organización y tema
- Algunos textos más largos con secciones que presentan diferente información
- Variedad en formatos de no ficción (pregunta y respuesta, párrafos, recuadros, leyendas y acotaciones)

CONTENIDO
- Contenidos conocidos y algunos contenidos nuevos que generalmente los niños no conocen
- Contenidos nuevos que requieren conocimientos previos para comprender algunos textos informativos
- Algunos textos con tramas y situaciones que están fuera de la experiencia típica
- Algunos textos con escenarios que no son típicos de la experiencia de los niños
- Contenido nuevo accesible mediante el texto y las ilustraciones

TEMAS E IDEAS
- Muchos cuentos humorísticos y superficiales, típicos de las experiencias infantiles
- Ideas que son nuevas para la mayoría de los niños
- Temas accesibles dadas las experiencias infantiles típicas
- Algunas ideas abstractas, apoyadas por el texto pero con menos apoyo de las ilustraciones
- Textos con temas universales que ilustran importantes temas y atributos humanos (amistad, coraje)
- Algunos textos (novelas gráficas) que requieren que los lectores infieran el cuento a partir de imágenes con una cantidad mínima de texto o con diálogo solamente

CARACTERÍSTICAS LITERARIAS Y DEL LENGUAJE
- Algunos personajes complejos y recordables
- Lenguaje figurado (metáfora, símil)
- Textos con escenarios que no son típicos de la experiencia de muchos niños
- Escenarios que son importantes para comprender la trama de algunos textos

- Tramas complejas con numerosos episodios y paso del tiempo
- Elementos fantásticos tradicionales sencillos
- La mayoría de los textos relatados desde un único punto de vista
- Puede haber más de un punto de vista en un texto

COMPLEJIDAD DE LAS ORACIONES
- Variedad en la longitud y la complejidad de las oraciones
- Oraciones más largas (más de quince palabras), más complejas (frases preposicionales, cláusulas introductorias, listas de sustantivos, verbos o adjetivos)
- Muchas oraciones complejas que contienen frases y cláusulas
- Variación en la ubicación del sujeto, el verbo, los adjetivos y los adverbios
- Amplia variedad de palabras para designar a los interlocutores de los diálogos, con verbos y adverbios esenciales para el significado

Los búhos

Los búhos se preparan para salir a cazar por la noche. Los búhos son pájaros que con sus grandes ojos ven muy bien en la oscuridad.

Los búhos también usan el oído para cazar. Los búhos pueden oír incluso los ruidos que hacen los animalitos debajo de las hojas. ■

Los búhos pueden volar sin hacer ningún ruido.

8

9

VOCABULARIO

- Palabras de vocabulario ilustradas con imágenes u otros elementos gráficos
- Vocabulario nuevo y palabras específicas de un tema presentadas, explicadas e ilustradas en el texto
- Amplia variedad de palabras para designar a los interlocutores de los diálogos, con verbos y adverbios esenciales para el significado

PALABRAS

- Muchas palabras de tres y cuatro sílabas
- Mayor variedad de conjugaciones verbales
- Gran variedad de palabras de uso frecuente
- Muchas palabras con desinencias
- Muchas palabras con relaciones complejas entre letras y sonidos
- Algunos patrones ortográficos complejos
- Palabras polisílabas que son difíciles de descomponer o decodificar
- Algunas palabras compuestas sencillas

ILUSTRACIONES

General
- Dos o más tipos de elementos gráficos en una página
- Algunos fragmentos largos de texto sin ilustraciones ni elementos gráficos

Ficción
- Algunos textos sin ilustraciones o con muy pocas
- Algunos textos con ilustraciones que son esenciales para la interpretación
- Algunas ilustraciones que apoyan la interpretación del texto, lo hacen más divertido, crean una atmósfera, pero no son necesarias para la comprensión

No ficción
- Más de un tipo de elemento gráfico en una página
- Combinación de elementos gráficos que dan información que concuerda con el texto y lo amplía
- En la mayoría de los textos, los elementos gráficos están explicados con claridad (diagramas sencillos, ilustraciones con rótulos, mapas, tablas)

- Variedad en la disposición del texto en las lecturas de no ficción (pregunta y respuesta, párrafos, recuadros, leyendas, acotaciones)

CARACTERÍSTICAS DEL LIBRO Y LA LETRA IMPRESA

Longitud
- Muchas líneas de texto impreso en una página (de tres a quince líneas; más para la no ficción)
- Libros por capítulos (sesenta a cien páginas de texto impreso)

Texto impreso y disposición
- Espacio amplio entre las líneas
- El tamaño y el tipo de texto y fuente varía; algunos textos más largos en fuente más pequeña
- Uso de palabras en bastardilla, negrilla o mayúsculas para indicar énfasis, nivel de importancia o señalar otro significado
- Variedad en la letra impresa y el color de fondo
- Oraciones que ocupan dos o tres líneas y algunas que continúan en la página siguiente

- Letra impresa e ilustraciones integradas en muchos textos
- Variedad en la disposición para reflejar diferentes géneros
- Por lo general, disposición sencilla del texto de los libros por capítulos, con muchas oraciones que comienzan a la izquierda

Puntuación
- Puntos, comas, rayas de diálogo, signos de admiración, signos de interrogación, dos puntos y puntos suspensivos en la mayoría de los textos
- Comillas introducidas para identificar pensamientos

Herramientas
- Herramientas de la lectora o el lector (tabla de contenidos, encabezamientos, glosario, títulos de capítulos, letra en negrilla, notas de la autora o el autor)

© 2014, Gay Su Pinnell e Irene C. Fountas de *Continuo de adquisición de la lectoescritura, Grados PreK–2*. Portsmouth, NH: Heinemann.

Seleccionar objetivos: Hábitos y conocimientos para observar, enseñar y apoyar

Pensar en el texto *en sí*

Descifrar palabras

- Uso uniforme de diversas fuentes de información para descifrar palabras nuevas
- Relacionar palabras que tienen el mismo o casi el mismo significado para comprender un texto y adquirir vocabulario nuevo
- Demostrar conocimiento de maneras flexibles de descifrar palabras (observar partes de palabras, observar terminaciones y sufijos)
- Separar en sílabas una palabra más larga para decodificar unidades manejables
- Descifrar palabras de hasta cuatro sílabas, muchas palabras con desinencias y relaciones complejas entre letras y sonidos
- Descifrar palabras específicas de un tema, usando elementos gráficos y definiciones incluidas en el texto
- Usar el contexto para deducir el significado de palabras nuevas
- Comprender palabras descriptivas más largas
- Demostrar cómo se descifran palabras de manera competente y activa mientras se lee a buen ritmo (resolución de problemas menos evidente)

Verificar y corregir

- Autocorregirse en el momento en que se comete un error (o antes de cometerlo)
- Autocorregirse cuando los errores afectan al significado del texto
- Autocorregirse cuando la información no refleja el significado
- Usar diversas fuentes de información para verificar y autocorregirse (estructura lingüística, significado, información sobre relaciones entre letras y sonidos)
- Reconocer cuando se requiere más información para comprender un texto

Buscar y usar información

- Buscar información en ilustraciones para apoyar la interpretación del texto
- Buscar información en elementos gráficos (diagramas sencillos, ilustraciones con rótulos, mapas, leyendas debajo de las imágenes)
- Usar los títulos de capítulos para predecir el contenido
- Usar las herramientas de la lectora o el lector (tabla de contenidos, encabezamientos, leyendas, glosario, barras laterales, títulos de capítulos, menúes electrónicos y notas de la autora o el autor) para reunir información
- Procesar oraciones largas (quince o más palabras) que contienen cláusulas (frases preposicionales, cláusulas introductorias, listas de sustantivos, verbos o adverbios)
- Procesar una amplia variedad de diálogos, en algunos de los cuales no se designa a los interlocutores

Resumir

- Seguir y recordar una sucesión de sucesos durante un texto más largo para comprender mejor el final
- Relatar los episodios de un texto en el orden en que ocurrieron
- Resumir ideas de un texto e indicar cómo se relacionan
- Resumir un texto narrativo más largo con varios episodios
- Identificar las ideas importantes de un texto y presentarlas de una forma organizada, ya sea oralmente o por escrito
- Comprender el problema de un cuento y su solución
- Comprender cómo usar imágenes para construir significado en textos gráficos
- Identificar el tema principal de un texto de varios párrafos y también el punto central de un párrafo individual

Planificar el trabajo con las palabras después de la lectura guiada

Se pueden desarrollar la fluidez y la flexibilidad en el procesamiento visual con demostraciones de uno a tres minutos y una participación activa de la o el estudiante por medio de un tablero o un caballete, un pizarrón, letras magnéticas o lápiz y papel. Planee trabajo explícito para áreas de procesamiento visual específicas que necesitan apoyo.

Ejemplos:

- Reconocer, escribir o formar muchas palabras de uso frecuente
- Repasar palabras de uso frecuente de niveles previos
- Modificar palabras agregando desinencias para indicar tiempos presente y pasado (*comer/como/comí/comía*)
- Modificar palabras añadiendo -*s*, -*es* o -*ces* para formar todo tipo de plurales (*platos, colores, felices, héroes*)
- Leer, formar o escribir formas singulares y plurales de varios plurales (*cara/caras, limón/limones, feliz/felices*)

- Modificar palabras agregando sufijos sencillos (*quejoso, pequeñito*)
- Reconocer y relacionar homófonos (misma pronunciación, ortografía y significado diferentes) (*ves, vez*)
- Reconocer y relacionar homógrafos (misma ortografía, distinto significado) (*cerca, cerca*)
- Reconocer y pronunciar sílabas abiertas (CV: *bo-ca*) y cerradas (CVC: *mos-cas*)
- Leer palabras que tienen hiato (*feo, mío*)
- Dividir, formar y escribir palabras con *h* muda (*hora, hueco*)

- Descomponer palabras compuestas y comentar cómo las partes se relacionan con el significado (*salva-vidas*)
- Separar en sílabas palabras de dos y tres sílabas (*li-bro, e-qui-po*)
- Descifrar palabras analizando el sonido de las letras de izquierda a derecha (*m-u-e-l-a*)
- Usar la información conocida sobre las palabras para leer palabras nuevas (*razón, corazón; cueva, nueva*)
- Descomponer palabras con grupos consonánticos y dígrafos (*br-isa, cl-avo*)
- Reconocer sinónimos y antónimos (*lindo/ bonito; frío/calor*)

Mantener la fluidez

- Demostrar una lectura oral fluida y con frases bien formadas
- Leer diálogos usando una formación de frases y expresión que refleje la comprensión de los personajes y los sucesos
- Demostrar conocimiento de la función de todos los signos de puntuación
- Demostrar el uso adecuado del énfasis en las palabras, las pausas, la formación de frases, la entonación y la puntuación
- Usar varias fuentes de información (estructura lingüística, significado, reconocimiento rápido de palabras) para apoyar la fluidez y la formación de frases
- Descifrar rápida y automáticamente la mayoría de las palabras del texto para apoyar la fluidez
- Leer en silencio a un buen ritmo

Ajustar

- Leer más lentamente para buscar información y retomar un buen ritmo de lectura
- Demostrar diferentes maneras de leer textos de ficción y no ficción
- Demostrar ajuste en la lectura de biografías sencillas
- Volver a leer para descifrar palabras o pensar acerca de ideas y retomar un buen ritmo de lectura

Pensar *más allá* del texto

Predecir

- Comprender y usar la estructura del texto para predecir el desenlace de un texto narrativo
- Hacer predicciones sobre la solución del problema de un cuento
- Hacer predicciones a partir de experiencias personales, conocimiento del tema y conocimiento de textos similares
- Buscar y usar información para confirmar o refutar predicciones
- Justificar predicciones usando pruebas del texto
- Predecir qué harán los personajes a partir de las características que revela la autora o el autor

Establecer relaciones

- Aportar conocimientos obtenidos en experiencias personales a la interpretación de los personajes y los sucesos
- Aportar conocimientos previos a la comprensión de un texto antes y después de leer, y durante la lectura
- Establecer relaciones entre el texto y otros textos que se han leído o escuchado
- Especificar la naturaleza de las relaciones (tema, contenido, tipo de cuento, autora o autor)

Sintetizar

- Diferenciar la información nueva de la conocida
- Demostrar el aprendizaje de contenido nuevo a partir de la lectura
- Expresar cambios de idea después de leer un texto

Inferir

- Demostrar oralmente o por escrito la comprensión de los personajes, usando pruebas del texto para apoyar las afirmaciones
- Inferir y comentar los sentimientos y las motivaciones de los personajes mediante la lectura de los diálogos
- Inferir y comentar cómo son los personajes a partir de lo que dicen o hacen
- Inferir causas y efectos en cuanto a los sentimientos de los personajes o los motivos subyacentes
- Inferir las ideas principales o el mensaje (tema) de un texto
- Inferir las causas de los problemas o desenlaces en textos de ficción y no ficción

Pensar *acerca* del texto

Analizar

- Observar y comentar aspectos de los géneros (ficción, no ficción, cuentos realistas y fantásticos)
- Comprender e identificar cuando una autora o un autor ha usado estructuras de organización subyacentes (descripción, comparar/contrastar, secuencia temporal, problema/solución, causa/efecto)
- Comparar y contrastar dos o más versiones del mismo cuento por diferentes autores o de diferentes culturas
- Observar la variedad en la presentación del texto impreso (palabras en negrilla, tamaño de fuente más grande o bastardilla, variedad en la disposición)
- Observar cómo se usan las ilustraciones para comunicar significado en los textos ilustrados
- Observar y comentar la manera en la que la autora o el autor designa a los interlocutores de los diálogos
- Observar aspectos del estilo de una escritora o un escritor después de leer varios textos de la autora o el autor
- Observar técnicas de escritura específicas (por ejemplo, formato de pregunta y respuesta)
- Observar e interpretar lenguaje figurado y comentar qué aporta al significado del texto o cómo lo hace más entretenido
- Observar el lenguaje descriptivo y comentar cómo contribuye a que el texto sea más entretenido o más fácil de comprender
- Comprender la relación entre el escenario y la trama de un cuento
- Identificar un momento en el cuento en el que el problema se resuelve
- Observar y comentar cómo la autora o el autor de una novela gráfica ha transmitido el significado a través de las ilustraciones y el texto impreso

Criticar

- Expresar opiniones sobre la calidad de un texto
- Comentar la calidad de las ilustraciones o los elementos gráficos
- Estar de acuerdo o en desacuerdo con las ideas de un texto
- Formular hipótesis sobre cómo los personajes podrían haberse comportado de una manera diferente
- Evaluar el texto con respecto a si es interesante, humorístico o emocionante, y especificar por qué

Lectores del **Nivel L:**

En el Nivel L, los lectores procesan libros por capítulos fáciles, que incluyen algunos libros de una serie que tienen tramas más sofisticadas y pocas ilustraciones, y también libros informativos y de ficción más cortos. Ajustan la lectura para procesar una amplia variedad de géneros (ficción realista, cuentos fantásticos sencillos, textos informativos, literatura tradicional y biografías, como también algunos tipos especiales de textos, por ejemplo, libros de una serie más cortos, cuentos de misterio muy sencillos y textos gráficos). Comprenden que los capítulos tienen varios episodios relacionados con una única trama. Aprenden contenidos nuevos mediante la lectura y deben aportar conocimientos previos al proceso; pero el contenido suele ser accesible a través del texto y las ilustraciones. En este nivel, los lectores comienzan a reconocer temas que se tratan en distintos textos (amistad, coraje) y entienden algunas ideas abstractas. Ven numerosas perspectivas de los personajes como se muestran a través de las descripciones, lo que dicen, piensan o hacen los personajes, y lo que otros dicen acerca de ellos. Procesan oraciones complejas que contienen cláusulas y lenguaje figurado. Reconocen o descifran con flexibilidad un gran número de palabras, que incluyen plurales, concordancia de género y número, muchas palabras polisílabas, muchas palabras específicas del tema y algunas palabras técnicas. Leen en silencio durante la lectura independiente; en la lectura oral, demuestran todos los aspectos de un procesamiento fluido.

Seleccionar textos: Características de los textos de este nivel

GÉNERO/FORMAS

Género
- Textos informativos
- Cuentos fantásticos sencillos
- Ficción realista
- Literatura tradicional (cuentos tradicionales, fábulas)
- Algunas biografías, la mayoría sobre personas conocidas
- Cuentos de misterio sencillos
- Algunas novelas gráficas
- Géneros híbridos sencillos

Formas
- Libros álbum
- Obras de teatro
- Libros por capítulos de nivel inicial con ilustraciones
- Libros de una serie
- Textos gráficos

ESTRUCTURA DEL TEXTO

Ficción
- Estructura narrativa que incluye capítulos con varios episodios relacionados con una única trama
- Tramas sencillas y directas

- Algunos géneros integrados en otros, como instrucciones o cartas

No ficción
- Presentación de varios temas
- Estructuras subyacentes (descripción, comparación y contraste, secuencia temporal, problema y solución, causa y efecto)
- Textos organizados en pocas categorías sencillas
- Algunos textos más largos con secciones que presentan diferente información
- Variedad en organización y tema
- Variedad en formatos de no ficción (pregunta y respuesta, párrafos, recuadros, leyendas y acotaciones)

CONTENIDO
- Contenidos nuevos que requieren conocimientos previos para su comprensión
- Algunos textos con tramas, escenarios y situaciones que están fuera de la experiencia típica
- Algunos contenidos técnicos más difíciles y que no suelen ser conocidos

- Contenidos nuevos accesibles a través del texto y las ilustraciones

TEMAS E IDEAS
- Muchos cuentos humorísticos y superficiales, típicos de las experiencias infantiles
- Ideas que son nuevas para la mayoría de los niños
- Temas accesibles dadas las experiencias infantiles típicas
- Textos con temas universales que ilustran importantes temas y atributos humanos (amistad, coraje, desafíos)
- Algunos textos (novelas gráficas) que requieren que los lectores infieran el relato a partir de ilustraciones con muy poco texto o solo diálogo

CARACTERÍSTICAS LITERARIAS Y DEL LENGUAJE
- Algunos personajes complejos y recordables
- Varios personajes para comprender y seguir el desarrollo

- Varias maneras de mostrar los atributos de los personajes (descripción, diálogo, pensamientos, perspectivas de otros)
- Lenguaje figurado y lenguaje descriptivo
- Escenarios que son importantes para comprender la trama de algunos textos
- Diversas maneras de representar los diálogos, tanto en los que se designa como en los que no se designa a los interlocutores
- Tramas complejas con numerosos episodios y paso del tiempo
- Tramas con numerosos episodios que van preparando la resolución del problema
- Elementos fantásticos tradicionales sencillos
- Textos con varios puntos de vista revelados mediante el comportamiento y los diálogos de los personajes
- Estructuras lingüísticas más sofisticadas, más detalles, más descripciones

Dientes y más dientes

Los tiburones tienen muchos dientes.
Cuando a ti se te cae un diente de leche,
te sale uno nuevo. A los tiburones, cada
vez que se les rompe un diente, siempre
les sale uno nuevo. ¡El gran tiburón blanco
tiene hasta trescientos dientes!

6

Los dientes de los tiburones son afilados y
parecen un serrucho.

Diente del gran
tiburón blanco

7

COMPLEJIDAD DE LAS ORACIONES

- Variedad en la longitud y la complejidad de las oraciones
- Oraciones más largas (más de quince palabras), más complejas (frases preposicionales, cláusulas introductorias, listas de sustantivos, verbos o adjetivos)
- Preguntas en diálogos (ficción) y preguntas y respuestas (no ficción)
- Oraciones con enumeraciones de sustantivos, verbos o adjetivos separados por comas
- Diálogos en los que se designa y no se designa a los interlocutores

VOCABULARIO

- Vocabulario nuevo y palabras específicas de un tema presentadas, explicadas e ilustradas en el texto
- Amplia variedad de palabras para designar a los interlocutores de los diálogos, con verbos y adverbios esenciales para el significado
- Vocabulario nuevo en textos de ficción (mayormente sin explicar)
- Palabras de varios significados

PALABRAS

- Muchas palabras de tres y cuatro sílabas
- Palabras con sufijos y prefijos
- Palabras polisílabas que son difíciles de descomponer o decodificar
- Mayor variedad de conjugaciones verbales

- Algunas palabras compuestas sencillas
- Muchas palabras con desinencias

ILUSTRACIONES

General
- Variedad de elementos gráficos complejos, a menudo más de uno por página
- Algunos fragmentos largos de texto (por lo general, de una o dos páginas) sin ilustraciones ni elementos gráficos

Ficción
- Muchos textos sin ilustraciones o con muy pocas
- Algunas ilustraciones complejas y artísticas que transmiten significado para ilustrar o ampliar el texto
- Algunos textos con ilustraciones que son esenciales para la interpretación
- Algunas ilustraciones que apoyan la interpretación del texto, lo hacen más divertido, crean una atmósfera, pero no son necesarias para la comprensión
- Gran parte del escenario, la acción y los personajes representados en las ilustraciones (textos gráficos)

No ficción
- Más de un tipo de elemento gráfico en una página
- Combinación de elementos gráficos que dan información que ilustra o amplía el texto

- En la mayoría de los textos, los elementos gráficos están explicados con claridad
- Variedad de elementos gráficos: fotos, dibujos, mapas, modelos parciales, tablas, gráficas
- Variedad en la disposición del texto en las lecturas de no ficción (pregunta y respuesta, párrafos, recuadros, mapas, diagramas, acotaciones, ilustraciones con rótulos y leyendas)

CARACTERÍSTICAS DEL LIBRO Y LA LETRA IMPRESA

Longitud
- Libros por capítulos (sesenta a cien páginas de texto)
- Textos más cortos (la mayoría de veinticuatro a cuarenta y ocho páginas de texto) sobre temas individuales (por lo general, no ficción)
- Muchas líneas de texto en una página (de cinco a veinticuatro líneas; más para la ficción)

Texto impreso y disposición
- Espacio amplio entre las líneas
- El tamaño y el tipo de texto impreso y fuente varía; algunos textos más largos en fuente pequeña
- Uso de palabras en bastardilla, negrilla o mayúsculas para indicar énfasis, nivel de importancia o señalar otro significado

- Variedad en la letra impresa y el color de fondo
- Algunas oraciones que ocupan varias líneas o continúan en la página siguiente
- Letra impresa e ilustraciones integradas en muchos textos
- Variedad en la disposición para reflejar diferentes géneros
- Por lo general, disposición sencilla del texto de los libros por capítulos, con muchas oraciones que comienzan a la izquierda
- Globos de diálogo, tiras o letra impresa, y otras combinaciones de letra impresa/ilustraciones en textos gráficos
- Variedad en la disposición del texto en el formato de no ficción (pregunta y respuesta, párrafos, recuadros, leyendas, acotaciones)

Puntuación
- Puntos, comas, rayas de diálogo, comillas en español para identificar pensamientos, signos de admiración, signos de interrogación, dos puntos y puntos suspensivos en la mayoría de los textos
- Comillas para identificar pensamientos

Herramientas
- Varias herramientas de la lectora o el lector: tabla de contenidos, glosario, guía de puntuación, títulos, rótulos, encabezamientos, subtítulos, barras laterales, leyendas

© 2014, Gay Su Pinnell e Irene C. Fountas de *Continuo de adquisición de la lectoescritura, Grados PreK–2*. Portsmouth, NH: Heinemann.

Seleccionar objetivos: Hábitos y conocimientos para observar, enseñar y apoyar

Pensar en el texto *en sí*

Descifrar palabras

- Observar palabras nuevas e interesantes y, de forma activa, agregarlas al vocabulario oral o escrito
- Relacionar palabras que tienen el mismo o casi el mismo significado para comprender un texto y adquirir vocabulario nuevo
- Demostrar conocimiento de maneras flexibles de descifrar palabras (observar partes de palabras, observar terminaciones y prefijos)
- Descifrar palabras de dos o tres sílabas, muchas palabras con desinencias y relaciones complejas entre letras y sonidos
- Descifrar palabras específicas de un tema, usando elementos gráficos y definiciones incluidas en el texto
- Reconocer varios significados de las palabras
- Usar el contexto para deducir el significado de palabras nuevas
- Comprender palabras descriptivas más largas
- Demostrar competencia para descifrar activamente palabras durante una lectura a un buen ritmo
- Deducir el significado de palabras a partir de elementos gráficos

Verificar y corregir

- Autocorregirse cuando los errores afectan al significado del texto
- Autocorregirse cuando la entonación no refleja el significado durante la lectura en voz alta
- Usar diversas fuentes de información para verificar y autocorregirse (estructura lingüística, significado, información sobre relaciones entre letras y sonidos)
- Reconocer cuando se necesita más información para comprender un texto

Buscar y usar información

- Usar juntas diversas fuentes de información para descifrar palabras nuevas
- Buscar información en ilustraciones para apoyar la interpretación del texto
- Buscar información en elementos gráficos (diagramas sencillos, ilustraciones con rótulos, mapas, tablas)
- Usar los títulos de los capítulos y los encabezamientos de las secciones para predecir el contenido
- Usar las herramientas de la lectora o el lector (tabla de contenidos, encabezamientos, glosario, barras laterales, leyendas, títulos de capítulos y notas de la autora o el autor) para reunir información
- Procesar oraciones largas (quince o más palabras) que contienen cláusulas (frases preposicionales, cláusulas introductorias)
- Procesar oraciones que tienen sucesiones de sustantivos, verbos o adverbios
- Procesar una amplia variedad de diálogos, en algunos de los cuales no se design a los interlocutores
- Seguir una sucesión de acciones a partir de los elementos gráficos
- Buscar información importante en ilustraciones y elementos gráficos

Resumir

- Seguir y recordar una sucesión de sucesos durante un texto más largo para comprender mejor el final
- Resumir ideas de un texto e indicar cómo se relacionan
- Resumir un texto narrativo más largo con varios episodios y relatar los sucesos de un texto en el orden en que ocurrieron
- Identificar las ideas importantes de un texto y presentarlas de una manera organizada, ya sea oralmente o por escrito
- Comprender el problema de un cuento y su solución

Planificar el trabajo con las palabras después de la lectura guiada

Se pueden desarrollar la fluidez y la flexibilidad en el procesamiento visual con demostraciones de uno a tres minutos y una participación activa de la o el estudiante por medio de un tablero o un caballete, un pizarrón o lápiz y papel. Planee trabajo explícito para áreas de procesamiento visual específicas que necesitan apoyo.

Ejemplos:

- Reconocer y descomponer palabras con desinencias de gerundio (*corriendo, soplando*)
- Formar y modificar palabras para agregar desinencias (*leer, leo, leía, leí*)
- Modificar palabras añadiendo *-s*, *-es* o *-ces* para formar todo tipo de plurales (*platos, colores, felices, héroes*)
- Trabajar de manera flexible con palabras base para descomponerlas y formar nuevas palabras cambiando letras y agregando sufijos (*estudiosa, educado*)
- Reconocer y relacionar homófonos (misma pronunciación, ortografía y significado diferentes) (*hay, ay*)

- Leer homógrafos (misma ortografía, distinto significado) (*coma, coma; bajo, bajo*)
- Reconocer y pronunciar sílabas abiertas (CV: *bo-ca*) y cerradas (CVC: *mos-cas*)
- Leer palabras que tienen diptongos (*cueva, peine*)
- Formar frases con artículos y sustantivos que concuerden (*los niños, las niñas*)
- Descomponer palabras con patrones de fonogramas más complejos (VCCV: *otro, abre*)
- Descomponer palabras compuestas y comentar cómo las partes se relacionan con el significado (*salva-vidas*)

- Separar en sílabas palabras de tres y cuatro sílabas (*ca-ra-col, ca-la-ba-za*)
- Descifrar palabras analizando el sonido de las letras de izquierda a derecha (*b-a-rr-e-ra*)
- Usar la información conocida sobre las palabras para leer palabras nuevas (*río, frío; cara, caracol*)
- Leer palabras con *h* muda (*hueco, hielo*)
- Leer, descomponer o escribir palabras con grupos consonánticos y dígrafos (*arroz, aplauso*)
- Agregar, borrar y cambiar letras para formar palabras nuevas (*ato/rato; pan/plan*)
- Descomponer palabras con sílabas abiertas y cerradas (*co-co, ciem-piés*)

Mantener la fluidez
- Demostrar una lectura oral fluida y con frases bien formadas
- Leer diálogos usando una formación de frases y expresión que refleje la comprensión de los personajes y los sucesos
- Demostrar conocimiento de la función de todos los signos de puntuación
- Demostrar el uso adecuado del énfasis en las palabras, las pausas, la formación de frases, la entonación y la puntuación
- Usar diversas fuentes de información (estructura lingüística, significado, reconocimiento rápido de palabras) para apoyar la fluidez y la formación de frases
- Descifrar rápida y automáticamente la mayoría de las palabras del texto para apoyar la fluidez
- Usar diversas fuentes de información de una manera integrada para apoyar la fluidez
- Leer en silencio y en voz alta a un ritmo adecuado, ni muy rápido ni muy lento

Ajustar
- Leer más lentamente para buscar información y retomar un buen ritmo de lectura
- Demostrar diferentes maneras de leer textos de ficción y no ficción
- Demostrar ajuste en la lectura para procesar biografías sencillas
- Volver a leer para descifrar palabras y retomar un buen ritmo de lectura
- Reconocer que, en los textos gráficos, las ilustraciones transmiten gran parte del significado

Pensar *más allá* del texto

Predecir
- Usar la estructura del texto para predecir el desenlace de un texto narrativo
- Hacer predicciones sobre la solución del problema de un cuento
- Hacer varias predicciones a partir de experiencias personales, conocimiento del tema y conocimiento de textos similares
- Buscar y usar información para confirmar o refutar predicciones
- Justificar predicciones usando pruebas del texto
- Predecir qué harán los personajes a partir de las características que revela la autora o el autor

Establecer relaciones
- Aportar conocimientos obtenidos en experiencias personales a la interpretación de los personajes y los sucesos
- Aportar conocimientos previos a la comprensión de un texto antes y después de leer, y durante la lectura
- Establecer relaciones entre el texto y otros textos que se han leído o escuchado
- Especificar la naturaleza de las relaciones (tema, contenido, tipo de cuento, autora o autor)

Sintetizar
- Diferenciar la información nueva de la conocida
- Demostrar el aprendizaje de contenido nuevo a partir de la lectura
- Expresar cambios de idea después de leer un texto

Inferir
- Demostrar la comprensión de los personajes usando pruebas del texto para apoyar las afirmaciones
- Inferir y comentar los sentimientos y las motivaciones de los personajes mediante la lectura de los diálogos
- Demostrar la comprensión de los personajes y sus características
- Inferir causas y efectos en cuanto a los sentimientos de los personajes o los motivos subyacentes
- Inferir las ideas principales o el mensaje (tema) de un texto
- Inferir las causas de los problemas o desenlaces en textos de ficción y no ficción
- Inferir el escenario, las características y los sentimientos de los personajes y la trama a partir de las ilustraciones de los textos gráficos
- Usar pruebas del texto para apoyar el razonamiento

Pensar *acerca* del texto

Analizar
- Observar y comentar aspectos de los géneros (ficción, no ficción, cuentos realistas, literatura tradicional y cuentos fantásticos)
- Comprender cuando una autora o un autor ha usado estructuras de organización subyacentes (descripción, comparar/contrastar, secuencia temporal, problema/solución, causa/efecto)
- Demostrar la capacidad para identificar cómo está organizado un texto (diagrama o charla)
- Identificar aspectos importantes de las ilustraciones (diseño relacionado con el significado del texto)
- Observar la variedad en la presentación del texto (palabras en negrilla, tamaño de fuente más grande o bastardilla, variedad en la disposición)
- Observar cómo los personajes responden a sucesos importantes y desafíos y explicar por qué
- Observar la manera en la que la autora o el autor designa a los interlocutores de los diálogos
- Observar aspectos del estilo de una escritora o un escritor después de leer varios textos de la misma autora o el mismo autor
- Observar técnicas de escritura específicas (por ejemplo, formato de pregunta y respuesta)
- Observar e interpretar lenguaje figurado y comentar qué aporta al significado del texto o cómo lo hace más entretenido
- Observar el lenguaje descriptivo y comentar cómo contribuye a que el texto sea más entretenido o más fácil de comprender
- Comprender la relación entre el escenario y la trama de un cuento
- Identificar un momento en el cuento en el que el problema se resuelve
- Identificar el propósito establecido explícitamente de la autora o el autor
- Observar y comentar cómo la autora o el autor de una novela gráfica ha transmitido el significado a través de las ilustraciones y el texto impreso

Criticar
- Expresar opiniones sobre un texto y proporcionar pruebas para apoyarlas
- Comentar la calidad de las ilustraciones o los elementos gráficos
- Formular hipótesis sobre cómo los personajes podrían haberse comportado de una manera diferente
- Evaluar el texto con respecto a si es interesante, humorístico o emocionante, y especificar por qué

Lectores del **Nivel M:**

En el Nivel M, los lectores conocen las características de una amplia variedad de géneros (ficción realista, cuentos fantásticos sencillos, textos informativos, literatura tradicional y biografía). Algunos textos de ficción son libros por capítulos y los lectores se interesan más en otras formas de literatura, como libros de una serie más largos y misterios. Las narraciones de ficción son directas pero tienen tramas elaboradas y varios personajes que se transforman y muestran un cambio a través del tiempo. Los lectores de este nivel leen textos de no ficción más cortos, en su mayoría sobre temas sencillos y pueden identificar y usar estructuras subyacentes (descripción, comparación y contraste, secuencia temporal, problema y solución, causa y efecto). Pueden procesar oraciones complejas, que contienen frases preposicionales, cláusulas introductorias, listas de sustantivos, verbos o adjetivos. Pueden descifrar palabras de corrido y de manera automática tanto en silencio como en lectura oral, y los niños pueden leer y comprender palabras descriptivas, algunas palabras complejas de contenido específico y algunas palabras técnicas. Leen en silencio y de manera independiente. En la lectura oral, demuestran todos los aspectos de una lectura fluida y de corrido.

Seleccionar textos: Características de los textos de este nivel

GÉNERO/FORMAS

Género
- Textos informativos
- Cuentos fantásticos sencillos
- Ficción realista
- Literatura tradicional (cuentos tradicionales, fábulas, leyendas, cuentos exagerados)
- Biografía, por lo general sobre personas conocidas
- Cuentos de misterio sencillos
- Géneros híbridos

Formas
- Libros álbum
- Obras de teatro
- Libros por capítulos de nivel inicial con ilustraciones
- Libros de una serie
- Textos gráficos

ESTRUCTURA DEL TEXTO

Ficción
- Estructuras narrativas que incluyen capítulos con varios episodios relacionados con una trama sencilla
- Tramas sencillas y directas
- Gran parte de los escenarios, acciones y personajes aparecen en las imágenes de los textos gráficos

No ficción
- Presentación de varios temas
- Estructura subyacente (descripción, comparación y contraste, secuencia temporal, problema y solución, causa y efecto)
- Textos organizados en algunas categorías simples
- Variedad en organización y temas
- Variedad en formatos de no ficción (pregunta y respuesta, párrafos, recuadros, leyendas y acotaciones)

CONTENIDO
- Algún contenido técnico que exige esfuerzo y no es típicamente conocido
- Mayoría del contenido apoyado por el texto, no por las ilustraciones
- En la mayoría de los textos informativos el contenido está apoyado o ampliado por las ilustraciones

TEMAS E IDEAS
- Muchos cuentos humorísticos y superficiales, típicos de las experiencias infantiles
- La mayoría de las ideas apoyadas por el texto pero con menos apoyo de las ilustraciones

- Textos con temas universales que ilustran cuestiones y atributos humanos (amistad, coraje)
- Algunos temas abstractos que requieren un razonamiento mediante el uso inferencias para deducir
- Algunos textos (textos gráficos) que requieren que los lectores infieran el cuento a partir de imágenes con una cantidad mínima de texto o con diálogo solamente
- Algunos textos con moralejas

CARACTERÍSTICAS LITERARIAS Y DEL LENGUAJE
- Algunos personajes complejos y recordables
- Varias maneras de mostrar los atributos de los personajes (descripción, diálogo, pensamientos, perspectivas de otros)
- Muchos personajes para comprender y reconocer cómo se desarrollan y cambian con el tiempo
- Lenguaje figurado y descriptivo
- Importancia del escenario para comprender la trama en algunos textos
- Varias perspectivas que se revelan a través del diálogo

- Diversas maneras de representar los diálogos, tanto en los que se designa como en los que no se designa a los interlocutores
- Tramas complejas con varios episodios y paso del tiempo
- Tramas con numerosos episodios que van preparando la resolución del problema
- Elementos fantásticos tradicionales sencillos
- Textos con varios puntos de vista revelados mediante el comportamiento de los personajes
- Textos detallados y descriptivos que presentan conceptos y temas abstractos
- Estructura lingüística compleja

COMPLEJIDAD DE LAS ORACIONES
- Oraciones más largas (más de quince palabras), más complejas (frases preposicionales, cláusulas introductorias, listas de sustantivos, verbos o adjetivos)
- Variedad de longitud de las oraciones, algunas largas y complejas
- Preguntas en diálogos (ficción) y preguntas y respuestas (no ficción)
- Oraciones con paréntesis

El sol le comenzó a arder en la espalda. ¡Qué ganas tenía Julio de refrescarse en el agua! Pero al mirar las olas, se le quitaron las ganas de meterse en el mar.

Julio se acordó de sus clases de natación en la piscina de la escuela. Su instructora siempre le decía que parecía un pez en el agua.

"Soy un pez muy raro", pensó Julio con tristeza. "Me gusta la piscina, pero no me gusta el mar".

8

9

- Oraciones con enumeraciones de sustantivos, verbos o adjetivos separados por comas

VOCABULARIO
- Vocabulario nuevo y palabras específicas de un tema presentadas, explicadas e ilustradas en el texto
- Vocabulario nuevo en textos de ficción sin explicar

PALABRAS
- Muchas palabras de tres o cuatro sílabas
- Palabras con sufijos
- Palabras con una gran variedad de patrones ortográficos muy complejos
- Palabras polisílabas que son difíciles de descomponer o decodificar
- Mayor variedad de conjugaciones verbales
- Algunas palabras compuestas

ILUSTRACIONES
General
- Variedad de elementos gráficos complejos, a menudo más de uno por página

- Fragmentos largos de texto sin ilustraciones ni elementos gráficos

Ficción
- La mayoría de los textos sin ilustraciones, cantidad mínima de ilustraciones en blanco y negro o ilustraciones simbólicas
- Algunas ilustraciones complejas y artísticas que transmiten significado para ilustrar o ampliar el texto
- Ilustraciones en blanco y negro en la mayoría de los textos

No ficción
- Más de un tipo de elemento gráfico en una página
- Combinación de elementos gráficos que dan información que ilustra o amplía el texto
- Variedad de elementos gráficos (diagramas, rótulos, recortes, mapas, escalas con leyendas, ilustraciones con rótulos, mapas y tablas)
- En la mayoría de los textos, los elementos gráficos están explicados con claridad
- Variedad en la disposición del texto en las lecturas de no ficción (pregunta y respuesta, párrafos, cuadros, leyendas, acotaciones)

CARACTERÍSTICAS DEL LIBRO Y LA LETRA IMPRESA

Longitud
- Textos cortos
- Algunos libros por capítulos (sesenta a cien páginas de texto)

Texto impreso y disposición
- Espacio amplio entre las líneas
- El tamaño y el tipo de texto impreso y fuente varía; algunos textos más largos en fuente pequeña
- Uso de palabras en bastardilla, negrilla o todo en mayúsculas para indicar énfasis, nivel de importancia o señalar otro significado
- Variedad en la letra impresa y el color de fondo
- Algunas oraciones que ocupan varias líneas o continúan en la página siguiente
- Letra impresa e ilustraciones integradas en algunos textos
- Leyendas debajo de imágenes para brindar información importante
- Disposición sencilla del texto en los libros por capítulos, con algunas oraciones que comienzan a la izquierda

- Variedad en la disposición del texto en el formato de no ficción (pregunta y respuesta, párrafos, recuadros, leyendas, acotaciones)

Puntuación
- Puntos, comas, rayas de diálogo, signos de admiración, signos de interrogación, dos puntos y puntos suspensivos en la mayoría de los textos
- Comillas para identificar pensamientos

Herramientas
- Varias herramientas de la lectora o el lector: tabla de contenidos, glosario, guía de puntuación, títulos, rótulos, encabezamientos, subtítulos, barras laterales, leyendas

Seleccionar objetivos: Hábitos y conocimientos para observar, enseñar y apoyar

Pensar en el texto *en sí*

Descifrar palabras

- Comenzar a reconocer palabras nuevas e interesantes, anotarlas y, de forma activa, agregarlas al vocabulario oral o escrito
- Relacionar palabras que tienen el mismo o casi el mismo significado para comprender un texto y adquirir vocabulario nuevo
- Demostrar conocimiento de maneras flexibles de descifrar palabras (observar partes de palabras, observar terminaciones y prefijos)
- Descifrar palabras de dos o tres sílabas, muchas palabras con desinencias y relaciones complejas entre letras y sonidos
- Descifrar palabras específicas de un tema, usando elementos gráficos y definiciones incluidas en el texto
- Usar el contexto de una oración, párrafo, o el texto entero para determinar el significado de una palabra
- Comprender palabras descriptivas más largas
- Demostrar competencia para descifrar activamente palabras durante una lectura a buen ritmo, resolución de problemas menos evidente
- Comprender palabras con varios significados
- Deducir el significado de palabras a partir de elementos gráficos

Verificar y corregir

- Autocorregirse cuando los errores afectan al significado del texto
- Autocorregirse cuando la entonación no refleja el significado durante la lectura en voz alta
- Usar diversas fuentes de información para verificar y autocorregirse (estructura lingüística, significado, información sobre relaciones entre letras y sonidos)
- Revisar la comprensión y buscar información cuando algo no tiene sentido

Buscar y usar información

- Usar juntas diversas fuentes de información para descifrar palabras nuevas
- Buscar información en las ilustraciones para apoyar la interpretación del texto
- Buscar información en elementos gráficos (diagramas sencillos, ilustraciones con rótulos, mapas, cuadros)
- Usar el título de los capítulos para anticipar el contenido
- Usar las herramientas de la lectora o el lector (tabla de contenidos, encabezamientos, glosario, barras laterales, leyendas, títulos de capítulos y notas de la autora o el autor) para reunir información
- Procesar oraciones largas (quince o más palabras) que contienen cláusulas (frases preposicionales, cláusulas introductorias)
- Procesar oraciones que tienen sucesiones de sustantivos, verbos o adverbios
- Procesar una amplia variedad de diálogos, en algunos de los cuales no se design a los interlocutores
- Comprender cómo usar imágenes para construir significado en textos gráficos
- Buscar información en las imágenes

Resumir

- Seguir y recordar una sucesión de sucesos durante un texto más largo para comprender mejor el final
- Mencionar episodios en un texto en el orden en el que ocurrieron
- Resumir ideas de un texto e indicar cómo se relacionan
- Resumir una narración más larga con varios episodios
- Identificar las ideas importantes de un texto y presentarlas de una manera organizada, ya sea oralmente o por escrito
- Comprender el problema de un cuento y su solución

Planificar el trabajo con las palabras después de la lectura guiada

Se pueden desarrollar la fluidez y la flexibilidad en el procesamiento visual con demostraciones de uno a tres minutos y una participación activa de la o el estudiante por medio de un tablero o un caballete, un pizarrón, letras magnéticas o lápiz y papel. Planee trabajo explícito para áreas de procesamiento visual específicas que necesitan apoyo.

Ejemplos:

- Descomponer palabras con varias desinencias (*caminando, cansada*)
- Agregar varias terminaciones a los verbos para formar el presente y el pasado (*estudio, estudié, estudiaba*)
- Modificar palabras añadiendo -*s*, -*es* o -*ces* para formar todo tipo de plurales (*ventanas, aviones, lápices*)
- Descomponer palabras con sufijos comunes (*preci-oso, cort-ado*)
- Quitar letras o grupos de letras de una palabra para reconocer la palabra base (*a-calor-ado*)

- Trabajar con flexibilidad con palabras base descomponiendo y formando palabras nuevas si se cambian letras o se agregan prefijos o sufijos (*plantar, plantado, plantada, plantita*)
- Reconocer palabras que tienen varios significados (una forma de homógrafo: *muñeca, muñeca*), homógrafos (misma pronunciación y ortografía: *presente, presente*) y homófonos (misma pronunciación, ortografía diferente: *tuvo, tubo*)
- Reconocer y pronunciar sílabas abiertas (CV: *ma-no*) y cerradas (CVC: *tar-des*)

- Descomponer y formar palabras con patrones de fonogramas más complejos (CVC (*cestos*), VCCV (*arte*))
- Descomponer palabras compuestas y comentar cómo se relacionan las partes con el significado (*abre-latas*)
- Descomponer palabras polisílabas para decodificar unidades más manejables (*re-ga-de-ra, de-lan-tal*)
- Descifrar palabras analizando el sonido de las letras de izquierda a derecha (*gu-i-t-a-rr-a*)
- Usar la información conocida sobre las palabras para leer palabras nuevas (*canta, planta; venta, ventana*)

Mantener la fluidez
- Demostrar una lectura oral fluida y con frases bien formadas
- Leer diálogos usando una formación de frases y expresión que refleje la comprensión de los personajes y los sucesos
- Demostrar conocimiento de la función de todos los signos de puntuación
- Demostrar el uso adecuado del énfasis en las palabras, las pausas, la formación de frases, la entonación y la puntuación
- Usar varias fuentes de información (estructura lingüística, significado, reconocimiento rápido de palabras) para apoyar la fluidez y la formación de frases
- Descifrar rápida y automáticamente la mayoría de las palabras del texto para apoyar la fluidez
- Usar diversas fuentes de información para apoyar la fluidez
- Leer en silencio y en voz alta a un ritmo adecuado, ni muy rápido ni muy lento

Ajustar
- Leer más lentamente para buscar información y retomar un buen ritmo de lectura
- Demostrar diferentes maneras de leer textos de ficción y de no ficción
- Demostrar ajuste en la lectura para procesar biografías sencillas
- Volver a leer para descifrar palabras o pensar acerca de ideas y retomar un buen ritmo de lectura
- Comprender que, en los textos gráficos, el significado se debe deducir a partir de las ilustraciones (por lo general, en combinación con el texto)

Pensar *más allá* del texto

Predecir
- Usar la estructura del texto para predecir el desenlace de un texto narrativo
- Hacer predicciones sobre la resolución del problema de un cuento
- Hacer varias predicciones a partir de experiencias personales, conocimiento del tema y conocimiento de textos similares
- Buscar y usar información para confirmar o refutar predicciones
- Justificar predicciones usando pruebas del texto
- Predecir qué harán los personajes a partir de las características que revela la autora o el autor

Establecer relaciones
- Aportar conocimientos obtenidos en experiencias personales a la interpretación de los personajes y los sucesos
- Aportar conocimientos de contenidos previos a la comprensión de un texto antes y después de leer, y durante la lectura
- Establecer relaciones entre el texto y otros textos que se han leído o escuchado
- Especificar la naturaleza de las relaciones (tema, contenido, tipo de cuento, escritora o escritor)

Sintetizar
- Diferenciar la información nueva de la conocida
- Demostrar el aprendizaje de contenido nuevo a partir de la lectura
- Expresar cambios de ideas luego de leer un texto

Inferir
- Demostrar la comprensión de los personajes usando pruebas del texto para apoyar las afirmaciones
- Inferir los sentimientos y las motivaciones de los personajes mediante la lectura de los diálogos
- Inferir causas y efectos en cuanto a los sentimientos de los personajes o los motivos subyacentes
- Inferir las ideas principales o el mensaje (tema) de un texto
- Generar o reaccionar ante una comprensión alternativa de un texto
- Inferir las causas de los problemas o desenlaces en textos de ficción y no ficción
- Identificar sucesos significativos e indicar cómo se relacionan con el problema del cuento o la solución
- Apoyar el razonamiento con pruebas del texto
- Inferir el escenario, las características y los sentimientos de los personajes y la trama a partir de las ilustraciones de los textos gráficos

Pensar *acerca* del texto

Analizar
- Reconocer aspectos de los géneros (ficción, no ficción, cuentos realistas y fantásticos)
- Comprender cuándo una autora o un autor ha usado estructuras de organización subyacentes (descripción, comparar/contrastar, secuencia temporal, problema/solución, causa/efecto)
- Demostrar la capacidad para identificar cómo está organizado un texto (diagrama o charla)
- Identificar aspectos importantes de las ilustraciones (diseño relacionado con el significado del texto)
- Reconocer variedad en la disposición (palabras en negrilla, tamaño de fuente más grande o bastardilla, variedad en la disposición)
- Reconocer la manera en la que la autora o el autor designa a los interlocutores de los diálogos
- Reconocer aspectos del estilo de una escritora o escritor después de leer varios textos de la misma autora o el mismo autor
- Reconocer técnicas de escritura específicas (por ejemplo, el formato de pregunta y respuesta)
- Reconocer e interpretar lenguaje figurado y comentar qué aporta al significado del texto o cómo lo hace más entretenido
- Reconocer lenguaje descriptivo y comentar cómo contribuye a que el texto sea más entretenido o más fácil de comprender
- Describir el problema de un cuento
- Identificar el propósito explícito de la autora o el autor
- Comprender la relación entre el escenario y la trama de un cuento
- Identificar un punto del cuento en el que se resuelve el problema
- Reconocer y comentar cómo la autora o el autor de una novela gráfica ha transmitido el significado a través de las ilustraciones y el texto impreso

Criticar
- Expresar opiniones sobre un texto y proporcionar pruebas para apoyarlas
- Comentar la calidad de las ilustraciones o los elementos gráficos
- Formular hipótesis sobre cómo los personajes podrían haberse comportado de una manera diferente
- Indicar si el texto es interesante, humorístico, apasionante y especificar por qué

Lectores del **Nivel N:**

En el Nivel N, los lectores procesarán todo tipo de géneros, cuentos de ficción cortos, libros por capítulos y textos informativos más cortos; además leen formas especiales, por ejemplo: misterios y libros de una serie. Las narraciones de ficción son directas pero tienen tramas más elaboradas con muchos episodios y varios personajes que se desarrollan y cambian con el tiempo. Algunos textos de no ficción brindan información en categorías de varios temas relacionados, y los lectores pueden identificar y usar estructuras subyacentes (descripción, comparar y contrastar, secuencia temporal, problema y solución, causa y efecto). Continúan leyendo en silencio a buen ritmo y automáticamente usan una amplia variedad de estrategias para descifrar palabras mientras se centran en el significado. En la lectura oral, continúan leyendo con formación de frases, fluidez y énfasis en las palabras adecuadas de manera tal que se refleja el significado y se reconoce la puntuación. Los lectores leen más lentamente para resolver problemas o buscar información y luego vuelven a leer a ritmo normal; hay poca resolución explícita de problemas. Pueden procesar oraciones complejas, que contienen frases preposicionales, cláusulas introductorias, listas de sustantivos, verbos o adjetivos. Pueden leer y comprender palabras descriptivas, algunas palabras complejas de contenido específico y algunas palabras técnicas. La longitud del texto ya no es un problema crucial porque los estudiantes están comenzando a leer textos que varían en gran medida. Pueden descifrar palabras de corrido y de manera automática en la lectura en silencio y oral.

Seleccionar textos: Características de los textos de este nivel

GÉNERO/FORMAS

Género
- Textos informativos
- Cuentos fantásticos sencillos
- Ficción realista
- Literatura tradicional
- Biografía, la mayoría sobre personas muy conocidas
- Ficción histórica
- Misterios sencillos
- Géneros híbridos
- Inclusión de otros géneros, como direcciones, cartas o recetas

Formas
- Libros álbum
- Obras de teatro
- Libros por capítulos de nivel inicial con ilustraciones
- Libros de una serie
- Textos gráficos

ESTRUCTURA DEL TEXTO

Ficción
- Estructuras narrativas que incluyen capítulos con varios episodios relacionados con una sola trama
- Tramas con episodios detallados

No ficción
- Textos organizados en algunas categorías y subcategorías
- Presentación de varios temas que representan subtemas de un área de contenido o tema más amplio
- Estructura subyacente (descripción, comparar y contrastar, secuencia temporal, problema y solución, causa y efecto)
- Variedad en la organización y los temas
- Variedad en formatos de no ficción (pregunta y respuesta, párrafos, recuadros, leyendas y acotaciones)

CONTENIDO

- Contenido que requiere conocimiento previo para comprenderlo en algunos textos informativos
- La mayor parte del contenido se transmite por medio del texto, no de imágenes
- El contenido se complementa o se amplía con ilustraciones u otros elementos gráficos en la mayoría de los textos informativos
- Contenido que requiere que la lectora o el lector incorpore perspectivas de diversas culturas y aporte conocimientos culturales a la comprensión

TEMAS E IDEAS

- Muchos cuentos humorísticos y superficiales, típicos de las experiencias infantiles
- Algunas ideas abstractas apoyadas por el texto pero con menos apoyo de las ilustraciones
- Algunos temas abstractos que requieren un razonamiento por inferencias para deducirlos
- Textos con significados más profundos que se aplican a problemas humanos y asuntos sociales importantes
- Textos (textos gráficos) que requieren que los lectores infieran el cuento a partir de imágenes con una mínima cantidad de texto o solo con diálogo

CARACTERÍSTICAS LITERARIAS Y DEL LENGUAJE

- Varios personajes que comprender
- Perspectivas y personajes que se revelan por lo que dicen, piensan y hacen y por lo que otros dicen o piensan sobre ellos
- Personajes recordables que cambian y se desarrollan con el tiempo
- Factores relacionados con el cambio de los personajes explícitos y obvios
- Lenguaje descriptivo y figurativo que es importante para la comprensión de la trama
- Importancia del escenario para comprender la trama en algunos textos
- Amplia variedad para mostrar diálogos, designados y no designados
- Tramas complejas con varios episodios y paso del tiempo
- Tramas con varios episodios, que se desarrollan para llegar a la resolución del problema
- Construcción del suspenso a través de sucesos de la trama
- Elementos fantásticos tradicionales sencillos

¿Por qué los volcanes hacen erupción?

El centro de la Tierra es muy caliente y contiene roca líquida llamada **magma**. El calor en el centro de la Tierra crea una presión muy fuerte. Esta presión empuja el magma hacia la superficie de la Tierra.

lava

magma   chimenea

Un volcán hace erupción cuando la presión lanza el magma hacia la superficie de la Tierra. El magma sube por un agujero en el volcán llamado **chimenea**. Cuando el magma sale del volcán, se llama **lava**.

6

7

- Textos con varios puntos de vista que se revelan a través del comportamiento de los personajes

COMPLEJIDAD DE LAS ORACIONES

- Variedad en la longitud de las oraciones, con oraciones más largas (con más de quince palabras), más complejas (frases preposicionales, cláusulas introductorias, listas de sustantivos, verbos o adjetivos)
- Preguntas en el diálogo (ficción) y preguntas y respuestas (no ficción)
- Oraciones con material parentético
- Oraciones con sustantivos, verbos o adjetivos en sucesión, separados por comas

VOCABULARIO

- Muchas palabras complejas de contenido específico en textos de no ficción, la mayoría definidas en el texto, las ilustraciones o el glosario
- Vocabulario nuevo en textos de ficción sin explicar
- Algunas palabras que se usan en sentido figurado
- Algunas palabras con significados connotativos que son fundamentales para comprender el texto
- Algunas palabras descriptivas más largas (adjetivos y adverbios)
- Algunas palabras que representan ideas abstractas

PALABRAS

- Muchas palabras de tres o cuatro sílabas
- Palabras con sufijos y prefijos
- Palabras con una gran variedad de patrones ortográficos muy complejos
- Palabras polisílabas que son difíciles de descomponer o decodificar
- Algunos sustantivos propios polisílabos que son difíciles de decodificar
- Mayor variedad de conjugaciones verbales
- Algunas palabras divididas (con guión) en distintas líneas

ILUSTRACIONES

General
- Variedad de elementos gráficos complejos, a menudo más de uno por página
- Fragmentos largos de texto sin ilustraciones ni elementos gráficos

Ficción
- La mayoría de los textos sin ilustraciones o con muy pocas
- Ilustraciones en blanco y negro en la mayoría de los textos
- Algunas ilustraciones complejas y artísticas que transmiten significado para ilustrar o ampliar el texto (atmósfera, simbolismo)

- Gran parte del escenario, la acción y los personajes representados en las ilustraciones en los textos gráficos

No ficción
- Combinación de elementos gráficos que dan información que ilustra o amplía el texto
- Variedad de elementos gráficos (diagramas, rótulos, recortes, mapas, escalas con leyendas, ilustraciones con rótulos, mapas y tablas)
- En la mayoría de los textos, los elementos gráficos están explicados con claridad
- Variedad en la disposición del texto en las lecturas de no ficción (pregunta y respuesta, párrafos, cuadros, leyendas, acotaciones)

CARACTERÍSTICAS DEL LIBRO Y LA LETRA IMPRESA

Texto impreso y disposición
- Espacio amplio entre las líneas
- El tamaño del texto impreso y la fuente varía y hay textos más largos en fuente pequeña
- Uso de palabras en bastardilla, negrilla o todo en mayúsculas para indicar énfasis, importancia o señalar otro significado
- Variedad en la letra impresa y el color de fondo

- Algunas oraciones que ocupan varias líneas o continúan en la página siguiente
- Letra impresa e ilustraciones integradas en algunos textos
- Leyendas debajo de imágenes para brindar información importante
- Variedad en la disposición para reflejar distintos géneros
- Disposición sencilla del texto en los libros por capítulos, con algunas oraciones que comienzan a la izquierda
- Variedad en la disposición del texto en el formato de no ficción (pregunta y respuesta, párrafos, recuadros, leyendas, acotaciones)
- Se muestra información en una variedad de imágenes y combinaciones de texto impreso en los textos gráficos

Puntuación
- Puntos, comas, rayas de diálogo, signos de admiración, signos de interrogación, dos puntos y puntos suspensivos en la mayoría de los textos
- Comillas para identificar pensamientos

Herramientas
- Variedad de herramientas de la lectora o el lector: tabla de contenidos, leyendas, glosario, guía de puntuación, títulos, rótulos, encabezamientos, subtítulos, barras laterales, nota de la autora o el autor

Seleccionar objetivos: Hábitos y conocimientos para observar, enseñar y apoyar

Pensar en el texto *en sí*

Descifrar palabras

- Comenzar a reconocer palabras nuevas e interesantes y, de forma activa, agregarlas al vocabulario oral o escrito
- Determinar el significado de palabras académicas o relacionadas con un tema en un texto
- Relacionar palabras que tienen el mismo o casi el mismo significado para comprender un texto y adquirir vocabulario nuevo
- Demostrar conocimiento de maneras flexibles de descifrar palabras (observar partes de palabras, observar terminaciones y prefijos)
- Descifrar palabras de dos o tres sílabas, muchas palabras con desinencias y relaciones complejas entre letras y sonidos
- Descifrar palabras específicas de un tema, usando elementos gráficos y definiciones incluidas en el texto
- Usar el contexto de una oración, párrafo, o el texto entero para determinar el significado de una palabra
- Comprender palabras descriptivas más largas
- Aplicar estrategias de resolver problemas a palabras técnicas o sustantivos propios que son un desafío
- Reconocer palabras en el texto impreso que están parcialmente definidas por las ilustraciones en los textos gráficos

Verificar y corregir

- Continuar verificando precisión y comprensión, autocorregirse cuando los errores afectan al significado del texto
- Deducir el significado de palabras nuevas a partir de los textos gráficos
- Comprender palabras que representan ideas abstractas

Buscar y usar información

- Buscar información en los elementos gráficos (diagramas sencillos, ilustraciones con rótulos, mapas, cuadros)
- Usar las herramientas de la lectora o el lector (tabla de contenidos, encabezamientos, glosario, títulos de capítulos, leyendas, barras laterales, hipervínculos, y las notas de la autora o el autor) para reunir información y construir significado

- Procesar oraciones largas (quince o más palabras) que contienen cláusulas (frases preposicionales, cláusulas introductorias, series de sustantivos, verbos o adverbios)
- Procesar una amplia variedad de diálogos, en algunos de los cuales no se design a los interlocutores
- Responder a la tensión de la trama o al suspenso y continuar leyendo para buscar soluciones a los problemas
- Seguir una secuencia de acciones a partir de los elementos gráficos
- Comprender cómo usar imágenes para construir significado en textos gráficos
- Buscar información en una secuencia de ilustraciones en los textos gráficos

Resumir

- Seguir y recordar una sucesión de sucesos y el problema de un cuento y su resolución en un texto más largo para comprender mejor el final
- Identificar y comprender conjuntos de ideas relacionadas organizadas en categorías
- Resumir un texto a intervalos durante la lectura de un texto más largo
- Resumir textos narrativos más largos con varios episodios ya sea oralmente o por escrito
- Identificar las ideas importantes de un texto y presentarlas de una manera organizada, ya sea oralmente o por escrito
- Seguir una secuencia de acciones a partir de textos gráficos
- Volver a contar las ideas principales de un texto y los detalles importantes

Mantener la fluidez

- Demostrar una lectura oral fluida y con frases bien formadas
- Leer diálogos usando una formación de frases y expresión que refleje la comprensión de los personajes y los sucesos
- Demostrar el uso adecuado del énfasis en las palabras, las pausas, la formación de frases, la entonación y la puntuación
- Usar diversas fuentes de información (estructura lingüística, significado, reconocimiento rápido de palabras) para apoyar la fluidez y la formación de frases
- Leer con precisión de manera que apoye la fluidez
- Leer en silencio y en voz alta a un ritmo adecuado, ni muy rápido ni muy lento para comprender

Planificar el trabajo con las palabras después de la lectura guiada

Se pueden desarrollar la fluidez y la flexibilidad en el procesamiento visual con demostraciones de uno a tres minutos y una participación activa de la o el estudiante por medio de un tablero o un caballete, un pizarrón, letras magnéticas o lápiz y papel. Planee trabajo explícito para áreas de procesamiento visual específicas que necesitan apoyo.

Ejemplos:

- Reconocer y usar correctamente la concordancia sujeto-verbo con sustantivos singulares y plurales (*la niña llegó/las niñas llegaron*)
- Descomponer y formar plurales, incluidos los plurales que necesitan un cambio ortográfico (*pez/peces, canción/canciones*)
- Trabajar con flexibilidad con palabras base y formar palabras nuevas si se cambian letras o se agregan sufijos (*grande/grandioso/grandote, cariño/cariñito/cariñoso*)

- Reconocer palabras que tienen varios significados (una forma de homógrafo: *pata, pata*), homógrafos (misma pronunciación y ortografía: *cerca, cerca*) y homófonos (misma pronunciación, ortografía diferente: *beses, veces*)
- Descomponer y formar palabras con sílabas con diptongos (*aullido, fiesta, camión, cueva, cuidado, rey*) y hiato (*leopardo, rocío, aéreo*)
- Descomponer palabras compuestas (*medio-día*)

- Descomponer palabras polisílabas para decodificar unidades más manejables y reconocer sílabas acentuadas (*es-tu-dio, es-tu-dió*)
- Leer palabras usando análisis de letras y sonidos de izquierda a derecha (*a-ho-rr-o*)
- Usar la información conocida sobre las palabras para leer palabras nuevas (*razón, razonable*)
- Reconocer y producir sinónimos y antónimos (*auto/carro; alto/bajo*)

Ajustar

- Demostrar distintas maneras de leer, según el género, que incluye biografías, fantasía y ficción histórica
- Ajustar la lectura para procesar textos con una disposición difícil y compleja
- Volver a leer para descifrar palabras o pensar acerca de ideas y retomar un buen ritmo de lectura
- Comprender que, en los textos gráficos, el significado se debe deducir a partir de las ilustraciones (por lo general, en combinación con el texto)

Pensar *más allá* del texto

Predecir

- Usar la estructura del texto para predecir el desenlace de un texto narrativo
- Hacer varias predicciones a partir de experiencias personales, conocimiento del tema y conocimiento de textos similares
- Buscar y usar información para confirmar o refutar predicciones
- Justificar predicciones usando pruebas del texto
- Continuar apoyando las predicciones con muestras del texto sobre qué harán los personajes a partir características reveladas por la escritora o el escritor

Establecer relaciones

- Aportar conocimientos obtenidos en experiencias personales a la interpretación de los personajes y los sucesos
- Aportar conocimientos de contenidos previos a la comprensión de un texto antes y después de leer, y durante la lectura
- Establecer relaciones entre el texto y otros textos que se han leído o escuchado y demostrarlo en la escritura
- Especificar la naturaleza de las relaciones (tema, contenido, tipo de cuento, escritora o escritor)

Sintetizar

- Diferenciar la información nueva de la conocida
- A través de charlas o escritura demostrar que se aprenden nuevos contenidos por la lectura
- Demostrar el cambio de perspectiva a medida que transcurren los sucesos
- Sintetizar la información de un texto más largo
- Expresar cambios de ideas luego de leer un texto

Inferir

- Demostrar la comprensión de los personajes usando pruebas del texto para apoyar las afirmaciones
- Inferir los sentimientos y las motivaciones de los personajes mediante la lectura de los diálogos
- Inferir causas y efectos en cuanto a los sentimientos de los personajes o los motivos subyacentes
- Ver los cambios de los personajes a través del tiempo y articular posibles razones para su desarrollo
- Generar o reaccionar ante una comprensión alternativa de un texto
- Inferir las causas de los problemas o desenlaces en textos de ficción y no ficción
- Identificar sucesos significativos e indicar cómo se relacionan con el problema del cuento o la solución
- Inferir las ideas o el mensaje (tema) de un texto
- Apoyar el razonamiento con pruebas del texto
- Inferir el escenario, las características y los sentimientos de los personajes y la trama a partir de las ilustraciones de los textos gráficos
- Distinguir el punto de vista de la lectora o el lector y el de la autora o el autor

Pensar *acerca* del texto

Analizar

- Reconocer aspectos de los géneros (ficción realista e histórica, biografía y otros tipos de no ficción, fantasía)
- Comprender cuando una autora o un autor ha usado estructuras de organización subyacentes (descripción, comparar/contrastar, secuencia temporal, problema/solución, causa/efecto)
- Demostrar la capacidad para identificar cómo está organizado un texto
- Identificar aspectos importantes de las ilustraciones (diseño relacionado con el significado del texto)
- Reconocer variedad en la disposición (palabras en negrilla, tamaño de fuente más grande o bastardilla, variedad en la disposición)
- Reconocer la manera en la que la autora o el autor designa a los interlocutores de los diálogos
- Reconocer aspectos del estilo de una escritora o un escritor después de leer varios textos de la misma autora o del mismo autor
- Reconocer técnicas de escritura específicas (por ejemplo, el formato de pregunta y respuesta)
- Reconocer e interpretar lenguaje figurado y comentar qué aporta al significado del texto o cómo lo hace más entretenido
- Reconocer lenguaje descriptivo y comentar cómo contribuye a que el texto sea más entretenido o más fácil de comprender
- Comprender la relación entre el escenario y la trama de un cuento
- Describir el problema de un cuento
- Describir cómo se resuelve un problema
- Identificar el propósito explícito de la autora o el autor
- Reconocer y comentar cómo la autora o el autor de una novela gráfica ha transmitido el significado a través de las ilustraciones y el texto impreso
- Comparar y contrastar los puntos de vista de los personajes en un cuento
- Explicar cómo las ilustraciones o las fotografías de un texto contribuyen al significado

Criticar

- Expresar opiniones sobre un texto y proporcionar pruebas para apoyarlas
- Comentar la calidad de las ilustraciones o los elementos gráficos
- Formular hipótesis sobre cómo los personajes podrían haberse comportado de una manera diferente
- Evaluar aspectos de un texto que contribuyen a la apreciación (por ejemplo: personajes o situaciones humorísticos)

Glosario

abreviatura Forma reducida de una palabra que reemplaza a la palabra completa (Sr., etc., NY).

acción estratégica Cualquiera de las muchas actividades de razonamiento simultáneas y coordinadas que se producen en la mente del lector. (Ver *pensar en el texto en sí, pensar más allá del texto y pensar acerca del texto*).

acciones para descifrar palabras Ver *descifrar palabras*.

acotación Característica de los textos de no ficción, por ejemplo, una definición, una cita o un concepto importante, que se destaca porque está al lado del texto o escrito con letras más grandes en el cuerpo del texto.

acrónimo Palabra formada por la combinación de la primera letra de varias palabras relacionadas o de partes de palabras (*autobús = auto*móvil y óm*nibus*).

afijo Parte que se agrega al comienzo o el final de una palabra base o raíz para cambiar su significado o función (*prefijo* o *sufijo*).

agregar un fonema Agregar un sonido inicial o final a una palabra (p + arte, musica + l).

aislar fonemas Identificar un sonido individual (inicial, medio o final) en una palabra.

ajustar (como acción estratégica) Cambiar la manera de leer según el propósito de la lectura y el tipo de texto.

alegoría Narración con un significado subyacente que suele incluir la personificación de ideas abstractas y se cuenta para enseñar o explicar algo.

aliteración Repetición de los sonidos consonánticos iniciales de palabras o sílabas cercanas.

análisis de palabras Descomponer palabras en partes o en sonidos individuales para analizarlas.

analizar (como acción estratégica) Examinar los elementos del texto para saber cómo está construido y observar aspectos de los recursos de elaboración del autor.

analogía Relación de semejanza entre una palabra conocida y una palabra desconocida que permite descifrar el significado de la palabra desconocida.

antónimo Palabra cuyo significado es opuesto al de otra palabra (*frío* opuesto a *caliente*).

arcaísmos Palabras que pertenecen a un lenguaje antiguo y que tienen un uso especializado en el lenguaje actual.

artículo de fondo Texto de no ficción que se centra en un aspecto de un tema.

atmósfera Tono o estado de ánimo que comunica la autora o el autor en su obra; suele estar determinada por los detalles, las imágenes literarias, el lenguaje figurado y el escenario.

autobiografía Biografía de una persona escrita o narrada por esa misma persona (Ver también *narración personal*).

automaticidad Decodificación veloz, precisa y fluida de palabras sin esfuerzo o atención conscientes.

bastardilla Estilo de fuente caracterizado por la inclinación de las letras.

bilingüe Persona que domina dos lenguas.

biografía Historia escrita de la vida o parte de la vida de una persona.

borrador (en la escritura) Versión inicial de la composición de una autora o un autor.

bosquejar y dibujar (en la escritura) Crear una imagen en borrador (bosquejar) o final (dibujar) de una persona, un lugar, un objeto o una idea para captar, elaborar y presentar las ideas de la autora o el autor.

buscar y usar información (como acción estratégica) Buscar y pensar en todos los tipos de contenido para darle un sentido al texto durante la lectura.

características del libro y la letra impresa (como características del texto) Atributos físicos del texto (por ejemplo, tipo de fuente, diseño y longitud).

características distintivas de las letras Características visuales que determinan que cada letra del alfabeto sea diferente de las demás.

características literarias y del lenguaje (como características del texto) Las características específicas del lenguaje escrito son cualitativamente diferentes de las del lenguaje hablado (por ejemplo, el diálogo, el lenguaje figurado y las estructuras literarias como los personajes, el escenario y la trama en un texto de ficción o una descripción y el lenguaje técnico en un texto de no ficción).

carta (como género) Ver *carta informal* y *carta formal*.

carta formal Comunicación escrita, generalmente dirigida a un desconocido, cuya forma obedece normas específicas (por ejemplo, una carta comercial).

carta informal Comunicación escrita, generalmente dirigida a un amigo o familiar (por ejemplo, notas, invitaciones, correos electrónicos).

ciencia ficción Forma de los textos narrativos de ficción en la que fenómenos científicos reales o imaginarios influyen en la trama.

combinación de consonantes Dos o más consonantes que suelen aparecer juntas en las palabras y representan sonidos unidos de manera fluida, aunque es posible escuchar cada uno de los sonidos en la palabra (*truco*).

© 2014, Gay Su Pinnell e Irene C. Fountas de *Continuo de adquisición de la lectoescritura, Grados PreK–2*. Portsmouth, NH: Heinemann.

combinar fonemas Identificar sonidos aislados y unirlos con fluidez para formar una palabra (s-o-l = sol).

combinar Unir sonidos o partes de palabras.

comienzo En una sílaba, parte (consonante, grupo consonántico o dígrafo consonántico) que antecede a la vocal (*bl*-anco).

complejidad de la oración (como característica del texto) Complejidad de la estructura o la sintaxis de una oración. La inclusión de frases y cláusulas en oraciones simples aumenta su complejidad.

conciencia fonémica Capacidad de oír cada uno de los sonidos en una palabra e identificarlos aisladamente.

conciencia fonológica Conocimiento de palabras, palabras que riman, comienzos y terminaciones, sílabas y sonidos individuales (fonemas).

conciencia ortográfica Conocimiento de las características visuales del lenguaje escrito, entre ellas, las características distintivas de las letras y los patrones ortográficos de las palabras.

conciencia sintáctica Conocimiento de los patrones o las estructuras gramaticales.

conductas Acciones observables.

connotación Significado o asociación emocional que tiene cada palabra más allá de su definición estricta en el diccionario.

conocimiento de las letras Capacidad de reconocer y rotular los símbolos gráficos del lenguaje.

conocimientos Conceptos básicos que son fundamentales para comprender una determinada área.

consonante Sonido del habla producido por la obstrucción parcial o total del flujo de aire que genera fricción en uno o más puntos del canal respiratorio. Los sonidos consonánticos se representan con las letras *b, c, ch, d, f, g, h, j, k, l, ll, m, n, ñ, p, q, r, s, t, v, w* (en la mayoría de los usos), *x, y* (en la mayoría de los usos) y *z.*

consonante-vocal-consonante (CVC) Secuencia común de sonidos en una única sílaba (*sol*).

contenido (como característica del texto) Tema de un texto.

contracción Forma abreviada de un grupo de palabras lograda mediante la omisión de un sonido o una letra (*al, del*).

correspondencia entre fonemas y grafemas Relación entre los sonidos (fonemas) y las letras (grafemas) de una lengua.

correspondencia entre letras y sonidos Reconocer el sonido que corresponde a una letra específica cuando se ve o se oye esa letra.

crítica (como acción estratégica) Evaluación del texto que hace el lector a partir de su conocimiento personal, del mundo o de otros texto para hacer un análisis crítico de las ideas presentadas en el texto.

cuaderno del escritor Diario escrito de los temas o las ideas de escritura que a una escritora o un escritor le interesaría explorar; lugar para conservar los experimentos de la escritora o el escritor con los estilos de escritura.

cuaderno del lector Cuaderno o carpeta con hojas unidas donde los estudiantes escriben sobre la lectura. El cuaderno del lector se usa para llevar un registro de los textos leídos y para expresar el razonamiento. Puede contener diferentes secciones para cumplir diversos propósitos.

cuento acumulativo Cuento con muchos detalles que se repiten hasta llegar al clímax.

cuento circular Tipo de cuento que logra una sensación de compleción o cierre al repetir al final de la obra el tema principal, la elección de palabras o la formación de frases presentes en el comienzo del cuento.

cuento de por qué Leyenda que se narra para explicar por qué sucedieron determinados sucesos (proveniente de Francia).

cuento exagerado Narración de ficción que se caracteriza por la exageración.

cuento fantástico Texto de ficción imaginativo que contiene elementos muy irreales.

cuento fantástico con animales Cuento de fantasía cuyos personajes principales son animales personificados.

cuento popular Cuento tradicional que pasa de generación en generación de forma oral.

cursiva Letra manuscrita caracterizada por la unión de una letra con la que le sigue.

decodificar Usar las relaciones entre letras y sonidos para convertir la serie de símbolos que forman una palabra en una unidad de sentido.

desarrollo de ideas (en la escritura) Presentar y elaborar las ideas y los temas de un texto.

descifrar palabras (como acción estratégica) Usar diversas estrategias para descomponer palabras y comprender su significado.

desinencia Sufijo que se agrega a una palabra base para indicar el tiempo verbal o el plural.

dialecto Variedad regional de una lengua. Los dialectos de la mayoría de las lenguas, entre ellas el inglés y el español, son mutuamente inteligibles; las diferencias son menores.

diálogo Palabras habladas, generalmente demarcadas en el texto por rayas de diálogo en español y comillas en inglés.

diálogo separado Diálogo escrito en el que una "frase de decir" divide las palabras del interlocutor: —Venga— dijo mamá—. Vamos a casa.

diario (como género) Registro escrito, generalmente sobre un viaje, en orden cronológico.

diario Tipo de narración personal escrita en primera persona que suele consistir en entradas con fecha y ordenadas en secuencia.

dicción Pronunciación y enunciación claras al hablar.

dígrafo consonántico Dos consonantes que aparecen juntas y representan un sonido único que es diferente del sonido de cada letra (*chivo*).

dimensión (de un personaje) Características, rasgos o atributos que puede tener el personaje de un texto de ficción (valiente, gracioso, egoísta, amistoso).

diptongo En español, la combinación en la misma sílaba de las vocales *a, e, o* con *i, u* (p*ei*ne, ag*ua*).

direccionalidad La orientación del texto impreso (en inglés y en español, de izquierda a derecha).

diseño (o disposición) Manera en que está organizado o dispuesto el texto en una página.

e muda La *e* final en un patrón ortográfico del inglés que por lo general señala el sonido de una vocal larga en una palabra y que no representa un sonido en sí misma (*make*).

editar y revisar (en la escritura) Proceso de pulir la versión final de una composición escrita para prepararla para su publicación.

editorial Ver *editorial de opinión*.

editorial de opinión Tipo de texto cuyo propósito es expresar y defender una opinión, elaborado con frecuencia por el director de una revista, un periódico o un programa de noticias.

educación bilingüe Programa de enseñanza de lectura y contenidos en dos idiomas para promover el bilingüismo y el alfabetismo dual de todos los estudiantes.

elección de palabras (en la escritura) Recurso de elaboración para elegir palabras que transmitan el significado preciso.

eliminar fonemas Omitir el sonido inicial, medio o final de una palabra (parte − p = arte).

énfasis Intensidad que se les da a algunas sílabas o palabras.

ensayar y planificar (en la escritura) El proceso de reunir, elaborar y seleccionar ideas para una composición escrita.

ensayo Obra escrita analítica o de interpretación con un punto de vista centrado.

ensayo fotográfico Texto informativo que contiene fotografías con leyendas para transmitir el mensaje.

entonación Ascenso y descenso del tono de voz al hablar para transmitir el sentido.

escribir en una prueba Género funcional que es necesario en las escuelas.

escritura compartida Técnica de enseñanza en la que la maestra o el maestro hace que un grupo de estudiantes participe en la composición en conjunto de un texto coherente. La maestra o el maestro escribe mientras guía a los niños con el lenguaje y las ideas.

escritura interactiva Contexto de enseñanza caracterizado por la cooperación entre la maestra o el maestro y los estudiantes para la planificación, composición y escritura de un texto en grupo; la maestra o el maestro y los estudiantes se turnan para escribir.

establecer relaciones (como acción estratégica) Buscar y usar relaciones con el conocimiento adquirido a través de las experiencias personales, la relación con el mundo y la lectura de otros textos.

estrategias con base en morfemas Métodos para descifrar palabras que consisten en descubrir el significado mediante la combinación de partes de la palabra o morfemas significativos (*feliz, felicidad; reloj, relojero*).

estrategias de relación Uso de relaciones o analogías con palabras conocidas similares para descifrar palabras (saber el significado de *ante* y *ojos* ayuda a descifrar *anteojos*).

estrategias fonológicas Maneras de descifrar palabras mediante el sonido de las palabras y las relaciones entre letras y grupos de letras y fonemas de esas palabras (*gato, hacer*).

estrategias visuales Maneras de descifrar palabras por medio del conocimiento del aspecto de las palabras, como los grupos y patrones de letras de las palabras (*bueno, grande*).

estructura del texto La disposición u organización general de un texto escrito. La cronología (secuencia) y la descripción son dos estructuras comunes del texto.

estudiante bilingüe emergente Estudiante que, al ingresar en la escuela, habla una lengua diferente y puede con el tiempo alcanzar el bilingüismo y el alfabetismo dual.

estudiantes de inglés como segunda lengua Personas cuya lengua materna no es el inglés, pero lo aprenden como idioma adicional.

evaluación Medio para reunir información o datos que revelen lo que los estudiantes dominan completa o parcialmente, o aún no dominan de manera sistemática.

exageración Enunciado cuyo propósito es traspasar el límite de la verdad para lograr que algo parezca más de lo que es.

fábula Cuento de ficción creado para enseñar una lección, con personajes que suelen ser animales personificados.

familia de palabras Una familia de palabras es un conjunto de palabras que se relacionan por el significado (afijos que se agregan a una palabra base; por ejemplo, *flor, floral, florista, florero, florería, florecer, flora*).

ficción Cuento inventado, generalmente estructurado como texto narrativo.

ficción histórica Cuento imaginario que se desarrolla en el escenario de una época pasada, suele estar basado en hechos y describe esa época de manera realista.

ficción realista Cuento inventado que podría suceder.

fluidez en descifrar palabras Velocidad, precisión y flexibilidad al descifrar palabras.

fluidez en la lectura Leer texto corrido con buen impulso, formación de frases, pausas, entonación y énfasis adecuados.

fonema Unidad mínima de sonido en el lenguaje hablado. Existen aproximadamente veintidós unidades de sonido en el español.

fonética Estudio científico de los sonidos del habla (cómo se producen vocalmente los sonidos y la relación entre los sonidos del habla y todo el proceso lingüístico).

fonograma Elemento fonético representado por caracteres gráficos o símbolos. En el reconocimiento de palabras, una secuencia gráfica compuesta de un grafema vocal y un grafema consonante final (por ejemplo: *oy* u *ón*).

fonología Conocimiento de las relaciones entre letras y sonidos y cómo se usan en la lectura y la escritura. Enseñar fonología requiere ayudar a los niños a adquirir una serie de conocimientos sobre los sistemas del lenguaje escrito y oral; además, la enseñanza de la fonología ayuda a los niños a usar sus conocimientos fonológicos como parte del proceso de lectura y escritura. En la enseñanza de la fonología, se usa una pequeña parte del conjunto de conocimientos que conforma la fonética.

© 2014, Gay Su Pinnell e Irene C. Fountas de *Continuo de adquisición de la lectoescritura, Grados PreK–2.* Portsmouth, NH: Heinemann.

forma (como característica del texto) Tipo de texto caracterizado por elementos específicos. El misterio, por ejemplo, es una forma de escritura comprendida en el género de ficción narrativa.

fuente En el texto impreso, conjunto de letras que pertenecen a un estilo específico.

fuentes de información Diversas pistas en un texto escrito que, en conjunto, construyen significado (por ejemplo, sintaxis, significado y la forma física y disposición del texto).

género Categoría de texto escrito caracterizado por un estilo, una forma o un contenido específico.

géneros funcionales Categoría de texto cuyo propósito es cumplir una tarea práctica. Las cartas formales e informales y las instrucciones son tipos de texto funcional.

géneros informativos Categoría de textos cuyo propósito es informar o presentar datos sobre un tema. Los artículos de fondo de no ficción y los ensayos son ejemplos de textos informativos.

géneros narrativos Categoría de textos cuyo propósito es contar un relato. Los cuentos y las biografías son tipos de textos narrativos.

géneros poéticos Categoría de textos cuyo propósito es usar formas poéticas para expresar sentimientos, imágenes sensoriales, ideas o cuentos. El verso libre, la rima tradicional y la quintilla humorística son tipos de género poético.

grafema Letra o grupo de letras que representan un sonido único, o fonema (*a, ch*).

gramática Reglas complejas que permiten a las personas crear un número ilimitado de frases, oraciones y textos más largos en una lengua. La gramática convencional describe las normas aceptadas de una sociedad.

grupo consonántico Secuencia de dos o tres consonantes que aparecen juntas en las palabras (*truco, blanco*).

guardas Hojas de papel grueso al comienzo y al final de un libro de tapa dura que conectan el bloque de hojas centrales con las tapas; a veces incluyen texto impreso, mapas o imágenes.

hacer un borrador y revisar (en la escritura) Proceso de anotar ideas y modificarlas para transmitir el mensaje de la autora o el autor.

herramientas (como características del texto) Partes de un texto diseñadas para ayudar al lector a tener acceso al texto o comprenderlo mejor (tablas de contenidos, glosarios, leyendas, encabezamientos).

herramientas (en la escritura) Referencias que apoyan el proceso de escritura (diccionarios, diccionarios de sinónimos).

homófono Palabra que se pronuncia igual que otra, pero difiere en la forma escrita y el significado (*hola, ola; valla, vaya*).

homógrafo Palabra que se escribe igual que otra, pero tiene un significado o una derivación diferente (se quebró la *muñeca*; juega con una *muñeca*).

homónimo (tipo de homógrafo) Palabra que se escribe y pronuncia igual que otra, pero tiene diferente significado (vi una *raya* en el agua; traza una *raya* en la hoja).

ilustraciones (como característica del texto) Representaciones gráficas de contenido importante (por ejemplo, dibujos, fotos, mapas, gráficas, tablas).

imágenes literarias Descripciones, comparaciones y figuras retóricas que ayudan a crear imágenes vívidas o hermosas en la mente.

inferir (como acción estratégica) Ir más allá del significado literal del texto y pensar en lo que la autora o el autor no expresa directamente, pero insinúa.

informe Texto escrito para presentar datos sobre un tema específico.

intentar Escribir una palabra, notar que no se ve del todo correcta, escribirla de dos o tres maneras más y decidir qué opción parece correcta; hacer un intento y autoverificar.

invertir fonemas Intercambiar el primero y el último sonido de una palabra para formar una palabra diferente.

ironía Forma de expresión en la cual el significado habitual de las palabras es opuesto al pensamiento del interlocutor.

lectura a coro Lectura en voz alta y al unísono con un grupo.

lectura compartida Técnica de enseñanza en la que la maestra o el maestro hace que un grupo de estudiantes participe en la lectura de un libro en particular para presentar aspectos de la lectura (por ejemplo, las normas de la letra impresa), desarrollar estrategias de lectura (por ejemplo, decodificar o predecir) y enseñar vocabulario.

lectura interactiva en voz alta Contexto de enseñanza que permite a los estudiantes escuchar de forma activa y responder a la lectura oral de un texto.

lectura interpretativa Contexto de enseñanza en el que los estudiantes leen en voz alta y actúan para el público; pueden leer al unísono o una parte cada uno. La lectura compartida, la lectura a coro y el teatro del lector son tipos de lectura interpretativa.

lenguaje figurado Lenguaje cargado de palabras que describen imágenes y lenguaje metafórico que expresa más que el significado literal.

letras Símbolos gráficos que representan los sonidos del lenguaje. Cada letra posee características específicas que la distinguen de las demás y se la puede identificar por su nombre o su sonido.

léxico Palabras que conforman el lenguaje.

leyenda (como característica del texto) Clave de un mapa o una tabla que explica qué representan los símbolos.

leyenda (como género) Cuento, generalmente antiguo, que narra sobre una persona o suceso destacado.

libro álbum Texto de ficción o de no ficción sumamente ilustrado, en el que las imágenes se complementan con el texto para contar un cuento o brindar información.

libro álbum sin palabras Cuento que se relata exclusivamente con imágenes.

libro de aventuras Texto cuya trama depende de la capacidad del personaje principal de superar peligros y riesgos.

libro de conceptos Libro organizado para desarrollar la comprensión de una idea abstracta o general o de una clasificación.

libro de una serie Uno de los libros de una colección de libros sobre el mismo personaje o los mismos personajes y los diferentes sucesos o situaciones que atraviesan.

libro del alfabeto Libro que combina las letras del alfabeto con imágenes de personas, animales u objetos acompañadas de rótulos relacionados con las letras para ayudar a los niños a desarrollar el concepto y la secuencia del alfabeto.

libro para contar (con números) Libro cuya estructura depende de una progresión numérica.

libro por capítulos Libro para lectores principiantes dividido en capítulos, cada uno de los cuales narra un episodio del conjunto.

libro rotulado Libro álbum compuesto de ilustraciones acompañadas de un texto breve que las identifica.

límites de las palabras El espacio en blanco que define una palabra; el espacio en blanco antes de la primera letra y después de la última letra de una palabra. Es importante que los lectores jóvenes aprendan a reconocer los límites de las palabras.

listas y procedimientos (en la escritura) Géneros funcionales que incluyen listas simples y textos de instrucciones.

mantener la fluidez (como acción estratégica) Integrar fuentes de información en un proceso sin interrupciones para generar una lectura expresiva y con frases bien formadas.

mayúsculas Uso de letras mayúsculas, generalmente la primera letra de una palabra, como norma del lenguaje escrito (por ejemplo, en los nombres propios o al comienzo de una oración).

medios de comunicación Vías de comunicación de información o entretenimiento. Los periódicos y los libros son medios impresos; la televisión e Internet son medios electrónicos.

memorias Exposición de algo importante que suele formar parte de la vida de una persona. Las memorias son un tipo de biografía, autobiografía o narración personal.

metáfora Figura retórica que compara dos objetos disímiles sin usar las palabras *como* o *cual*.

minúscula Forma de una letra que suele diferenciarse por su tamaño menor de su forma mayúscula.

misterio Forma de escritura cuya trama depende de una situación o suceso enigmático que se resuelve cerca del final.

mito Cuento tradicional creado originalmente para explicar los fenómenos o sucesos naturales.

modelo de escritura Técnica de enseñanza que consiste en que la maestra o el maestro muestra a los estudiantes el proceso de composición de un género específico de manera explícita.

modismo Frase cuyo significado no se puede deducir a partir de la combinación del significado de los elementos que la componen (por ejemplo, *ahogarse en un vaso de agua*).

monólogo Discurso extenso que da un miembro de un grupo.

morfema Unidad mínima de significado del lenguaje. Los morfemas pueden ser independientes (o libres) o dependientes. Por ejemplo, *flor* es una unidad significativa autónoma (un morfema libre). En *flores* y *florido*, los agregados *-es* e *-ido* también son unidades significativas, aunque no pueden existir de manera autónoma, sino que agregan sentido al morfema libre. *-es* e *-ido* son ejemplos de morfemas dependientes.

morfología Combinación de morfemas (componentes básicos del significado) para formar palabras; reglas que establecen cómo se forman las palabras a partir de morfemas independientes y dependientes, por ejemplo, raíces, prefijos y sufijos.

mover fonemas Mover sonidos de una ubicación a otra dentro de la palabra.

narración personal Texto breve, en primera persona y con frecuencia autobiográfico que narra un suceso de la vida de la autora o el autor.

negrilla Tipo de letra más gruesa y oscura que lo habitual, usada generalmente para dar énfasis.

no ficción Texto basado en hechos.

normas (de escritura) Uso formal que se convirtió en el estándar del lenguaje escrito. La gramática, el uso de mayúsculas y la puntuación son tres categorías de las normas de escritura.

organización (en la escritura) Orden de las ideas de un texto escrito según una estructura lógica.

ortografía Representación de los sonidos de una lengua con las letras que correspondan según el uso establecido.

palabra base Palabra completa a la que se le pueden agregar afijos para crear palabras nuevas (*lavar* y *-able; lavable*).

palabra comparativa Palabra que describe a una persona u un objeto según su relación con otra persona u objeto (*más, menos*).

palabra compuesta Palabra formada por dos o más palabras o morfemas (*sacapuntas*). El significado de una palabra compuesta puede ser el resultado de la combinación de los significados de las palabras que la componen o puede no estar relacionado con los significados de las unidades combinadas.

palabra de varios significados Palabra cuyo significado cambia según cómo se use (la *copa* de los árboles; bebe de la *copa*; ganó la *copa* del campeonato).

palabra híbrida Palabra que se forma con la combinación de un lexema de otro idioma y un morfema del español (*chat* + *ear* = *chatear*).

palabras (como características del texto) Decodificación de palabras en un texto; características fonéticas y estructurales de las palabras.

palabras Unidad de significado del lenguaje.

palabras conceptuales Palabras que representan ideas abstractas o nombres. Algunas categorías de palabras conceptuales son colores, números, meses, días de la semana y palabras de posición.

palabras de uso frecuente Palabras que se usan a menudo en el lenguaje oral y escrito (*el*).

palabras guía Palabras en la parte superior de la página del diccionario que indican la primera y la última palabra de la página.

palabras onomatopéyicas Palabras cuya pronunciación sugiere el significado.

parodia Imitación humorística de un texto serio.

patrón ortográfico Letras iniciales (comienzo) y fonogramas comunes (terminaciones) forman las bases de las sílabas en español; con estos patrones, los estudiantes pueden formar infinidad de palabras.

pensar en el texto en sí, pensar más allá del texto y pensar acerca del texto Maneras de pensar acerca de un texto durante la lectura. Pensar en el texto en sí implica comprender lo que está en la página, el mensaje literal de la autora o el autor. Pensar más allá del texto requiere hacer inferencias y agrupar las ideas del texto de diferentes maneras para construir el significado del texto. En la sección pensar acerca del texto, los lectores analizan y critican los recursos de elaboración del autor.

personificación Figura retórica que describe un objeto inerte o una idea como si fuera un ser vivo.

plural Referido a más de uno o que constituye más de uno.

polisílaba Palabra que contiene más de una sílaba.

predecir (como acción estratégica) Usar lo que se conoce para pensar acerca de lo que sucederá durante la lectura de texto corrido.

prefijo Grupo de letras que puede colocarse delante de una palabra base para cambiar su significado (*des*armar).

primeros conceptos de la lectura Conocimientos incipientes de la organización y el uso del lenguaje escrito o el texto impreso (cómo funciona).

principio En fonología, una generalización o relación entre el sonido y la ortografía que es predecible.

principio alfabético Concepto de que existe una relación entre los sonidos hablados del lenguaje oral y la representación gráfica del lenguaje escrito.

propaganda Expresión unilateral oral o escrita que se usa deliberadamente para influir en los pensamientos o las acciones de alguien según un alineamiento con ideas o puntos de vista específicos.

propósito (en la escritura) La intención general de la autora o el autor al crear el texto. Contar un cuento e informar o explicar son dos propósitos de escritura convencionales.

publicar (en la escritura) Proceso de hacer pública la versión final de una composición escrita.

punto de vista Manera en la que la autora o el autor elige contar o narrar un cuento, por ejemplo, a través de personajes, sucesos o ideas.

puntuación Signos usados en el texto escrito para aclarar el significado y separar unidades estructurales. La coma y el punto son signos de puntuación comunes.

raíz Parte de una palabra que contiene el componente de significado principal.

recursos literarios Técnicas que usa una autora o un autor para transmitir o realzar un cuento, como figuras retóricas, imágenes literarias, simbolismo y punto de vista.

relación grafofónica Relación entre los sonidos orales del lenguaje y las letras o grupos de letras del lenguaje escrito.

relacionar palabra por palabra Por lo general, se aplica a la capacidad de los lectores de nivel inicial de relacionar una palabra hablada con una palabra impresa al leer y señalar. En los lectores más grandes, este proceso se realiza con la vista.

relaciones entre letras y sonidos Ver *correspondencia entre letras y sonidos*.

relato de supervivencia Forma del cuento de aventuras en el que los personajes sobreviven en situaciones adversas.

resumir (como acción estratégica) Reunir y recordar información importante, sin incluir la información irrelevante, durante la lectura.

reunir semillas (en la escritura) Reunir ideas, fragmentos de lenguaje, descripciones y bosquejos para su potencial inclusión en una composición escrita.

rima (de una palabra) Parte final de una palabra que contiene la vocal; las letras que representan el sonido vocálico y las consonantes que le siguen en una sílaba (*fl-or, señ-or*).

rima (entre palabras) Parte final (terminación) de una palabra que suena como la parte final (terminación) de otra palabra (*pez, vez*).

rima infantil Rima breve para niños, que suele contar un cuento.

ritmo Repetición regular y ordenada de sílabas acentuadas y no acentuadas en el habla o la escritura.

rótulo (en la escritura) Palabra o frase escrita que nombra el contenido de una ilustración.

sátira Narración literaria en la que se representan y se ridiculizan defectos humanos.

schwa Sonido del inglés de la vocal media en una sílaba no acentuada (la *o* en done y el sonido entre la *k* y la *l* en *freckle*).

separar Dividir en partes (*to-ma-te*).

separar los comienzos y las terminaciones de palabras Identificación y separación del comienzo (primera parte) y la terminación (última parte, contiene la vocal) de una palabra (*s-oy*).

separar palabras en sílabas División de palabras en sílabas (*lá-piz*).

sílaba Unidad mínima de sonidos secuenciales del habla compuesta de una vocal o de una combinación de vocal y consonante. Las sílabas siempre tienen una vocal (*to-ma-te*).

sílaba abierta Sílaba que termina en un sonido vocálico (*ca ma*).

sílaba cerrada Sílaba que termina en consonante (*li*-món).

símil Comparación de dos cosas diferentes en la que se usa una palabra para comparar (por lo general, *como* o *cual*).

sinónimo Una de dos o más palabras que tienen sonidos diferentes pero el mismo significado (*cabello, pelo*).

sintaxis Estudio de la formación de oraciones y de las reglas gramaticales que rigen esa formación.

sintetizar (como acción estratégica) Combinar información o ideas nuevas a partir de la lectura de un texto con el conocimiento existente para generar conocimientos nuevos.

sistema fonológico Los sonidos del lenguaje y cómo funcionan en conjunto de maneras significativas para los hablantes.

sistema morfológico Reglas que agrupan morfemas (componentes básicos del vocabulario) para formar palabras, frases y oraciones con significado.

sistema semántico Sistema mediante el cual los hablantes de una lengua transmiten el significado a través del lenguaje.

sistema sintáctico Reglas que rigen las maneras en que los morfemas y las palabras funcionan en conjunto en los patrones de oraciones. No es lo mismo que la gramática propiamente dicha, que se refiere a las normas gramaticales aceptadas.

sufijo Afijo o grupo de letras que se agrega al final de una palabra base o raíz para cambiar su función o su significado (reloj*ero*, am*able*).

sustituir fonemas Reemplazar el sonido inicial, medio o final de una palabra por otro sonido.

tabla de grupos consonánticos Tabla en la que se muestran los grupos consonánticos acompañados de imágenes que representan palabras que comienzan con cada uno (*bl, blanco*).

tabla del alfabeto Tabla que combina letras mayúsculas y minúsculas del alfabeto con imágenes que representan palabras que comienzan con cada una de las letras (*a, anillo*).

teatro del lector Interpretación de literatura, como un cuento, una obra de teatro o un poema, leída en voz alta y con expresión por una o más personas, en vez de actuada.

tema Asunto sobre el cual trata un texto escrito.

tema (o asunto) Idea o concepto central de un cuento o el mensaje de la autora o el autor.

texto expositivo Composición que explica un concepto mediante la información y la descripción.

texto gráfico Texto simple o complejo cuyo significado se transmite principalmente a través de una serie de ilustraciones que muestran las acciones y emociones de los personajes momento a momento. Las ilustraciones se suelen acompañar de globos de diálogo y texto narrativo que describe la acción y recrea diálogos.

texto literario de no ficción Textos sobre hechos atractivos que presentan información sobre un tema de manera interesante.

texto sobre hechos Ver *géneros informativos*.

textos ejemplares Libros u otros textos que sirven de modelo para ejemplificar la escritura de calidad. Los textos ejemplares se leen varias veces para guiar la discusión literaria y la escritura de los estudiantes.

textos híbridos Textos que contienen diversos géneros en la misma obra.

tono Expresión de la actitud y los sentimientos de la autora o el autor con respecto a un tema que se refleja en el estilo de escritura.

uso del lenguaje (en la escritura) Uso de recursos para formar oraciones, frases y expresiones para describir sucesos, acciones o información.

verificar y corregir (como acción estratégica) Revisar si la lectura suena, parece correcta y tiene sentido, y resolver problemas si eso no sucede.

verse a sí mismo como escritor Actitudes y prácticas que apoyan el proceso de los estudiantes para convertirse en escritores de por vida.

verso libre Poema cuyo ritmo (métrica) no es regular.

vocabulario (como característica del texto) Palabras y sus significados.

vocal Sonido del habla o fonema que se pronuncia sin interrupciones ni fricciones en el flujo del aire. Los sonidos vocálicos se representan con las letras *a, e, i, o, u.*

vocal corta Sonido de corta duración representado por una vocal en inglés (*cat*).

vocales controladas por la *r* Sonido de una vocal modificado o influenciado por la *r* en inglés cuando está seguida por *r* en una sílaba (*hurt*).

voz (en la escritura) Recursos de elaboración para crear un estilo único.

Referencias

Escamilla, Kathy, Ana María Andrade, Amelia G. M. Basurto, Olivia A. Ruiz, y Marie M. Clay. 1996. *Instrumento de observación de los logros de la lecto-escritura inicial.* Portsmouth, NH: Heinemann.

Este libro se enfoca en cómo obtener información adicional sobre cómo observar el progreso de la lectura y evaluar el vocabulario y el reconocimiento de sonidos de los estudiantes hispanohablantes.

Fountas, Irene C., y Pinnell, Gay Su. 2011. *Fountas and Pinnell Benchmark Assessment System.* Portsmouth, NH: Heinemann.

Este libro se enfoca en cómo determinar niveles de lectura, obtener información específica sobre los puntos fuertes y las necesidades de los lectores y documentar el progreso a lo largo del tiempo.

Fountas, Irene C., y Pinnell, Gay Su. 2009. *The Fountas & Pinnell Prompting Guide, Part 1: Spanish Edition, A Tool for Bilingual Literacy Teachers.*

Fountas, Irene C., and Pinnell, Gay Su. 2008. *The Fountas & Pinnell Prompting Guide, Part 1: A Tool for Literacy Teachers.* Portsmouth, NH: Heinemann.

Las dos herramientas mencionadas arriba proporcionan sugerencias específicas para el lenguaje que usted puede usar para enseñar, guiar a los estudiantes y reforzar hábitos de lectura eficaces.

Fountas, Irene C., y Pinnell, Gay Su. 2006. *Teaching for Comprehending and Fluency: Thinking, Talking, and Writing About Reading, K–8.* Portsmouth, NH: Heinemann.

Este libro se enfoca en los estudios de lectura interactiva en voz alta y discusión literaria, la lectura compartida y la lectura interpretativa, y los continuos de lectura guiada para enseñar con destreza la construcción de significado y la fluidez dentro de cualquier contexto instruccional.

Fountas, Irene C., y Pinnell, Gay Su. 2005. *Leveled Books, K–8: Matching Texts to Readers for Effective Teaching*. Portsmouth, NH: Heinemann.

Este libro y el sitio web de libros por nivel en inglés, www.FountasandPinnellLeveledBooks. com, junto con el continuo de lectura guiada en inglés, se enfocan en analizar las características de los textos y seleccionar el libro adecuado para usar durante la lectura guiada en inglés.

Fountas, Irene C., y Pinnell, Gay Su. 2001. *Guided Reading: Essential Elements, The Skillful Teacher* (cintas de video). Portsmouth, NH: Heinemann.

Estas cintas de video en inglés se usan con los estudios de lectura interactiva en voz alta y discusión literaria y los continuos de lectura guiada para ver la lectura guiada en acción. En la primera parte, Essential Elements se ve cómo se desarrollan las lecciones de lectura guiada y cómo las maestras presentan un texto, apoyan a los estudiantes mientras ellos leen en voz alta y en silencio, comentan el significado del texto, usan "puntos de enseñanza" para reforzar estrategias de lectura eficaces, vuelven al texto para ampliar el sentido y dirigen el trabajo con las palabras según sea necesario.
En la segunda parte, The Skillfull Teacher, se ve la planificación y la organización detrás de la lectura guiada y se aprende cómo satisfacer las necesidades de cada lector. Este libro se enfoca en cómo agrupar estudiantes, seleccionar libros, planear la presentación de un libro, brindar apoyo para descifrar palabras, enseñar estrategias de comprensión, desarrollar la fluidez y llevar registros progresivos.

Fountas, Irene C., y Pinnell, Gay Su. 2000. *Guiding Readers and Writers: Teaching Comprehension, Genre, and Content Literacy*. Portsmouth, NH: Heinemann.

Este libro se enfoca en cómo atraer, informar e inspirar a los primeros lectores y escritores. En este libro se exploran los componentes esenciales de un programa de lectura de calidad en los grados superiores de la escuela primaria.

Pinnell, Gay Su, y Fountas, Irene C. 2011. *Literacy Beginnings: A PreKindergarten Handbook*. Portsmouth, NH: Heinemann.

Una guía para apoyar a los lectores, escritores y usuarios del lenguaje emergentes mediante el juego y la exploración. Incluye el Continuo de adquisición de la lectoescritura, PreK.

Pinnell, Gay Su, y Fountas, Irene C. 2008. *When Readers Struggle: Teaching That Works*. Portsmouth, NH: Heinemann.

Este volumen se usa como ayuda para diseñar e implementar programas de intervención efectivos en inglés para niños en grados K a 3 que tengan dificultades para aprender a leer y escribir.

Pinnell, Gay Su, y Fountas, Irene C. 2006. *Phonics Lessons: Letters, Words, and How They Work (Grades K, 1, and 2)*. Portsmouth, NH: *FirstHand*.

Estos libros se enfocan en los estudios de fonética y estudio de palabras y continuos de lectura guiada para elegir las lecciones que concuerden con las necesidades de sus estudiantes.

Pinnell, Gay Su, y Fountas, Irene C. 1998. *Word Matters: Teaching Phonics and Spelling in the Reading/Writing Classroom.* Portsmouth, NH: Heinemann.

Este libro le ayudará a diseñar y enseñar estrategias eficaces para descifrar palabras.

Pinnell, Gay Su, y Fountas, Irene C. 1996. *Guided Reading: Good First Teaching for All Children.* Portsmouth, NH: Heinemann

Este libro se usa como ayuda para enseñar las lecciones de lectura guiada en inglés. Con este libro se aprende a seleccionar y presentar textos, enseñar durante y después de la lectura y evaluar el progreso de los estudiantes.